토라와 정경

(개정판)

토라와 정경 (개정판)
지은이/ 제임스 A. 샌더스
옮긴이/ 박원일 · 유연희
펴낸이/ 김준우
초판 1쇄 펴낸 날/ 2013년 12월 12일
펴낸 곳/ 한국기독교연구소
등록번호/ 제8-195호(1996년 9월 3일)
경기도 고양시 일산동구 장항2동 730, 우인 1322호 (우 410-837)
전화 031-929-5731, 5732(Fax)
E-mail: honestjesus@hanmail.net
Homepage: http://www.historicaljesus.co.kr.
표지 디자인/ 김보령
인쇄처/ 조명문화사 (전화 02-498-3017)
보급처/ 하늘유통 (전화 031-947-7777, Fax 031-947-9753)

Torah and Canon (Second Edition) by James A. Sanders
Copyright ⓒ 2005 James A. Sanders. All rights reserved. Korean Translation copyright ⓒ 2013 by Korean Institute of the Christian Studies. The Korean translation right arranged with the author c/o Wipf and Stock Publishers. Printed in Seoul, Korea.

이 책의 한국어판 저작권은 Wipf and Stock Publishers사와의 독점계약으로 한국어 판권을 한국기독교연구소가 소유합니다. 저작권법에 따라 국내에서 보호받는 저작물이므로 무단전재와 무단복제를 금합니다.

ISBN 978-89-97339-13-6 94230
ISBN 978-89-87427-87-4 (세트)
값 14,000원

토라와 정경

(개정판)

제임스 A. 샌더스 지음

박원일 · 유연희 옮김

한국기독교연구소

Torah and Canon

Second Edition

by

James A. Sanders

Eugene, OR: Wipf & Stock Publishers, 2005.

Korean Translation

by

Aaron W. Park & Yani Yoo

이 책은 은천교회 (담임 김영진 목사)의
출판비 후원으로 간행되었습니다.

Korean Institute of the Christian Studies

목 차

초판 서문 ·· 7
개정판 서문 ··· 19

제1장 토라와 역사 ··· 43
   토라의 형태 ·· 43
      한 이야기 ·· 43
      범위 ·· 60
      암송문 ·· 67
      모세와 다윗 ·· 72
      북쪽과 남쪽 ·· 80
   율법과 편집자들 ·· 84
      율법과 법 ·· 84
      신명기 ·· 89
      사제들과 편집자들 ······································ 99
      에스라와 율법책 ·· 106

제2장 예언서와 성문서 ························· 111
예언자들과 국가 ···························· 111
예언과 예언자들 ························ 111
몰아지경과 영(靈) ······················ 119
번뇌와 말씀 ···························· 125
심판과 변혁 ···························· 133
해석학적 순환 ·························· 159
해석학적 삼각형 ························ 168
정체성과 정경 ···························· 178

제3장 성문서 ································ 189
성문서의 형성 ···························· 189
지혜 ······································ 192
욥기 ······································ 204
역대기 ···································· 213
다섯 '두루마리' ·························· 216

후기 ·· 223
참고 문헌 ···································· 231
고대자료 색인 ································ 245

초판 서문

정경비평에로의 초대

　몇 년 전까지만 해도 신학교나 종교학부에서 가장 재미없는 과목은 '본문과 정경'(Text and Canon)이라는 과목이었다. 그러나 오늘날에는 본문비평(text criticism)이나 성서의 정경과 관련된 주제가 신학교육에서 가장 새롭고 흥미진진한 분야 중 하나이다. 이것은 무엇보다도 고고학을 통해 (사해 두루마리와 나그함마디 문서와 같은) 유대교와 기독교 공동체의 초기 성서와 외경(外經, apocrypha)을 복구한 결과이다. 또한 본문비평과 정경비평(canonical criticism)은 신학사상의 다락방에 더 이상 쓰지 않는 고물처럼 처박혀 있어서는 안 된다. 오늘날 이 둘은 급속히 성장할 뿐만 아니라, 서로 매우 다른 관심사를 갖고 있다. 굳이 분류하자면, 본문비평은 주석(註釋, exegesis)에 속하고, 정경연구는 전승비평(tradition criticism)과 성서신학에 속한다.
　이 책은 정경의 기원과 기능에 관한 연구이다. 이 책을 통해서 나는 정경비평이라고 부르는 성서연구의 한 분야로 독자 여러분을 초대하고자 한다.

이 책은 성서의 일관성(unity)을 찾는 것이 아니라―요즘엔 아무도 이런 일은 하지 않는다―성서의 형태와 기능을 설명함으로써 성서를 전체적으로 보려는 노력에서 출발했다. 성서의 기원과 본질은 분명히 토라라는 개념 속에 있다. 토라는 고대 이스라엘의 초기 전통들을 일컫는데, 이 전통들은 그 자체로 생명력을 갖고 있었을 뿐 아니라, 이 전통들을 알고 그에 따라 생활한 사람들에게 생명을 주었다. 이런 삶의 과정 속에 정경의 의미가 담겨 있다. 정경을 말한다는 것은 무엇보다도 토라를 말하는 것이다.

『토라와 정경』은 성서가 보여주는 생명력의 본질을 묻는 것이다. 이 생명력은 놀랍게도 2,500년간 살아남은 성서 속에 있을 뿐 아니라 이 성서에 의존하여 자신들의 정체성과 삶의 방향을 확립한 공동체들이 생존하는 수단으로 삼았던 성서의 기능 속에 분명히 드러나 있다.

나는 1971년 아이어 강연(The Ayer Lectures)에서 이런 생각을 정리할 기회를 마련해 준 콜게이트 로체스터신학교(Colgate Rochester Divinity School)에 감사를 드리고 싶다. 또 지금은 듀크대학교 신학과 교수로 계시는 롤랜드 머피(Roland Murphy, O.C.) 신부님, 유대인신학교(Jewish Theological Seminary) 교수이신 아브라함 헤셸(Abraham Heschel) 랍비님, 듀크대학교에 교수로 계신 데이비스(W. D. Davies) 목사님 등 친구들과 동료들에게도 감사드린다. 이들은 편집자로서 또는 예전의 동역자로서 여기 실린 생각의 기초를 다지도록 용기를 준 분들이다. 그러나 이 분들은 이 글의 잘못이나 결론에 하등의 책임이 없다. 또한 유니온 신학대학원에서 성서학을 공부하는 보스만(David Bossman)이 책 뒤의 색인(索引)을 준비해 주었다.

나의 동료들은 이 책에서 나와 견해가 다른 문제들에 대해 많은 질문거리를 발견할 것이다. 특히 내가 아직까지 전문 학술지에 발표하지 않았던 성서에 대한 나의 생각들 가운데 일부를 이 책에 편입한 부분들에서 그럴 것인데, 나에게 큰 의미가 있는 문제들에 대해 서로 대화할 수 있는 기회를 갖기를 바란다. 나는 신구약성서 전반에 걸친 하나의 체계를 제시하고자 하는데, 나는 이를 유일신론적 다원론(monotheistic pluralism)이라 부르며 그 일부를 이 책에 실었다.

이 책으로 인해 정경비평이 나아가야 할 방향에 대해 심각한 논쟁이 벌어진다면 나는 매우 기쁘게 생각할 것이다. 일반 독자들은 아마도 지난 100여 년 이상 이어온 성서학 연구의 역사에 대해 잘 알지 못할 것이다. 계몽주의의 결과 중 하나는 18~19세기의 일부 자유로운 사상가들이 구약과 신약의 커다란 문학 단위(literary units)의 출처(authorship)와 통합성(integrity)에 대해 탐구한 일이었다. 이런 탐구는 성서비평(biblical criticism)이라는 학문으로 발전했으며, 그 주된 임무는 히브리성서와 헬라어성서를 솔직하게 읽을 때 생겨나는 문제들에 대해 답을 찾는 것이었다.

1900년까지 성서 고등비평과 하등(본문)비평 분야는 정녕 재검토할 가치가 있는 훌륭한 학문 유산으로 발전했다. 이것은 주로 문헌비평(literary criticism)과 역사비평(historical criticism)과 관련된 문제를 다루었다. 역사비평이 고고학과 비교종교학으로 확대된 반면, 문헌비평은 한편으로는 비교언어학(고대 중동의 언어와 성서 히브리어, 아람어와의 관계를 정확하게 설정하고자 하는 노력), 다른 한편으로는 양식비평이라는 방법론으로 발전했다.

양식비평(form criticism)은 성서의 여러 단위를 이루는 문학 장르를 세심하게 살피려는 노력이다. 이 비평은 이전의 문학 단위의 출처와 통합성을 묻는 문헌비평을 넘어서, 처음 저자들이 사용한 보다 작은 문학 단위를 묻고, 어떻게 초기 신앙 공동체(초기 이스라엘과 초기 교회)가 자신들에 관한 전승들을 후대에 남겼는지, 또한 신앙 공동체로서 정체성 확립에 중요하게 여겼던 것은 무엇인지를 탐구한다. 양식비평을 통해서 성서연구는 초기 이스라엘과 초대 교회가 자신들의 독특한 제의전통들(cultic traditions)과 필요를 위해 주변 문화들로부터 채택한 신화, 영웅담, 경구(警句), 잠언, 전설 등을 연구할 수 있었다.

양식비평의 중요성이 결코 사라지지 않은 가운데 편집비평(redaction criticism)이 등장하여, 초기 자료들을 모아 일정한 형태를 만들었던 후대 편집자들의 중요 신학 사상을 찾으려고 했다. 편집비평은 편집자들이 작은 문학 단위들을 모아 보다 큰 문학 단위를 형성하면서 나름대로 할 말이 있었다는 점에 착안해 나왔다. 즉 그들의 편집에는 목적과 방향이 있었다. 편집비평은 구약에서는 1950년대 초에 게르하트 폰 라트(Gerhard von Rad)의 연구로, 그리고 신약에서는 1954년 출판된 한스 콘젤만(Hans Conzelmann)의 누가복음 논문으로 성서연구의 중요한 분야로 자리 잡게 되었다. 폰 라트가 오경(Pentateuch), 육경(Hexateuch), 역사서 편집자들을 연구하는 데 쓴 방법론을 콘젤만은 누가복음에 적용했다. 이들의 연구 이후, 많은 학자들은 편집비평이 제기한 질문을 다른 큰 문학 단위를 연구하는 데 사용했다. 편집자는 왜 편집을 했을까? 편집자와 그의 공동체가 직면한 커다란 관심사들은 무엇이었나? 이전의 중요한 전통들을 재검토하고 수정하면서까지 편집자들이 풀고자 하는 숙제들은 무엇이었나? 이런 숙제들을 풀면서 편집자의 마음을 지배했던 견해는 무엇이었나?

양식비평의 결과 중 하나는 어떤 중요한 전승들이 원래의 성서 저자를 넘어서 여러 편집자, 예언자, 시편 저자의 작품 속에 등장하는 것을 탐구하는 독특한 형태의 연구이다. 이런 연구를 전승비평(tradition criticism)이라 부른다. 이 연구는 하나의 전승에 대한 여러 가지 이해와 해석을 서로 비교하고 연관시킨다. 예를 들어, 홍해 또는 갈대바다를 건너는 전승을 가지고 이것이 성서의 여러 부분에 나타나는 형태들과 기능들을 추적함으로써, 그 초기 고대 이스라엘 서사시의 에피소드에 대한 이해와 해석의 역사를 살펴볼 수 있다. 우리가 J(야훼)문서라고 부르는 구약의 자료는 홍해 또는 갈대바다 전승을 어떻게 이해하고 사용하였나? 우리가 P(제사)문서라고 부르는 자료는 왜 이것을 광야전승이 아닌 출애굽전승과 결합시켰나? 이스라엘의 신학적, 정치적, 제의적 역사의 어느 때부터, 이집트에서 홍해 또는 갈대바다를 건넌 전승이 유형론(類型論, typology)적으로 요르단 강을 건너 가나안에 들어가는 전승과 연관을 갖게 되었나? 갈대바다를 건넌 것을 언급하는 초기의 여러 시들은 그 전승을 어떻게 사용했는가? 이런 전승이 예언서에서는 어떤 기능을 했나? 전승비평은 일개 저자, 편집자 또는 신앙공동체가 살았던 특정 시대를 넘어서 면면히 이어져 온 옛 사상이나 개념의 역사나 삶을 추적한다.

이런 연구가 확대되어, 과거의 전승을 사용하는 일이 언제부터 전승에 대한 비평적 태도를 넘어 미드라쉬(애매한 본문의 의미에 대한 풀이 혹은 상충되는 본문을 조화시키는 꾸밈 – 옮긴이) 영역으로 옮겨가는지를 묻게 되었고, 비교 미드라쉬(comparative midrash)라고 하는 또 하나의 연구 분야가 등장했다. 1955년 르네 블록(Renée Bloch)은 구약성서 자체 속에 들어 있는 미드라쉬의 기원에 관한 훌륭한 연구를 발표했다. 학자들 중에는 전승비평과 비교 미드라쉬가 똑같은 것으로 이해하는 사람들도 있다. 전승비평은 포로기 이전에 초기 전승들－홍해 또는 갈대바다를 건넌 사건과 같은－이 어떻게 사용되고 기능했는지에 초점을 맞춘 반면, 미드라쉬 연구는 포로기와 포로기 이후 성서 자료들 속의 초기 유대교와 더불어 등장한다. 분명 이 두 분야는 서로 연관되어 있다. 전승비평은 더 오래되고 자리가 잘 잡혀있는 반면, 비교 미드라쉬는 이제 막 피어나는 분야로 철저한 방법론과 통제를 요한다. 북미성서학회(The Society of Biblical Literature)는 1970년에 비교 미드라쉬 연구를 위해 연간 정기모임으로 새로운 세미나를 발족했다. 예일대학교의 웨인 믹스(Wayne Meeks), 밴더빌트대학교의 루 실버만(Lou Silberman), 뉴 브룬스윅대학교의 얼 엘리스(Earle Ellis)와 나를 포함한 교수진이 이 세미나의 책임을 맡았다.

미드라쉬(Midrash)는 블록(Miss Bloch)의 논문과 애디슨 라이트 신부(Father Addison Wright)의 책 『문학적 장르로서의 미드라쉬』(*The Literary Genre Midrash*, 1967)가 발단이 된 끝없는 논쟁이 보여주듯이 정의를 내리기에 상당히 어려운 용어이다. 그러나 미드라쉬라는 용어는 최소한 하나의 고대적인(ancient) 또는 정경적인(canonical) 전승이 그 전승들을 보존하고 그 안에서 정체성을 찾은 공동체의 삶 속에서 수행한 기능을 뜻한다. 하나의 고대 전승이 공동체의 필요와 관련해서 어떻게 작용하는가를 누군가 묻는다면 그것은 곧 미드라쉬를 연구하는 것이다. 미드라쉬의 영역을 실제 성서 본문의 인용과 사용에만 국한시키는 정의는 불완전한 정의다. 성서의 한 개념이 일반적이고 잘 알려질수록, 신앙공동체는 그 최종 문서 형태를 덜 인용하게 되며, 사람들은 그 개념과 그 정경상의 권위를 알 것이라고 가정하게 된다. 이런 의미에서 미드라쉬 연구, 즉 구약에서부터 시작하여 – 예를 들면, 시편 저자나 예언자가 토라 전승을 사용한 것 – 그 후 유대교 역사에 걸쳐 계속되는 미드라쉬 연구가 어떻게 앞에서 설명한 전승비평의 연장선상에 있는지를 알게 된다.

신약성서는 하나의 관점에서 그리고 제한된 의미에서 말하자면, 당시 신약성서 저자들이 알고 있었고 유일하게 인정하고 인용한 구약

성서에 대한 미드라쉬 편찬물(a compilation of midrashim on the Old Testament)이었다. 새로운 분야로 떠오르는 기독교인의 비교 미드라쉬 연구(comparative Christian midrash)는 구약성서가 신약성서에 끼친 영향뿐만 아니라 같은 기간에 다른 유대인 종파들에 어떻게 작용했는가를 살펴야 한다. 그 뿐 아니라, 수사학(修辭學)이 고전과 아티카 문학에 끼친 영향처럼, 다른 문화 전통들이 다른 공동체들에 어떻게 작용했는가를 물어야 한다. 전승비평과 비교 미드라쉬의 차이점은 구조적인 정경 개념이 생기기 이전에 초기 권위를 가진 전승들의 기능과 나중에 우리가 '정경'이라고 부르는 권위 있는 전승과의 차이로 설명할 수 있다. 게자 버미스(Geza Vermes) 교수는 "성서 이후의 미드라쉬가 성서 속에 있는 미드라쉬와 구분되는 것은 오직 외적 요소인 정경화 작업(canonization)에 의해서다."고 말한다. 그 차이는 정경이다.

나는 이런 관찰을 통해 이 책을 쓰게 되었다. 이 연구가 구약성서 학문을 **보다 중차대한 분야인 정경비평으로** 초대하는 것으로 받아들여졌으면 한다. 정경비평은 성서비평의 한 분야로서 **정경의 기원과 기능**에 세심한 주의를 기울여야 한다.

지금 미국에서는 하버드대학교의 어니스트 라이트(G. Ernest Wright)와 예일대학교의 브레바드 차일즈(Brevard Childs) 사이에 논쟁이 일고 있는데, 그 결과 정경비평에 대한 진지한 연구가 나오기를 기대한다. 어니스트 라이트는 지난 수년 동안 신구약 정경 안에 또 하나의 정경이 있다고(a canon within the canon) 지적했으며, 성서의 권위 문제를 그 점에 기초해야 한다고 주장했다. 그에 동조하는 내 입장이 이 책 전반에 걸쳐 들어 있다. 그러나 차일즈도 옳다. 성서의 권위 문제는 보다 풍부한 정경 맥락에서 다루어야 한다. 성서의 특징인 다양성 속에 하나의 내적 변증법(inner dialectic)이 있는데, 이것이 오늘날 성서 전통을 어떻게 우리 시대에 맞게 이해할 수 있을까에 대한 연구에 선을 그어준다.

정경의 특징은 새로운 환경에 맞게 당대화되는(contemporized) 것이다. 정경은 일차적으로 이스라엘 역사나 초기 유대교나 그리스도, 또는 초기 교회에 대한 자료를 담은 책이 아니라, 신앙공동체가 어느 시대에나 성서를 통해 자신은 누구이고 어떻게 살아야 할지를 물으며 정체성을 확립하는 일종의 거울이다. 신앙공동체는 유대교 회당이든 교회든 성서를 읽을 때 타당한 해석학적 규정을 통해 현재 자신의 모습을 보고 미래의 모습을 그린다. 신앙공동체가 성서를 통해 도덕 모델을 찾지만, 현재 자신의 모습을 정당화하려고 읽을 때는 성서를 악용하는 것이다. 역동적 유비(dynamic analogy)를 통해 이스라엘과 초기 교회가 경험했던 것과 같이 공동체는 현재의 긴장상태, 곧 현재의 모습과 신앙인이 갖춰야 할 마땅한 모습 사이의 차이를 보게 된다. 신앙공동체는 성서를 올바로 읽음으로써 이스라엘이 한 쪽에서 다른 쪽으로, 억압에서 자유로 나아가는 것처럼 자신이 순례의 길에 서 있다는 것을 본다. 정경비평은 어떻게, 왜 이런 일이 일어나는지를 묻는다. 정경비평은 성서의 중심부와 주변부 전승들을 아우르는 다양성 속에서 해방의 최종목표인 성서의 하나님을 인정한다.

그 동안 전승비평은 대체로 성서문학의 대단위를 이루는 여러 전승들의 등장과 관련된 기초 질문들에 관심을 쏟아왔다. 전승의 양식과 그 전승이 어디에 나오며, 어떻게 그리고 왜(제의적 용도) 등장하는가 하는 질문이다. 이런 질문은 전승의 역사성을 묻는 것이다. 구약학계에서는 지난 40여 년간, 특히 지난 25년 동안, 이스라엘의 토라 이야기 중에서 중요한 시내산 이야기가 아주 초기 토라 이야기의 짧은 암송문(暗誦文)에 왜 들어 있지 않은가 하는 문제를 다루었다(뒤의

'암송문' 부분을 보라). 이에 대한 세 가지 견해가 있지만, 결국 초점은 시내산 사건을 역사적 사실(*bruta facta*)로 볼 것인가, 그렇지 않은가 하는 문제이다.

이 책에서 나는 또 다른 질문을 제기하고자 한다. 초기의 짧은 암송문들에 반드시 등장하는 가나안 정복에 관한 전승이 도대체 왜 최종의 정경 토라에서는 빠지고, 하프타라(Haftarah, 역사서)의 첫 책에 들어가게 된 이유는 무엇인가? 신앙공동체의 역사와 삶 속에서 무엇이 이런 결과를 초래했을까? 언제 이런 일이 일어났을까? 권위 있는 여러 옛 전승을 기본적으로 재정비하게끔 만든 역사적 '사건들'(accidents)은 무엇이었을까? 옛 전승을 개정하면서까지 대답하고자 했던 심오한 질문은 무엇이었을까? 그에 대한 대답은 무엇이었을까? 그 대답이 유대교와 기독교 역사, 곧 물려받은 토라를 위기 상황에서 보존하고 또 후대에 전달하는 역사에 끼친 영향은 무엇이었을까? 옛 전승들 중에 무엇이 이스라엘로 하여금 그 토대를 뿌리째 흔드는 상황에 대처하며 살아남도록 준비시켜주었을까?

토라의 근본 요소들은 구약 전반에 걸쳐 나타난다. 정경비평은 전승비평의 연구결과에 입각하여 **새로운 상황에서 옛 전승을 인용할 때 그 전승이 지닌 권위와 기능은 무엇이었나**를 묻는다. 옛 전승을 어떻게 사용했을까? 정경비평은 옛 전승을 인용한 상황에서 그 옛 전승이 행사한 권위를 측정한다. 성서 저자는 어떤 목적으로 출애굽 이야기를 인용했을까? 어떤 식으로 인용했을까? 그 해석학적 규범은 무엇일까? 아모스는 그의 유명한 설교(1-2장) 끝부분에서 출애굽과 가나안정복 전승을 인용했다. 아모스는 이들 전승을 어떻게 사용했는가? 그가 처한 시대 상황에 이 전승을 어떻게 적용했는가? 다른 예언자들, 곧 정경의 예언자뿐만 아니라 소위 거짓 예언자들은 어떻게 사용했는가? 거짓 예언자들도 어떤 형태로든 분명 같은 토라 이야기를 인용했고, 자신들의 관점에서 (또 동시대 다른 사람들의 관점에서도) 소위 참 예언자들만큼이나 신실했다. 둘 사이의 차이는 분명 그들이 사용한 해석학적 원칙들과 규범에 있었다. 정경비평은 우리가 소위 거짓 예언자의 작품을 유업으로 받지 않았을까 하는 질문을 제기한다. 만일 그럴 경우라면, 우리가 어떻게 알 수 있으며, 그렇지 않을 경우라면 우리가 왜 모를까?

정경비평은 고대 이스라엘 사람들과 살아남은 유대 공동체의 삶 속에서 지혜의 역할이 무엇이었는지를 살핀다. 지혜의 권위는 무엇이 었는가? 언제 어떻게 고대 중동의 지혜가 이스라엘화(Israelitized) 되고 야훼화(Yahwized) 되었는가? 이 지혜전통은 성서 야훼종교의 일부가 되기 전에는 어떤 역할을 했을까? 구원사 전승(*Heilsgeschichte*)에 치중하던 과거의 관행은 점차 사라지고, 지난 십여 년간 지혜전승 연구가 인기 있는 주제였다. 이것은 교묘한 사건 변화이다. 우리는 성서연구가 지난 세대의 연구를 통해 얻은 다른 중요한 분야를 접고서 너무 쉽게 지혜연구의 환희에 빠지지 않기를 바랄 뿐이다. 요즘 독일의 하이델베르크 대학을 방문한 사람들은 지혜연구가 성서학의 중심에 잠시 머문 일시적 유행이었다는 이야기를 듣고서 돌아왔다. 과거에 미국은 바젤에서 배웠던 것처럼 하이델베르크에서 배웠지만, 나는 성서의 지혜에 대한 책임 있는 연구가 다른 분야의 소리를 무시하지 않는 상태에서 진전되기를 바란다. 정경비평은 지혜전통의 성장과정을 통해, 특히 정경이 결정적인 형태를 갖추던 시기에, 성서에서 작용하는 지혜의 기능을 밝히고자 한다.

정경비평은 지금까지의 성서비평과는 좀 다른 관점에서 이루어진다. 정경비평은 성서가 고대 이스라엘의 중요한 모든 제의문학을 담고 있다고 가정하지 않는다. 만일에 포로기 이전에 왕궁신학(royal theology)이 성행하던 시기에 성전의 후광 속에 존재한 문서들 가운데 십 퍼센트밖에는 현재의 성서에 들어 있지 않다면 어쩔 것인가? 요시야 왕은 자신이 당시 성전에서 발견된 두루마리의 심판 아래 있다고 느꼈지만(열왕기하 22장), 여호야김은 당시 예레미야의 두루마리를 폐기처분했다. 구약은 야훼의 전쟁사(Book of the Wars of Yahweh)와 솔로몬행전(Book of the Acts of Solomon)과 같이 현재 우리가 물려받지 못한 고대 이스라엘의 문학을 언급하고 있다. 정경비평은 그 이유를 물을 뿐, 그 근본이 되는 메시지가 어떻게든 현재의 정경에 반영되어 있다고 가정하지는 않는다. 히브리성서의 세 번째 부분인 성문서와 관련해 "얌니아(Jamnia)에서의 정경화 기준"에 관한 유서 깊은 논쟁은 이 분야의 연구에 필요하고 깊이 있는 것은 아무것도 제공하지 않는다. 당시에 신학적 성찰은 없었으며, 기원후 1세기 말 유대인 역사학자 요세푸스는 고대성(antiquity)과 익명성(anonymity)만을 두 개의 효과적인 기준으로 두었을 뿐이라고 전한다.

그러나 정경비평은 거기서 출발하지 않는다. 정경비평은 고대 이스라엘과 유다의 국가제의(nationalist cults)가 사멸하고, 유대교라고 하는 종교공동체가 탄생한 것에 관한 실존적이며 근본적인 관찰에서부터 시작한다. 정경비평은 고대 전승들의 기능, 즉 유다 사람들이 기원전 6세기와 5세기에 십자가와 부활을 경험했을 때 그들에게 생명력을 주었으며 또한 모든 것이 잿더미가 된 마당에 유대교의 탄생을 위한 수단을 제공한 고대 전승들의 기능에 관한 질문으로부터 시작한다. 정경비평은 포로기 이전에 대부분이 형성된 율법과 예언서가 왜 그리고 어떻게 현재 우리가 물려받은 그대로의 형태를 갖게 되었나를 묻는다. 성문서의 경우는 신약성서의 복음서들과 서신들처럼, 비슷한 점과 다른 점을 동시에 갖고 있기 때문에 그 자체로 다루어야 한다.

그러므로 정경비평은 대부분의 성서 안내책자가 시작하는 논의에서부터 출발할 수가 없다. 정경의 **구조**(structure)에 관한 질문은 정경의 **기능**(function)에 관한 물음에 기초해야 한다. 무엇이 채택되고(정경, canon) 무엇이 제외되었나(외경, 外經, apocrypha) 하는 질문은 정경의 기원과 기능을 묻고 나서야 물을 수 있다. 전승비평, 편집비평, 정경비평, 비교 미드라쉬는 서로 대화하는 중에 작용하고 또 그 순서대로 작용해야 한다.

이제부터 내가 쓰고자 하는 것은 정경비평 연습이라기보다는 회당과 교회와 학회가 이런 학문분야를 인식하고 참여하도록 초대하는 것이다. 출발점은 토라이다.

이 책의 교정을 로마 가톨릭 교회의 성(聖) 제롬 기념일(9월 30일)에 시작하여 심하트 토라(Simchat Torah)를 기념하는 유대인 절기(1971년 10월 12일)에 마친 것을 여기서 언급하는 것은 그리 부적절하지는 않을 것이다. 제롬은 헤브라이카 베리타스(*Hebraica Veritas*, 히브리어의 진리)를 옹호한 교회의 대표주자로, 또한 심하트 토라는 유대인들이 '토라를 즐거워하여'(joy in the Torah) 매년 춤추며 기리는 거룩한 날이기 때문이다.

개정판 서문

『토라와 정경』이 처음 출판된(1972) 지 이미 30년이 넘었다. 이 책이 두 곳의 출판사에서 여러 번 인쇄된 것에서 알 수 있듯이 분명 학계의 요구가 있었다.

이 책은 본래 1968년에 타임-라이프 출판사(Time-Life Books)가 제안한 프로젝트의 일부로 처음 저술되었다. 그 계획은 성서를 쉽게 읽을 수 있도록 삽화가 든 책('coffee-table' edition)을 내는 것이었다. 그러나 1971년에 시장조사를 한 결과 필요성을 느끼지 못해 출판사가 그 계획을 취소했다. 당시 그 계획의 총 편집자였던 유대교신학대학원의 루이스 핑클스타인(Louis Finkelstein)과 유니온신학대학원의 데이비스(W. D. Davies)—두 학교 모두 뉴욕에 있다—는 나에게 각주가 달리지 않은, 대중적 문체의 구약(당시에는 대부분이 이렇게 불렸다) 입문서를 써달라고 요청했다. 출판사의 계획이 전면 취소됨에 따라 참여했던 학자들은 원고를 되돌려 받았다. 나는 별로 오래 생각하지 않고 원고를 묶어서—당시에는 '타자기'라고 하는 기계가 '워드 프로세서'와 '프린터' 기능을 함께 담당했으며, 타자기에서 나온 것들을 우체국을 통해 '보냈다'—포트레스출판사(Fortress Press, 당시에는 필라델

피아에 있었다.)에서 수석편집인으로 일했던 노만 젬름(Norman Hjelm)에게 보냈다. 전에 그가 나에게 출판할 것이 있으면 포트레스출판사를 생각해 보라고 권유한 적이 있었다. 원고를 보낸 후 포트레스는 곧 『토라와 정경』을 출판했다.

여러 권으로 된 프로젝트의 한 단원으로 계획되었던 글을 조그만 책으로 변형시키면서 한 권의 책을 위한 서문이 필요했다. 전혀 바꾸지 않고 앞에 그대로 실은 초판 서문은 내가 '정경비평'이라고 명명한 성서학의 새로운 분야로 독자들을 초대하는 기회가 되었다. 당시에 나는 이미 20년 이상 사해 두루마리 사본(Dead Sea Scrolls) 연구에 깊이 관여하고 있었고, 제11 쿰란동굴에서 발견된 시편 두루마리를 연구하여 두 권에 걸쳐 출판한 이후였다(1965년과 1967년).

사해 두루마리 사본

시편 두루마리(The Psalms Scrolls)는 쿰란에서 발견된 다른 성서 사본들과 성서 밖의 사본들과 함께 당시 쿰란과 초기 유대교의 정경에 관해 대단한 논쟁을 불러 일으켰다. 이것은 기본적으로 잘 보존된 두루마리로서 길이 4미터가 넘어 가장 크고 길다. 여기에는 전통 시편에 없는 8개의 시편이 들어 있으며, 시편의 마지막 1/3에 해당하는 42개의 마소라(전통) 시편의 순서가 이 사본에는 다르게 배열되어 있다. 마소라 사본에 없는 이 8개의 시편은 마소라 시편 여기저기에 흩어져 있다. 기독교인들의 첫째 성서의 헬라어 사본에서 시편 뒤에 시경(Odes)을 배치하듯이 따로 떼어서 보존하지 않았다는 말이다.

이 책을 처음 출판했을 때(Oxford University Press, 1965), 나는 쿰란

에서 시편의 정경성(canonical status) 문제를 다루지 않았지만, 2년 뒤 출판한 두 번째 판(Cornell University Press, 1967)에서는 이 문제를 다루었다. 당시 나는 예루살렘에서 시편 두루마리를 처음 펼친 지 17개월 만에 원고를 옥스퍼드 시리즈(*Discoveries in the Judaean Desert*, vol. 4 [1965])에 보냈으며, 정경성 문제와 같은 어려운 주제를 다룰 충분한 여유가 없었다. 이 주제가 어려운 이유는 사해 두루마리가 이미 오랫동안 정립된 히브리성서의 정경화 작업의 역사에 도전하기 때문이다. 일부 나이든 학자들은 사해사본이 이미 정경화된 기존의 유대인 시편에 근거해서 만든 '전례용(典禮用) 모음집'(liturgical collection)이라고 주장하며 도전을 회피했다. 그 어떤 주장도 나를 납득시키지 못했고, 나는 쿰란에서 어떤 일이 벌어지고 있었는가를 연구할 시간이 필요했다. 시편 자체가 전례용 모음인데, 이 두루마리가 전례의 성격을 띠었다는 주장은 어쩐지 부자연스러워 보였다. 지금까지 제기된 가장 설득력 있는 주장은 이 두루마리가 쿰란공동체를 위한 '하나의 정경 시편'(a canonical Psalter)이고, 이것도 '다윗'의 시편이며, 쿰란공동체가 - 당시 공식적으로 쓰인 태음력이 아니라 - 태양력이야말로 유대교의 참된 달력이라고 믿었다는 주장이다.

그러는 동안 기존의 정경화 작업의 역사에 도전하는 새로운 논문들이 등장했는데, 더러는 제11 동굴, 또 더러는 제4 동굴에서 발견된 두루마리 사본에 근거하였다. 이 논문들은 당시 주어진 모든 자료들을 충분히 검토할 필요성을 제기했다. 지금 우리는 - 사해사본들이 발견되기 이전의 단지 중세시대 사본들뿐만 아니라 - 기원전 2세기부터 기원후 2세기에 걸친 엄청난 양의 구약성서 사본을 보유하게 되었다. 사해사본 중 40%가 족히 되는 분량이 후대의 각종 정경에 들어 있는 '성서' 사본이다. 이것은 정경화 작업에 대해 심각한 재검토를 요구하는데, 우리는 가장 오래된 사본으로 사해사본보다 1000여 년 후에 쓰인 것을 갖고 있던 시절에 초기 유대교에서의 정경화 과정을 추리한 옛 이론을 더 이상 그대로 답습할 수가 없게 되었다. 그런 논쟁은 오직 하나의 정경이 있었을 것이라는 가정에 근거해 있었다. 쿰란 문학 모두가 두루마리 형태로 되어 있지 코덱스(codex, 책) 형태로 되어 있지 않았다는 사실이 정경화 작업에 관한 연구를 매우 어렵게 만들지만, 한편으로는 매력적이기도 하다. 쿰란공동체가 그들의 '도서실'에 다양한 성서 두루마리를 어떤 순서로 배열했는지 우리로서는 알 길이 없다. 목록을 분류하는 제도나 쿰란 도서실의 도서 구입 정책에 대한 고대 자료가 우리에게는 없다. 두루마리에 대한 소수 의견에 의하면, 이 두루마리들이 도서실을 채운 것이 아니라, 당시 로마와의 전쟁이 임박한 상황에서 예루살렘 각지에서 구한 자료들을 먼 광야 동굴에 숨겨 놓았다는 설명이다. 그러나 이 두루마리들은 당시 유대교의 다양성을 반영하지 않고 있으며, 기껏해야 하나의 종파적 양상을 띤 도서실로 보인다. 비록 일부 두루마리들이 다른 종류의 달력을 반영하지만, 쿰란 종파의 달력은 분명 당시 예루살렘에서 공식적으로 사용한 태음력(lunar calendar)이 아니라 태양력(solar calendar)이었다.

이런 이유 때문에 나는 정경비평이라는 성서학의 한 분야를 시작할 필요를 느꼈다. 정경비평은 히브리 정경의 형성사(形成史)를 새롭게 보는 시도였으며, 첫째 경전(First Testament)인 히브리 본문의 헬라어 번역본에 나타난 책의 순서의 역사를 새롭게 보는 시도였다. (이 순서는 현존하는 헬라어 사본마다 매우 다르다.) 이것은 독일 학자 오토 아이스펠트(Otto Eisfeldt)가 말한 것처럼 '정경 이전의 역사'(pre-history of the canon)를 재검토하는 새로운 시도였다. 나는 오랫동안 첫째 경전의 전반에 걸쳐 담겨 있는 – 또한 둘째 경전(Second Testament)

의 사도행전에 나오는—이스라엘 역사의 초기 암송문들(early recitals)이 그 맥락 속에서 어떻게 작용하고 받아들여졌는지에 대해 깊은 관심을 가졌다. 이 연구는 그 자체로 매혹적일 뿐 아니라 정경문학의 기능이라는 보다 넓은 주제와도 분명히 관련되어 있다.

하버드대학교의 고고학자이며 성서학자인 어니스트 라이트(G. Earnest Wright)는 독일의 게르하르트 폰 라트(Gerhard von Rad)의 연구에 기초하여 이런 암송문들이 마치 후대 기독교 교의(敎義)처럼 '신조'(creeds) 역할을 했다고 생각했다. '신조'라는 개념은 유대교의 특성이 아니었으며, 라이트가 사용한 표현은 "하나님의 위대한 업적 암송"(recitals of the mighty acts of God)이었다. 이런 시도를 통해 어떤 이들은 정경 속의 정경(a canon within the canon)을 보게 되었지만, 이것은 유대광야에서 두루마리가 발견된 후로 우리가 당면한 문제들을 푸는 데 별 도움이 되지 못했다. 이것은 성서의 사상과 문학에 있는 지혜 요소를 제대로 설명하지 못했으며, 실상 20세기 중반에 성서신학의 흐름에서 일반적으로 무시되었던 지혜가 쿰란과 성서에서는 매우 중요한 요소였다. 지혜는 성서의 사상에서 여성적이며 국제적인 요소를 가졌지만, 당시 성서신학의 흐름과 잘 어울리지 못했다. 그러나 지혜에 초점을 두기 시작하면서 이스라엘과 초기 유대교 그리고 초기 기독교에서 여성들의 역할을 새롭게 이해하게 되었다. 또한 모든 인류의 공통점을 가정한 많은 성서 이야기와 심지어 하나님의 위대한 업적을 고백한 암송문들 속에서 하나님이 외국인, 죄인, 불신자들을 통해 일하신 이야기들을 새롭게 보게 되었다.

예일대학교의 브레버드 차일즈(Brevard S. Childs)는 그동안 성서에 대한 근대의 비평적 연구와 성서신학 및 설교 사이에 생긴 간격을 극복할 길을 모색해 왔다. 그는 성서 주석서가 한편으로는 각 본문에 대한 역사적 '주석'(exegesis)을 싣고, 다른 한편으로는 이것을 설교하기 위해서 전혀 다른 '강해'(exposition)를 내놓는 것에 혼란을 느꼈다. 차일즈는 독일의 일부 학자들을 본받아 사물의 전체를 보는 사고를 채택하였다. 차일즈는 성서를 연구하면서 학자들이 그동안 거의 전적으로 매달린 고대 역사 상황에 국한하지 않고 전체적인 정경의 맥락에서 본문을 이해하고자 했다. 차일즈의 접근방법은 개신교의 말씀신학(a Protestant Theology of the Word)을 반영하는 듯했다. 이것은 분명 나의 관심사는 아니었으며, 또한 우리가 당면한 문제를 푸는 데 도움을 주지 못했다. 우리의 당면 문제는 우리가 현재 가지고 있는 고대 사본들은 성서의 정경역사 형성과정에 대한 기존의 이론을 지지하지 않는다는 문제였다.

내가 시편 두루마리를 연구하며 출판을 준비하는 동안 잭 루이스(Jack P. Lewis)가 구약성서 형성사에 관한 옛 이론의 대들보를 흔드는 새로운 논문을 발표했다. 옛 이론에 따르면, 유대인들이 로마에 저항한(기원후 66-73년) 후 야파 근처 야브네(헬라어로는 얌니아)에서 모인 랍비회의가 히브리성서의 세 번째 부분인 성문서를 결정했다는 것이다. 그러나 새 연구에 의하면, 야브네 회의가 정경화 문제와 관련되었다는 어떤 참조문헌도 랍비문서에 나오지 않았다. 이 분야를 연구하는 거의 모든 이들이 이 새로운 연구 결과를 받아들였다.

유대교 정경: 토라, 예언서, 성문서

이 연구에 대해서 두 가지 해석이 있었다. 1) 성문서의 내용과 순서는 야브네 회의 이전에 이미 결정되었다. 2) 성문서는 야브네 회의에서도 아직 결정되지 못했다. 나는 두 개의 주요한 출판물에도 불구하고 첫 번째 해석에 관한 증거를 찾지 못했다. 우리는 다만 유대교와 크리스천의 다양한 정경들이 어떻게 형성되었는지에 대한 연구를 계속해야 했다. 유대교의 정경은 처음 두 부분인 토라와 예언서의 기본적 형태가—내용까지는 아니라 해도—기원전 5세기에 이미 결정되었지만, 세 번째 부분인 성문서는 기원후 2세기까지도 그 형태를 결정짓지 못했다.

중요한 문제는 세 번째 부분인 성문서인데, 이것은 당시 유대 문학에서 '다른 성서'(other writings), '시편과 다른 성서,' 또는 '다윗의 작품' 등으로 어렴풋이 언급되었을 뿐이다. 옛 이론으로부터 해방된 지금, 그런 표현은 히브리성서의 세 번째 부분의 완결판에 대한 명칭으로 간주하기에는 무리가 있다. 그리스-로마 문화의 영향을 받은 1세기 말 유대인 역사가 요세푸스는 유대교의 성서 안에 있는 22권의 책을 언급했는데, 이것은 책의 숫자에 처음으로 분명히 관심을 보인 표현이었다. 이런 관심은 아마도 그리스의 문화적 양상을 띤 것이며, 호머의 일리아드와 오디세이는 각각 헬라어 알파벳의 숫자와 같은 24권의 책을 담고 있다. 옛날에는 전반적인 문맹으로 인해 알파벳의 기호나 문자들은 구전 형태(oral form)로만 전해주던 정보를 제공하는 성스러운 선물로 여겼다. 글을 아는 사람들이란 훈련된 '서기관'으로, 이들은 자신들의 문화유산을 구전으로 알 뿐만 아니라 글로 쓰고 읽을 수 있는 사람들이었다. 사람들은 알파벳의 기호나 문자를 신이 계시한 것으로 여겼으며, 그 때문에 (시편 119편에서와 같이) 각 행의 처음 글자를 맞추면 어구(語句)가 되도록 이합체(離合體, acrostics) 시를 통해 정보를 기록했다. 알파벳은 '성스러운 도구'였기 때문에, 요세푸스는 성서가 히브리 알파벳의 숫자와 같은 22권의 책으로 이루어졌다고 믿었던 듯하다. 그러나 요세푸스가 정한 책의 순서는 후기 마소라 본문이나 칠십인역과는 상당히 다르다. 요세푸스의 설명은 불확실하다.

마소라 사본에 있는 책의 순서와 당시 받아들여진 탈무드에 적힌 책의 순서(*b. Baba Bathra* 14b)가 다른 것으로 미루어 볼 때, 실제로 유대교 경전(Tanak)은 책의 순서에 관해 절대적 의미에서 결코 '닫힌' 바가 없었다. 닫혔다는 말은 초기 헬라어 번역본들에 있는 책의 순서가 크게 다르다는 것을 고려하지 않은 것이다. 이런 다양성은 수년 전 복사본을 통해 널리 보급된, 고전적인 티베리아 마소라 사본 중 두 개의 중세 사본(915년의 알렙펜시스와 1010년의 레닌그라덴시스)에 잘 나타난다. 이 복사본은 탈무드 전통에 맞추기 위해 사본에 있는 책의 순서를 재배치하였다. 또한 티베리아에 살고 있던 마소라 학자들은 아마도 랍비가 아닌 카라이트 사람들(Qaraʾite, 율법보다는 성서 중심으로 돌아가자는 8-9세기의 랍비들의 운동. – 옮긴이)이었을 것이다. 고전적 마소라 사본에는 성문서 책들의 순서가 탈무드의 순서와 다르다. 더욱이 첫째 경전의 헬라어 번역본(칠십인역)에서는 책들의 순서가 상당히 다르다. 현재 일부 크리스천 정경들은 더 많은 책들을 또 다른 순서에 따라 담고 있다.(아래 50쪽에서 현재 6개의 정경 비교표를 참조하라.)

나에게 보다 깊은 정경 연구방법이란 책의 순서에 초점을 두는 것(*norma normata*)이 아니라, 그 형태에 관계없이 정경화 과정(*norma normans*)에서 어느 때나 권위를 지녔던 전통의 기능에 초점을 두는 것이다. 아이스펠트(Eissfeldt)의 생각인 정경 이전의 역사는 효과적인 출발점이라고 본다. 이것은 나와 나의 학생들이 연구한 것, 곧 성서에 나타나는 이스라엘 역사의 '초기 암송문들'(early recitals)과 그 후 이어지는 유대인과 크리스천의 문학에서 권위를 갖고 작용한 본문에 대한 연구와 일맥상통한다. 나는 일생의 과업으로 이런 연구방법을 개발하리라 마음먹었다.

그것은 단지 시작에 불과했다. 우리는 성서의 이런 암송문들 및 다른 전승들의 형태들과 기능들을 그것이 처음 등장하는 성서 장면에서부터 초기 유대교와 초기 기독교 그리고 랍비 유대교에 이르기까지 추적할 필요가 있다. 이런 연구를 우리는 '비교 미드라쉬'(comparative midrash)라고 불렀으며, 당시로서는 다소 새로운 용어를 사용하여 가능한 한 편견을 피할 수 있었다.

미드라쉬를 한다(drash-ing)는 것은 성서에 해석을 가하는 것이 아니라, 초기 신앙공동체들이 당면하고 있었던 문제들에 대해 성서로부터 도움을 구하는 작업이었다. 그러므로 우리는 초기 유대교와 기독교 문학에 수없이 등장하듯이 초기 전통들과 성서본문들이 어떻게 후기 상황들에 적합하도록 여러 형태로 해석되었는지(drash-ed)를 비교 연구하였다. 초기 유대문학은 성서에 의존하여 출발하였고, 또 우리의 이런 연구에 풍부한 자료를 제공한다. 예일대학교의 윌리엄 할로(William Hallo)가 보여주었듯이, 초기 청동기시대 이후 서아시아 문화권에서는 옛 것에 의존하여 새로운 문학을 만드는 것이 흔한 일이었다. 미드라쉬의 초기 유대교 이해에 관한 논문들이 1950년대와 1960년대에 프랑스에서 나왔다. 또 지난 수십 년간 뉴욕과 클레어몬트에서 학생들이 바로 이런 주제로 많은 박사학위 논문을 제출했다. 학생들은 할 수 있는 대로 많은 초기 유대문학에 색인(索引)을 만들어, 성서에 등장하는 본문, 인물, 사건에 대해 처음부터 그것들이 인용되거나 반영된 모든 후기 문학 속에 계속해서 이어져온 '후속 삶'(Nachleben)을 추적할 수 있게 했다. 나는 두 번에 걸쳐 당시 출판된 모든 사해 두루마리의 색인을 만들었으며, 또 이런 연구에 필요한 도구로 처음에는 모든 시편에 그리고 나중에는 모든 성서 사본에 색인과 목록을 만들어 출판했다. 초기 본문과 전통이 후기 유대교와 기독교 문학에 어떻게 인용되고 언급되고 짜깁기 되고 반영되었는지를 철기시대 후기, 페르시아시대와 헬라시대를 관찰함으로써 상호본문(intertextuality)의 정의를 내렸다. 후대 저자들은 당대에 일어나는 일들을 이해하려고 성서와 전통을 찾고(*drash*) 또 새로운 글을 썼다. 이것은 자신의 상황에 빛을 밝히려는 것이었지, 서구인들의 전형적인 자세처럼 성서에 해석을 가하고 뜻을 규명하려는 것이 아니었다.

이런 작업이 분명히 성서문학의 초기 형성기에 일어나고 있었다. 서구 학계는 본문의 원형과 의미를 회복하는 데 중점을 둔 나머지 성서 자체 안에서 초기 본문을 후대에 개작(改作)한 것을 간과하게 되었다. 초기 전통들에 대한 이런 후대의 의미 찾기(*drash*-ing)는 후대 공동체들의 필요를 충족시키기 위해서였지만, 당시 학계에서는 이를 '부차적'이고 '위조된' 것으로 보며 '후대 사람들의 추가'라고 모독하였다. (마찬가지 논리로, 우리는 지금 이 책처럼 개정판에 나타나는 개정 또는 추가를 위조한 것이라고 생각할 수 있는가?) 수잔 나이디치(Susan Niditch)가 최근 밝힌 것처럼, 서구의 중대한 관심 대상은 개별 저자와 편집자이지 그들이 섬긴 공동체가 아니었다. 실제로 성서 본문에서 찾아볼 수 있는 모든 이음자국(seams)과 틈(fractures)은 후기 상황에 맞게 개작하여 적용하는 과정을 보여주는 귀중한 자료이고 또한 초기문학이 정경문학으로 발달했음을 입증한다. 정경 속에 들어가게 된 것은 진정 '삶에 적용할 만한 것들'(adaptable for life)이었다.

한 세대나 한 상황 이상에 대해 호소력이 있던 문학은 초기 문학에 포함되었고, 결국 후대 공동체와 사람들이 규칙적으로 암송하고 찾게 되어 정경에 포함될 후보자가 되었다. 성서(대부분 역대기)에는 이스라엘과 유다의 초기 작품명이 30개 이상 언급되지만, 그 작품들이 더 이상 존재하지 않는다는 것은 이들이 정경이 되는 과정에서 낙오되었음을 가리킨다. 왜 그랬을까? 성서에서 참 예언자와 거짓 예언자에 관한 연구는 역사적으로 중대한 상황에 적용되고 예언문학 내에서 인용되던 이스라엘의 인기있는 서사시(epic) 전통의 일부가 왜 사라지고 영원히 잊혀지게 되었나를 이해하는 데 도움을 준다. 성서에서 거짓 예언자들의 사상을 담은 본문은 성서에서 참 예언자들의 메시지에 비추어 결함으로 새겨져 있다. 바빌로니아에 의한 예루살렘의 멸망, 포로기와 초기 유대교의 등장, 초기 페르시아 시대에 국제 종교로 새롭게 탈바꿈하면서 계속해서 이스라엘의 존속에 중대한 역할을 한 본문들은 십중팔구 정경의 초기 형태 속에 삽입될 것이었다. 페르시아 시대와 헬라시대에 흩어져 살고 있던 다양한 유대인 공동체들 안에 정경화 과정에 이르는 여러 갈래가 있었음이 분명하다.

정경 개념을 탐구하는 작업과 병행한 것은 본문비평이었다. 시편 두루마리와 서로 다른 여러 두루마리를 연구하면서 우리는 쿰란에서 발굴된 비교적 유동적이던 성서 본문들이 궁극적으로 어떻게 현재 히브리성서의 기초가 되는 중세의 마소라 본문으로 진화하였는지 이해할 필요를 느꼈다. 시편 두루마리에 대한 본문연구는 본문의 전승사(the history of the transmission)를 새로 이해하게 해주었다. 초기의 연구는 본문의 역사를 그리는 데서 라가르드(Paul de LaGarde)가 옳은가 또는 칼레(Paul Kahle)가 옳은가에 초점을 두었다. 즉 본문이 하나의 공통된 옛 본문으로부터 후대에 서로 다른 형태가 되었는가, 아니면 초기의 서로 다른 본문들로부터 후대의 안정된 형태가 되었는가 하는 문제였다. 새로운 정보는 제대로 이해하기 위한 새로운 접근방법이 필요했고, 이것은 본문 전승의 새로운 역사를 인식하는 것이었다.

본문 전승에 대한 새로운 역사는 각각 특징을 가진 세 개의 주요 단계로 나뉜다. 곧 전(前) 마소라(pre-masoretic), 원시 마소라(proto-masoretic), 마소라(masoretic) 단계이다. 전(前) 마소라 단계는 대부분의 쿰란 성서 두루마리를 포함하며 본문의 제한된 유동성을 특징으로 갖는다. 초기의 전승 전달자들(tradents)은 오래된 표현이나 더 이상 이해하기 어려운 용어 등을 자신의 공동체가 알아들을 수 있는 말로 자유롭게 바꾸었다. 초점은 본문이 독자에게 무엇을 말하는가를 이해하는 것이었지, 본문 자체에 맞춰진 것이 아니었다. 히브리대학교의 쉐마리야후 탈몬(Shemaryahu Talmon) 교수에 따르면, 역사의 어느 때엔가, 아마도 기원후 1세기 말에 일종의 '분수령'(a great divide)이 있었다. 서기관들과 번역자들의 초점이 본문 이해에서부터 본문 문자를 전달하는 것으로 옮겨 갔다. 이런 변화의 증거는 최근 유대광야에서 발견된 성서 두루마리들과 이미 잘 알려진 기원후 2세기 초의 매우 문자적인 헬라 번역본들에 많이 나온다.

쿰란의 제1 동굴에서 두 개의 이사야 두루마리가 발견되었는데, 그 중 하나는 매우 잘 보존되어 있다. 그것은 기원전 2세기에 기록된 것으로 추정되는데, 분명히 전(前) 마소라(pre-masoretic) 단계에 속한다. 다른 하나는 기원후 1세기 초기 또는 중기에 기록된 것으로 분명 원시 마소라(proto-masoretic) 단계에 속한다. 이에 대한 증거는 다른 성서 두루마리들을 고려하면 더욱 많이 늘어난다. 이 성서 본문이 쿰란 동굴에서 발견되었다면, 아마도 전(前) 마소라 단계에 속할 것이며, 와디 무라바아트(Wadi Murraba'at)나 마사다(Masada) 요새의 벽 창틀에서 발견되었다면, 이것은 아마도 본문이 점차 고정된 모습을 갖게 된 원시 마소라 단계에 속할 것이다. 바로 이 시점에서 나할 헤버(Nahal Hever; 와디 하브라[Wadi Habra])에서 발견된 소 예언서의 헬라어 번역본에 대한 주요 연구를 통해, 번역 양식이 칠십인역과 연관된 초기 헬라어 번역본들의 비교적 유동적인 해석으로부터 기원후 2세기 아퀼라(Aquila)와 테오도치온(Theodotion)에서 보이는 매우 문자적인 번역본들로 점차 이동해 가는 경향을 보게 된다. 나할 헤버의 이 헬라어 사본은 초기와 후기 헬라어 번역본들 사이에 '잃어버린 고리'(*chaînon manquant*)라고 적절히 불렀다. 프리보그(Fribourg)대학의 도미니크 바텔레미(Dominique Barthélemy)가 제출한 이 연구논문은 히브리대학교 성서 프로젝트(Hebrew University Bible Project)에 맞추어 본문비평에 혁명을 일으켰다. 앞에서 설명한 히브리성서 본문 전승사를 처음 새롭게 쓴 사람이 바텔레미였다. 바텔레미와 나는 지난 20여 년간 동료로서 히브리성서 제5 개정판(Biblia Hebraica Quinta)을 목표로 한 본문비평 프로젝트를 수행했으며, 그 첫 번째 소책자가 2004년에 출간되었다. 나는 바텔레미와 함께 일하며, 본문연구에서 최대한 정확성을 기할 필요를 느끼게 되었고, 이로 인해 클레어몬트 신학대학원에 고대 성서사본 센터(Ancient Biblical Manuscript Center)를 세우기에 이르렀다. 그 결과 학자들이 어느 곳에서든지 고대와 중세 사본들의 실제 이미지 — 필름이나 디지털 사진 — 를 갖게 되었고 이전 연구의 각주들이나 본문 비평장치들(apparatuses)에 의존할 필요가 없게 되었다.

이 '분수령'에서 벌어진 일은 본문의 성격에 대한 유대인들의 이해에 변화가 생긴 것이다. 즉 기원후 1세기 말에 본문이 비교적 유동적인 것에서부터 눈에 띄게 고정적인 것으로 옮겨갔을 뿐만 아니라 본문의 성격, 곧 성서본문에 대한 이해에 변화가 왔다. 『토라와 정경』이 처음 출판된 지 몇 년 후인 1978년에 국제성서학회(Society of Biblical Literature)의 회장취임 연설에서 나는 이런 변화를 가리켜 '축자영감'(verbal inspiration) 개념의 시초라고 불렀다. 이것은 마침내 본문의 모든 단어를 지키고, 보호하고, 하나하나 세는 마소라 현상

(masoretic phenomenon)의 탄생을 알리는 것이었다. 분수령 이전에는 전달하는 메시지 자체가 영감을 받은 것으로 여겼다. 그 후에는 모든 단어가 '영감을 받은 것'으로 여겼다.

그 당시 타나임(Tannaitic, 기원후 10~220년 사이 미쉬나 시대의 랍비들. – 옮긴이)의 새로운 미도트(midot) 또는 '해석'의 방식을 적용하기 위해 이런 종류의 안정성은 필요했다. 이런 변화는 분명 69~70년 예루살렘의 함락과 성전의 붕괴로 인한 것이었다. 야브네에서 결정한 사항은 새로운 랍비 유대교(Rabbinic Judaism)를 폭넓게 만드는 것으로서, 살아남은 모든 유대인들이 토라의 삶을 살 수 있도록 성서에 대한 각종 이해를 포함하는 일이었다. 본문에 대한 새로운 해석학은 성서의 모든 문자를－각 세대에게 그 의미가 무엇이 되었든지－전혀 손상치 않게 보존하는 것이었다. 원시 마소라 본문을 위해 선택된 본문은 아마도 성전에 보관되어 있었던 것일 테지만, 그 본문을 어떻게 선택했는지 또는 그 본문이 어디에서 비롯되었는지에 대해서는 우리가 알 길이 없다.

랍비 유대교는 쿰란 유대교와 크리스천 유대교(Christian Judaism)가 받아들이지 않은 전통을 이어 받았는데, 곧 예언이나 계시가 기원전 5세기에 멈추었다는 사상이다. 그러나 이런 사상을 따른 사람들은 기원후 1세기 말에 랍비 유대교의 등장에 따른 분수령, 특히 기원후 132-135년 '메시아적인' 바 코흐바 반란(Bar Kochba Revolt) 이후에 눈에 띄게 등장했다. 60년 간격을 두고 일어난 이 두 번의 재앙을 통해 유대인들은 거대한 그리스–로마 사회에서 물러나 폐쇄된 사회로 들어갔으며, 이와 마찬가지로 하나님은 더 이상 인간사에 관여하지 않고 물러나 있다는 생각이 생겼다. 유대인들이 할라카(halakah, 계율)와 아가다(aggadah, 설교와 민담 등의 내면성)에 전개한 대로 토라에 순종하며 신실한 삶을 영위하기를 원한다면, 나중에 게토(ghetto)라고 명명한 폐쇄된 공동체가 필요했다. 랍비 유대교는 가족 중심, 공동체 중심이었다. 유대교는 주위의 거대한 그리스-로마 세계 **속에** 살면서도 거기에 **속하지는** 않았다. 토라의 개념은 특별히 오경을 의미할 뿐만 아니라, 하나님의 모든 선물, '시내산 이후'의 모든 전통을 일컬었다. 어떤 의미에서 또 다른 분수령이 생긴 것은 한편으로 성서가 랍비 주석서들을 통해 이해되듯이 매년 유대교 회당 의식의 '중심적인 아이콘'이 되었지만, 다른 한편으로는 할라카(halakah)가 나중에 미쉬나와 탈무드 속에 성문화되어 토라의 삶을 살려는 유대인들의 삶의 기초가 되었으며 또한 회당에서 공부와 실천을 위한 본문, 곧 **탈무드 토라**(talmud Torah, 넓은 의미에서 토라 연구)가 되었기 때문이다.

기독교 신앙과 믿음

반면에 크리스천 유대교(Christian Judaism)는 크리스천의 삶에서 토라의 역할에 대한 초기 분쟁 이후, 바울이 강조한 신앙 또는 믿음을 크리스천의 특징으로 삼았다. 이렇게 함으로써 새로운 개종자들은 그들에게 낯선 할례나 유대교 음식 예법(kashrut)과 같은 셈족 문화의 관습을 따르지 않고도 '그리스도 안에서' 새로운 가족의 일원이 될 수 있었다. (거의 대부분의 초기 크리스천은 당시 다른 종교에서 개종한 사람들이었다.) 바울과 같은 유대인들은 사실 개종한 것이 아니었다. 핵심적인 문제는 한 분 하나님이 도처에 있는 모든 인류를 위해 나사렛 예수 안에서 인간의 삶을 살았으며, 또 아킬레스와 다른 영웅들도 경험해야만 했던 하데스(Hades)에서의 비참한 '운명'(moira)으로부터 그들을 '구원'했다는 것을 받아들일 것인가 말 것인가 하는 것이었다. 오디세우스가 하데스를 방문했을 때 아킬레스는 오디세우스에게 자신은 하데스에서 왕 노릇 하느니 차라리 산 자들의 땅에서 노예로 살겠노라고 말하였다. 오디세우스의 하데스 방문은 아마도 '지옥의 정복'(Harrowing of Hell), 곧 그리스도가 하데스에 내려가 이전의 모든 세대의 영혼을 구한다는 후대 기독교 신조의 모델이 되었을 것이다.

초기 기독교는 형태가 다양했는데 기본적으로 두 개의 교의(敎義), 곧 유일신론(唯一神論, monotheism)과 대체론(代替論, supersessionism)을 믿었다. 곧 한 분 하나님은 자신의 사랑을 받아들이는 모든 인간을 사랑하신다는 사실을 유대인들처럼 믿기만 한다면, 사람들은 더 이상 호의를 베풀거나 분노하는 신의 마음에 들지 안 들지를 염려하지 않아도 된다는 것이다. 두 번째 교의는 교회가 고대 이스라엘의 상속자(heir)이지, 새로운 랍비 유대교가 상속자가 아니라는 믿음이다. 칠십인역 또는 토라의 초기 헬라어 번역본들은 그리스-로마 세계에서 높이 평가되고 있었고, 실제로 헬라어로 번역된 유일한 '이방인 서사시'(barbarian epic)였다. 매우 다른 공동체들의 삶 속에서 성서 구절들이 어떻게 작용했는지에 관해 유대교와 기독교의 이해를 살피는 비교 미드라쉬는 이 둘 모두 안에서 일어난 정경화 과정을 이해하는 데 큰 도움을 준다. 이 연구는 효과적이었고 계속되어야 한다.

이 연구의 가장 중요한 결과는 모든 유대교 또는 모든 초대교회를 위해 사람들이 정경화에 관한 모임을 갖고 무엇이 정경에 포함될 것인가를 결정한 적이 없다는 확신이다. 오늘날 정경에 들지 못한 초기 기독교 문학을 연구하는 사람들 중 어떤 이들은 종종 습관적으로 '정통성'(orthodox)을 말하면서, 수많은 초대교회들이 갖고 있었으며 우리가 현재 알고 있는 34개의 복음서 중에서 베드로와 바울의 제자들이 4개를 선택한 것이 정통이라고 말한다. 이들 학자들이 하고 있는 일이란 오늘날 일부 서구 기독교 공동체의 필요를 충족시키려는 노력일 뿐이고, 이런 노력을 역동적 유추(dynamic analogy)를 통해 살펴보면 '베드로와 바울을 따르지' 않은 일부 초대교회들이 추구한 노력과 별로 다르지 않다. 이들의 독특한 문학은 당시 무시되었던지, 또는 (누가복음에서처럼) 유일신화하는 문학적 맥락(a monotheizing literary context)을 위한 소재로 쓰였다.

콘스탄티누스 황제 이후까지도 초대교회는 '분수령' 이전의 유대교가 그랬던 것처럼, 교회에 대해 또한 예수의 가르침에 대해 서로 다르게 이해했고, 매우 다양한 모습이었다. 콘스탄티누스 이후 교회들과 회당들의 정경들 속에 포함된 것은 초기 공동체들의 필요에 따라 다양하게 사용된 초기 문학이었고, 이 중요한 정경화 과정을 거쳐 살아남은 문학이었다. 그들은 자신들에게 의미가 있었던 것을 주변 공동체와 나누고 후손들에게 전했을 것이다. 만일 콘스탄티누스 황제 이후 교회에서 후대의 '베드로와 바울의 추종자들'이 교회 회의들을 통해 결정을 내렸다면, 그 이유는 그들이 선택한 문서들이 당시 널리 퍼져 있었기 때문이며, 또한 그 문서들은 지중해 주위에 흩어져 살던 많은 기독교 공동체의 필요를 충족시켰기 때문이었다. 그 문서들은 핍박과 분쟁을 견디며 살아남기에 충분한 가치가 있는 것으로 간주되었다. 철기시대 후기에 예루살렘의 멸망을 겪고서 살아남은 문학의 경우처럼, 나중에 살아남은 문학도 고통과 불연속성 한복판에서 생명과 연속성을 제공한 문학이었다.

결국 신약의 정경에 포함된 문서들은 당시 널리 알려져 있었고 가장 많은 사람들에게 가장 필요한 것을 충족시킨 문서들이었다. 만일 후대의 '베드로와 바울의 추종자들'이 비전(秘傳, esoteric)의 복음서나 서신을 살아남은 공동체에게 몰래 전하려고 했다면, 사람들은 결국 억지로 빼려고 하지 않고도 이것들을 유심히 살피고 취하지 않음으로써 읽고 또 읽는 정경에 포함될 기회를 주지 않았을 것이다.

이 모든 분야의 연구는 세심한 주의를 요구했고 또한 지금도 그렇다. 지금까지 연구한 것의 많은 부분을 출판했지만, 여전히 충분하지가 않다. 이 개정판에 새롭게 덧붙인 참고문헌은 지난 40년간 이 분야에서 연구한 것의 일부이다. 『토라와 정경』 개정판은 이런 연구와 다른 연구의 두드러진 결과를 참고하였다.

상자와 원(圓)

성서는 외국(foreign) 책이다. 성서는 우리 가운데 있는 이방인이다. 성서는 고대 서아시아와 동지중해 지역에서부터 우리에게로 왔다. 성서는 청동기시대, 철기시대, 페르시아시대와 헬라시대를 거쳐 천 년이 넘게 성장했다. 그 형태와 내용은 현대 서구문화에는 매우 낯선 것이지만, 유대인들과 크리스천들은 성서가 우리 시대에 주는 의미에 대해 놀라운 관심을 보였다. 이렇게 관심을 보인 이를 전승계승자(tradent)라 부르는데, 과거의 것을 현재에 당대의 말로 전하는 사람을 일컫는다. 사실 성서 유산을 우리 시대에 옮기려면 우리의 말 외에는 다른 수단이 없고, 그만큼 이 말은 제한되어 있다. 누구나 시공간의 문화적 틀인 상자 속을 온전히 빠져나올 수 없다. 우리 모두는 우리가 살아온 문화가 결정한 사고방식에 얽매여 있다. 계몽주의의 혜택을 입은 서구 사상가들은 종종 이런 기본 사실을 망각한다. 인식에 대한 사회학적 접근은 성서와 그 정경 연구에 필수적이다. 꼭 필요한 언어를 읽고 성서연구에서 객관성을 추구하려는 성서학자들조차 그들이 살고 있는 물질문화의 상자를 온전히 빠져나올 수 없다.

또한 성서를 이해하려고 노력하는 사람은 누구나 해석학적 순환이라는 원(hermeneutic circle) 안에 산다. 즉 성서를 대하는 모든 이들은 성서에 대해 나름대로의 사전(事前) 이해를 갖고 있다.(헤르메네이아 [Hermeneia]는 '이해[understanding]'를 뜻하는 고대 헬라어이다.) 우리는 우리를 양육한 공동체, 가정, 교회 또는 회당으로부터 배운 것을 가지고 성서를 이해하려 한다. 우리는 그 속에서 이미 우리가 배운 것들을 찾기를 기대한다. 이 점을 이해할 수는 있지만, 우리가 어떻게 해야 우리 자신의 상자와 원(圓) 밖에 있는 성서의 세계, 곧 성서의 저자들이 쓰고 편집하고 또 초기 신앙공동체가 처음 대했던 그 말을 들을 수 있을까?

성서의 언어는 고대 히브리어, 아람어, 헬라어다. 대부분의 성서는 오늘 우리가 매인 문화에서 우리 현대 서구인의 말로 번역하기가 매우 어렵다. 더욱이 성서의 어느 부분도 두 개의 사본이 똑같지 않다. 그 사본들 속에 이독(異讀, variants)이 있다. 성서 자체가 모호할 뿐만 아니라, 서로 다른 사본들도 그 문화권의 공동체에 의해 만들어졌기 때문에, 그 속에는 변칙과 모순으로 가득 차 있다. 교회와 회당 지도자들은 이 사실을 항상 알고 있었으며, 각 신앙공동체는 자신을 위해 이를 구분하고 정리할 '교권체제'(magisteria) 또는 전통을 수세기에 걸쳐 개발하고 있었다. 로마가톨릭의 교도권(敎導權, Magisterium)은 유대교의 탈무드처럼 성서에 준하는 권위를 가졌다. 이런 교권체제는 성서의 생소함과 후대의 문화와 공동체 사이를 연결하는 역할을 했다. 실제로는 이런 교권체제와 전통이 성서보다 더욱 권위를 갖게 되는데, 성서가 무엇인지 또 그 생소함이 무엇을 의미하는지 설명하고자 하기 때문이다. 개신교는 로마가톨릭의 이런 교도권을 벗어나고자 했지만, 또 다른 형태의 교권체제와 교리를 통해 성서를 읽었다. 성서의 생소함 때문에 각종 신앙공동체들의 이런 모든 노력은 필요한 것이었다. 영국 성공회는 전통적으로 39조항의 신앙고백을 통해, 루터교는 아우구스부르크 신앙고백(Augsburg Confession)을 통해, 또 장로교는 웨스트민스터 신앙고백(Westminster Confession)을 통해 성서를 읽는다. 다른 종파들도 비슷한 작업을 한다.

오늘날 대중적인 복음주의 기독교는 매우 엄격한 교권체제를 갖고 있는데, 이것은 성서의 일부 구절을 택해 성서 전체에 적용하는 것으로서 전형적으로 개인주의적이며, 세대주의적(dispensationalist)이며, 묵시적이다. 『토라와 정경』이 처음 출판되었을 때와 지금과의 차이는 이런 대중적 복음주의가 놀랄 만큼 만연해 있다는 점이다. 당시 사람들의 관심사는 시민권, 에큐메니즘, 베트남 전쟁이었다. 오늘날 주요 관심사는 개인의 신앙과 도덕이라는 문화 정책 및 전쟁 정책과 미국이 기독교 국가라는 도그마와 같은 믿음에 있는 것처럼 보이지만 실제로는 그와 정반대의 길을 가고 있다.

오늘날 초대형교회들은 교파의 결속을 경멸하는 경향을 보인다. 이렇게 하여 목사는 아무 제약도 받지 않고 자기가 원하는 대로 교인들을 기만할 수 있기 때문이다. 이런 집단에서 볼 수 있는 공통 현상은 성서가 신앙과 실천의 '규정집'(rule book)과 '성서의 예언'(휴거와 천년왕국에 대한 예언처럼 – 옮긴이)을 담은 책이라는 신념이다. 이러한 모든 신념들을 성서 위에 덧붙이고, 보통은 일부 '선호하는' 구절을 중심으로 성서 전체를 읽거나 무시한다. 이런 교회들은 연중 성서일과(annual lectionary)를 사용하지 않기 때문이다. 연중 성서일과표는 교회로 하여금 억지로라도 모르는 본문을 읽고 주의를 기울이게 하며, 그렇게 함으로써 목사와 교인들의 단세포적인 사고방식에 도전한다.

이와 비슷한 논리는 성서가 전적으로 조화롭다는 도그마다. 이를 바탕으로 설교자는 어떤 본문이든 자신이 한 말을 지지하려고 성서 전체의 권위를 주장하게 된다. 이것은 근본적으로 정치적 술수이다. 부끄럽게도 성서는 이런 주장에 의해 오용되어 왔다. 크리스천은 지난 2000년 동안 그리스도의 재림을 기다렸고, 수세기 동안 사람들은 재림의 때-보통 그들 생애 동안-에 대해 신념을 갖고 주장했다. 그들의 주장은 모두 틀렸지만, 각 세대는 재림이 금방 온다고 열심히 주장했다. 이런 주장은 많은 관심을 끌고 경제적 지지를 얻고, 신봉자에게 미래의 불안을 가라앉히고 회원만이 갖는 혜택을 약속했다.

스티븐 사이저(Stephen Sizer)의 『크리스천 시온주의: 아마겟돈에 이르는 길』(Christian Zionism: Road to Armageddon)에서와 같이, 생각이 있는 사람들은 복음주의자들이 성서를 오용하는 것을 잘 지적했다. 『폭로된 휴거』(The Rapture Exposed, 2004)에서 바바라 로싱(Barbara Rossing)은 휴거에 대한 성서적 근거가 없음을 밝혔다. 아나톨 리벤(Anatol Lieven)은 『미국이 옳은가, 그른가』(America Right or Wrong)에서 미국이 메시아적 사명을 지닌 기독교 국가라는 믿음이 가진 위험과 거짓을 밝혔다. 자기들만이 성서를 진지하게 받아들인다는 세대주의자들(dispensationalists)의 주장은 성서를 악용하는 것을 감추기 위한 수단이다. 휴거(Rapture)라는 개념은 그간 성서에 덧입힌 사상 가운데 가장 이기적인 것이다. 자동차 범퍼 스티커 중 제일 오만한 것은 "휴거가 일어나면 이 차에는 운전자가 없다."(In case of Rapture this car will be driverless.)는 주장이다. 이런 주장을 가장 통렬하게 비판한 것으로는, "휴거가 일어나면, 내가 당신의 차를 가져도 되겠소?"(In case of

Rapture may I have your car?)이다.

 이런 개인주의는 불행히도 개신교와 똑같은 줄기, 곧 르네상스에서 출발하였다. 16세기 초 개신교 운동을 낳은 르네상스를 통해 유럽에서 개인이 글을 읽고 쓰게 되고, 스스로 성서를 읽고 싶어했다. 그 전까지는 구원이 언제나 '교회에 속한 것'으로 이해했지만, 구원은 이제 개인이 예수 그리스도를 개인의 구세주로 받아들이는 것이 되었다. 이런 이유로 사람들은 사제들만 읽을 수 있는 라틴어 대신에 직접 히브리어와 헬라어로부터 당시 일반인의 언어로 번역했다. 그들은 사제들이 성서주석의 기초로 삼은 당시 로마 교도권(敎導權, Magisterium)이 도가 지나쳤다고 생각했다. 사람들은 그들 가운데 있는 성서가 실제로 낯설게 느껴졌고 이를 어떻게 읽을까에 대한 길안내를 필요로 했다.

 그 결과 로마가톨릭의 교도권이나 동방정교회의 아타나시우스(Athanasius)의 경우처럼 개신교의 모든 종파에 교권체제가 싹트기 시작했다. 앞에서 지적한 대로, 이들 중 가장 엄격한 형태는 소위 복음주의 교회에서 나온다. 근본주의(fundamentalism)는 1925년 테네시의 데이톤에서 스콥스 재판(Scopes Trial, 진화론 교육의 합법성을 인정받은 재판 – 옮긴이) 이후 대체로 휴지(休止) 단계에 있었다. 그러나 1980년 이후 개인의 도덕성 상실에 대한 반발로 근본주의가 다시 고개를 들기 시작했다. 그러나 그 결과는 사회윤리, 특히 시민의 권리가 성장하는 것에 대한 반발로 나타났다. 근본주의가 본래는 1970년대와 1980년대 미국 남부, 소위 성서지대(Bible Belt)에서 비롯한 것으로 지금도 그 반발은 여전하다.

 반대로 이 책이 주장하는 것은, 계몽주의가 하나님이 적절한 때 주신 선물이라는 신념에 기초한다.[1] 어떻게 하면 오늘날의 독자가

'상자와 원(圓)'을 탈출하여 성서에 있는 그대로의 말과 상황을 쫓아 성서를 읽는 재미와 능력을 회복할 수 있을까? 계몽주의가 남긴 도구를 사용해서 우리는 각자의 '상자와 원'의 한계를 인식하고, 예부터 유대교와 기독교를 거쳐 우리에게 전해진 이 놀라운 문학세계의 깊이를 탐구할 수 있다. 우리는 성서비평을 통해서 본문의 뜻을 본래의 맥락에서 읽게 되고, 그렇게 함으로써 독자는 옛 선인들이 그토록 많이 읽고 주위 사람들에게 권하고 또 후세에까지 전하게 만든 그 힘이 무엇인지를 찾을 수 있다. 성서비평이란 우리들이 처한 '상자와 원'을 귀중한 유산으로 여기면서도 비판적인 눈으로 보는 것을 의미하지, 성서를 비판하는 것을 뜻하지는 않는다.

정경비평은 성서문학이 어떻게 시대에 따라 그 가치를 유지할 수 있는지 살펴보기 위해 성서가 형성되고 전달되던 옛 세대의 급변하는 역사, 정치, 문화적 상황에서—곧 오늘날 우리를 포함한 후세에게 '정경'으로 자리매김하기까지의 과정에서—성서본문이 어떻게 작용했는지 그 기능에 초점을 맞춘다. 정경비평은 유대교와 기독교 각 분파들이 가지고 있던 각종 정경을 비교함으로써, 각 공동체가 정경의 역할에 대해 어떻게 이해했는지 살펴보려는 것이다. 초기 공동체가 어떤 책이나 작품을 다시 들은 이유는 무엇일까? 후세의 추종자들은 예언자나 예수가 한 말이 얼마나 중요했기에 그 말을 다시 듣고자 했을까?

우리 현대인들은 아무리 똑똑해도 우리만의 문화적 '상자와 원'을 쉽게 벗어날 수 없지만, 그 한계를 인식함으로써 성서문학의 발단이 되었던 힘, 곧 오랫동안 끊이지 않고 우리에게까지 성서를 전달한 그

---

1) Richard D. Weis and David M. Carr, editors, *A Gift of God in Due Season: Essays on Scripture and Community in Honor of James A. Sanders*, 1996를 보라.

힘을 재발견할 수는 있다. 성서는 오늘날 고고학적 발굴을 통해 땅 속에서 발견되는 문서가 아니다. 고고학이 우리에게 제공한 것은 다른 30개 복음서와 같이 정경 속에 들지 못한 문학이다. 계몽주의가 가져온 성서비평의 도구들을 제쳐두거나 또는 대중종교가 말하듯 '악마에 속한 것'으로 치부하는 일은 우리 시대에 말씀의 힘을 재발견하도록 하나님이 주신 귀한 선물을 부인하는 것이며, 계속해서 성서를 규칙과 암호를 담은 책으로 악용하는 것이다. 반면 계몽주의의 도구를 사용하는 것은 성서의 깊이를 측량하는 것이며 역동적 유추(dynamic analogy)를 통해 그것이 오늘날 우리에게 다시 살아 말할 수 있게 하는 것이다. 이 논문은 첫째 경전인 히브리성서가 어떻게 고대에 다양한 형태로 존재하게 되었으며 또한 왜 오랫동안 살아남았는지를 이해하려는 노력이다.

1장

토라와 역사

토라의 형태

이야기

토라(Torah)라는 말은 기본적으로 '가르침'(instruction)이라는 뜻이다. 이것은 '던지다'를 뜻하는 셈족 어근에서 파생되었다. 이 단어의 기본 의미를 담은 동사형이 하나님이 폭풍 가운데서 욥에게 던진 질문에 나온다: "무엇이 땅을 버티는 기둥을 잡고 있느냐? 누가 땅의 주춧돌을 놓았느냐? 그 날 새벽에 별들이 함께 노래하였고, 천사들은 모두 기쁨으로 소리를 질렀다"(욥 38:6-7). 여기서 '놓았느냐'(laid)로 번역된 히브리 단어가 토라라는 말의 배경에 있다. 종종 칠십인역이라고 부르는 첫째 경전의 초기 헬라어 번역본에 이 동사는 욥기 본문에서처럼 헬라어 발레인(*balein*)으로 번역되었다. 이 동사는 예수의 말을 인용하는 데도 쓰였다. "너희의 진주를 돼지 앞에 던지지 말라"(마 7:6). 이것은 요점을 말하고자 어떤 단어의 기본 뜻과 그 파생 의미를 함께 사용한 예이다. 이것은 분명히 동음(同音) 어희(paronomasia)나 말의 재치(wordplay)를 통해 독특한 효과를 낳는다. 비인부전(非人不傳)!

너희의 지혜를 이해할 능력이 없는 자와는 그 지혜를 나누지 말라!

고대 히브리 전통이나 첫째 경전의 헬라어 사본 전통들에서는 토라(헬라어, *nomos*)라는 말을 오경을 가리키는 데 쓰지 않았다. 아마도 법(Law)이 전적으로 오경만 가리키는 말로 쓰인 최초의 문헌은 기원전 2세기 말경 쓰인 집회서(Ecclesiasticus 또는 Sirach) 서문일 것이다. 신약성서라 부르는 둘째 경전 또는 크리스천 경전은 법이라는 말이 좁은 의미로는 오경을 뜻하고(눅 24:44; 갈 4:21; 고전 14:34), 넓은 의미로는 일반적 계시를 뜻한다(요 10:34; 12:34; 15:25; 롬 3:19; 고전 14:21).

넓은 의미로 쓰인 법이 더 오래된 것이다. 첫째 경전에서 법이라는 단어는 제사장, 예언자, 현자들의 가르침이나 자녀들에게 주는 부모의 충고를 통틀어 일컫는다. 이 가장 오래되고 일반적 의미가 보통 우리가 계시나 신의 가르침이라는 말을 통해 표현하고자 하는 것과 가깝다. 가장 오래된 사건에 대한 제사장적, 예언자적 신탁(神託)은 법, 토라들(torahs)이라고 했다. 예언자들의 경우, 신탁의 모음이나 사상체계를 가리켜 법, 토라들(torahs)이라 불렀다(예: 사 8:16-18).

넓은 의미로 쓰인 법의 이해가 더 오래되었을 뿐만 아니라 더 널리 퍼져 있고 영구적이다. 바울이나 요한복음 저자가 예언서와 시편에 있는 구절들을 가리켜 법(*nomos*)이라는 말을 썼을 때 단어를 불확실하게 쓴 것이 아니었다. 그들은 고대 이스라엘의 넓은 계시전통 속에서 법을 생각하고 있었다고 가정해야 한다. 실제로 바울은 법을 최소한 네 개의 다른 의미로 쓴다. (1) 헬라의 철학적 의미, (2) 법률적 의미, (3) 보다 넓은 계시적 의미, (4) 당시 주류사회 유대교를 상징하는 말의 의미이다. 초기 랍비문학, 곧 할라카와 미드라쉬에 나타난 법이라는 말의 용도를 세어 보면, 대부분 이 말은 넓은 의미의 계시, 곧 권위를 가진 전통을 가리키는 말로 쓰였다.

토라라는 말이 법률적 의미를 벗어나서도 쓰였다는 점을 알면 전형적인 토라인 오경 자체가 기본적으로 법전이라기보다는 이야기나 설화임을 이해하는 데 도움을 준다. 오경이나 토라가 본래 적용되었던 사회, 정치, 문화 제도의 사멸과 변화 속에서도 영원한 구속력을 가진 계시된 법률로 뿌리를 내리게 된 것은 어떤 의미에서 보면 초기 유대교의 기원과 발전의 역사이다. 우리가 외경(外經, Apocrypha), 위경(僞經, Pseudepigrapha), 필로, 요세푸스, 또 지금은 사해 두루마리의 방대한 유대인 문학에서 볼 수 있듯이, 초기 또는 고대 유대교(기원전 540년부터 기원후 70년까지)는 상당히 다양했다. 초기 유대교 안에서 어떤 집단은 종말론적 양상을 띠고 어떤 집단은 그렇지 않는 등 그 자체로 매우 다른 특징을 담고 있었기 때문에 오늘날 어떤 학자들은 당시 유대교를 가리켜 유대교들(Judaisms)이라 칭한다. 초기 유대교 안에서 서로 다른 달력(calendars)을 사용했듯이, 그 안에는 서로 다른 '정경들'(신성하게 여겨 규칙적으로 암송하고 낭독한 문학작품의 모음)이 사용되고 있었다. 그러나 분명한 것은 이들 정경을 통해 초기 유대교는 페르시아와 헬라 세계에 (독재자나 과두정치의 변덕이나 또는 종족간의 경쟁이 아니라) 법에 의한 지배(rule by law)가 하나님의 뜻이라는 메시지를 전했다. 바로 이런 점에 깊은 감명을 받은 비유대인들은 오경의 초기 헬라어 번역판인 칠십인역(Septuagint)을 존중했다. 이것은 기독교시대 이전에 헬라어로 번역된 유일한 '이방인'(Barbarian) 문학작품이었다. '이방인/야만인'(Barbarian, '베르베르인' 또는 북아프리카 바르바리 연안의 이름에서 유래한 지상의 가장 오래된 인종들 중 하나)이란 당시 그리스-로마에 속하지 않은 모든 것을 가리켰다.

후대 바리새주의(Pharisaism)의 천재성은 토라에 대한 이런 이해를 유대교의 중심에 확립하는 동시에 소위 구전법(Oral Law)을 신성시함으로써 모든 세대가 오경에 기록된 율법에 순종하게 할 수단을 제공한 것이다. 바리새주의는 점차 부피를 더해가는 구전법의 권위가 고대 시내산에서의 신 현현(顯現)에서 온다고 주장함으로써 오경에 기록된 율법을 계속해서 받아들이고 준수하도록 만들었다. 이런 변화가 일어난 것은 기록된 율법의 본래 사회 상황이나 고대 팔레스타인의 동질적인 농업 경제가 여러 변화를 통해 이미 사라졌고, 또한 디아스포라 유대인들 대부분은 그런 본래 사회 상황에서 떠났음에도 불구하고, 이런 변화가 일어났던 것이다. 유대교는 기독교처럼 오경의 법들을 보편화하고 영적인 의미를 부여하기보다는, 다양한 실존상황 속에서 필요에 의해 집대성된 미쉬나, 탈무드 및 랍비들의 응답을 담은 후기 전통을 통해 본래의 독특성을 보존하였다.

그러나 토라가 기독교와 유대교 이전에 본래 어땠는지를 이해하기 위해서는 전기예언서(여호수아부터 열왕기까지)에 반영된 고대 이스라엘의 다른 초기 전통들과 함께 토라를 가능한 한 본래의 상황에서 살펴보아야 한다. 오경의 기본 틀은 법전이 아니라 이야기이다. 토라는 본질적으로 고대 이스라엘의 기원에 관한 이야기이다. 오경은 고대 중동의 한 민족으로 출발하여 사회 정치적으로 흥망성쇠를 거쳐 포로기 이후 유대교로 재정립하기까지 긴 이야기의 일부이다. 어떤 학자들은 이 이야기가 고대 이스라엘의 민족 기원의 역사라고 보는데, 이 표현은 부분적으로 옳다. 그러나 토라는 길고 짧음을 막론하고 단순히 고대 중동의 한 민족의 민족적 야망만을 표현한 것은 아니다. 토라의 많은 부분이 민족주의적 성격을 띠고, 어떤 때에는 이것이 고대 가나안 지방에서 이스라엘의 욕망을 '신이 내린 운명'(manifest destiny)으로 정당화할 목적으로 쓰인 것도 사실이다. 그러나 이것이 토라의 전부였다면, 고고학 발굴을 통해서 얻는 에돔, 모압, 바빌론 등 고대 민족들의 기원에 관한 이야기들과는 전혀 다른 형태로 교회와 회당이 유산으로 남긴 이 이야기를 우리는 물려받지 못했을 것이다.

고대 중동의 역사학자들이 답하고자 한 질문 중 하나는 이스라엘 주변 민족들의 제의 문학(sacral literature)은 땅에 묻혀 사라졌거나 그 일부는 오늘날 고고학을 통해 재발견되었는데, 도대체 왜 토라 이야기는 그토록 오랫동안 살아남았을까 하는 것이다. 성서는 오랜 세월 동안 베껴 쓰고 읽어왔지만, 고대 이스라엘 주변 나라의 제의 문학은 오늘날에 와서야 고고학자들에 의해 지각(地殼)의 먼지와 함께 우연히 발견되었다. 이렇게 처음으로 발견된 고대 문서들은 흔히 원본이거나 그에 가까운 사본인 반면, 이스라엘과 기독교 정경들은 그 안에서 가치를 발견하여 다시 읽고, 각색하고, 암송하여 그들 공동체뿐만 아니라 주변 공동체와 후손들에게까지 남긴 전승 전달자들(tradents)에 의해 오랜 세월을 거쳐 전해져 왔다.

성서와 그와 비슷한 고대 문서들 사이에는 그 형식과 내용에서 차이가 있지만, 역사학자들이 먼저 관심을 둔 것은 이 차이점이 아니다. 먼저 역사학자들은 수세기에 걸쳐 성서가 살아남는 데 공헌한 제의 단체(cultic institution)인 교회와 회당이 있었음을 알아냈다. 성서가 중단되지 않고 전해 내려온 이유를 설명하는 데 중요한 것은 성서에서 자신들의 정체성을 찾았던 공동체들이 동시에 있었기 때문이다. 성서의 가치는 성서를 보존하고 귀하게 여긴 초기의 추종자들 때문에 생겨났다. 성서를 받아들인 두 신앙 전통이 각각 나름의 종교전통을 이어갔다. 성서는 기독교와 유대교에서 각각 살아남은 중요한 초기 유산이며, 그렇기에 역사적 연구의 중요한 대상이 된다.

그러나 이런 설명은 그 자체만으로는 만족스런 답이 아니다. 교회와 회당을 연구한 역사학자들이 본 두드러진 사실은 두 신앙공동체가 그들을 멸망시킬 뻔했던 대(大)격변들을 겪고도 살아남았다는 사실이다. 기독교와 유대교 모두 송두리째 분열될 역사적 소멸의 위협 속에서도 스스로를 살아남게 한 그 무엇인가를 전통 안에 담고 있었다. 성서가 교회와 회당 때문에 상실되지 않고 살아남았다고 말할 수도 있지만, 어떤 의미에서는 이들 공동체의 생존을 가능케 한 이면에는 성서가 있었기 때문이다. 즉 기독교와 유대교를 이루는 구조 자체에 생존과 동시에 정체성을 제공하는 그 무엇이 있었다. 융통성과 적응성을 가능케 한 것, 곧 생존의 역사를 설명하는 그 무엇이 처음부터 헌장(charter) 내에 존재하고 있었다. 이 헌장이 성서이며, 그 골자를 이루는 전문(前文)은 토라 또는 오경이다.

모든 유대인에게, 비록 기원후 1세기에 유대교 성서가 문이 이미 닫혀 있었다는 분명한 증거는 없지만, 기독교는 처음부터 유대교 성서를 자신의 것으로 받아들였다. 가장 초기의 기독교는 유대교 분파였으며, (좁은 의미로 오경을 뜻하는) 토라, 예언서, 시편, 그리고 여타 문서들을 성서로 갖고 있었다. 사해 두루마리 사본에 따르면, 기독교보다 앞서 존재했던 쿰란에 살던 유대교 분파는 기원후 1세기 당시 아직 닫힌 성서를 갖고 있지 않았다. 그러나 성서의 닫힘 여부를 떠나서 모든 유대인 집단과 마찬가지로 쿰란 분파 역시 성서가 쿰란 공동체에서 권위를 가졌다고 보았다. 그들은 태양력을 사용하고 있었고, 당시 태음력을 쓰는 예루살렘 성전과 차별화하기 위해 나름의 정경을 사용했을 것이다. 결국 기독교는 초기 기독교 문서들로 둘째 경전을 만들기에 이르렀다. 크리스천 유대인 공동체들은 복음서들과 바울의 서신들을 서로 공유하기 시작했고, 이들 공동체가 그 문서들을 존중함으로써 단지 유대교의 한 분파가 아니라 새로운 종교로서의 정체성을 확립하게 되었다. 2세기 초부터 크리스천 공동체는 이런 독특한 크리스천 문학을 '새로운 언약'(new covenant)이라고 표현했다. 2세기 말까지 모든 교회는 두 개의 경전을 갖게 되었고, 이로써 교회는 유대교의 다른 분파들과 완전히 분리되었다. 제2 성전기의 잿더미에서 살아남은 초기의 랍비 유대교는 이즈음 타낙(Tanak)을 닫힌 성서로 보고, 점점 부피를 더해가는 구전법을 기능상으로는 정경이지만 실제 자신들의 성서에는 들지 않는 것으로 보기 시작했다. 기독교만이 둘로 된 성서를 갖고 있었고, 3세기 초에 이것이 기독교 이야기의 기본 줄거리로 재확립되었다. 기독교 이야기는 유대교 성서의 후편으로서, 교회가 참 이스라엘이요, 고대 이스라엘의 상속자라는 논리였다.

사실 어떤 의미에서는 유대교 성서와 크리스천 성서가 모두 두 성전들의 잿더미 속에서, 즉 바빌로니아 사람들에 의해 기원전 586년에 파괴된 솔로몬 성전과 로마인들에 의해 기원후 70년에 파괴된 헤롯 성전의 잿더미 속에서 나왔다. 이 두 시기는 엄격한 의미에서 전통을 모으고 적합하게 만드는 과정의 시작이나 끝은 아니었지만, 각 성서의 형태가 이 중대한 시기에 만들어졌다. 성전이 처음 파괴되었을 때, (최소한 열왕기상의 솔로몬까지 이어지는 다윗 왕국 이야기까지 확장되었을) 토라는 지금처럼, 요르단 강 동편에서 모세의 죽음으로 마감하여 끝이 잘린 이야기가 되고 말았다. 모세 이후의 이야기는 유대교 정경에서 '전기 예언서'라고 부르는 두 번째 모음집에 등장하며, 바빌로니아 사람들이 예루살렘과 성전을 멸망시킨 이야기로 끝난다. 그러나 크리스천 정경에서는 이 이야기가 페르시아 시대까지 연장되고, 그 이후의 일도 가톨릭과 정교회 성서에 들어 있다(아래 정경 비교표를 참조하라). 비록 개신교 성서의 첫째 경전이 유대교 성서와 같은 수의 책을 담고 있지만, 그 형태는 토라 다음부터 매우 다르다. 유대교 정경은 세 부분 구조로서 토라, 예언서, 성문서로 나뉜다.

유대교정경	개신교	로마가톨릭	그리스정교	러시아정교	에티오피아정교
토라	**오경**	**오경**	**오경**	**오경**	**오경**
창세기	창세기	창세기	창세기	창세기	창세기
출애굽기	출애굽기	출애굽기	출애굽기	출애굽기	출애굽기
레위기	레위기	레위기	레위기	레위기	레위기
민수기	민수기	민수기	민수기	민수기	민수기
신명기	신명기	신명기	신명기	신명기	신명기
예언서	**역사서**	**역사서**	**역사서**	**역사서**	**역사서**
여호수아	여호수아	여호수아	여호수아	여호수아	에녹
사사기	사사기	사사기	사사기	사사기	희년서(Jubilees)
사무엘	룻기	룻기	룻기	룻기	여호수아
열왕기	사무엘상하	사무엘상하	1-4 왕국	사무엘상하	사사기
이사야	열왕기상하	열왕기상하	역대기상하	열왕기상하	룻기
예레미야	역대기상하	역대기상하	1 에스드라	역대기상하	사무엘상하
에스겔	에스라	에스라	2에스드라(스-느)	1에스드라(스-느)	열왕기상하
12소예언서	느헤미야	느헤미야	토비트	2-3 에스드라	역대기상하
호세아	에스더(MT)	토비트	유딧	토비트	에스라
요엘		유딧	에스더(LXX)	유딧	느헤미야
아모스	**시문서/지혜문서**	에스더(LXX)	1-3 마카비	에스더(LXX)	3-4 에스라
오바댜	욥기	1-2 마카비		1-3 마카비	토비트
요나	시편		**시문서/지혜문서**		유딧
미가	잠언	**시문서/지혜문서**	욥기	**시문서/지혜문서**	에스더(LXX)
나훔	전도서	욥기	시편(151편포함)	욥기	1-3 마카비
하박국	아가	시편	므낫세 기도	시편(151편포함)	
스바냐		잠언	잠언	므낫세 기도	**시문서/지혜문서**
학개	**예언서**	전도서	전도서	잠언	욥기
스가랴	이사야	아가	아가	전도서	시편(151편포함)
말라기	예레미야	솔로몬의지혜서	솔로몬의지혜서	아가	잠언
	예레미야 애가	집회서	집회서	솔로몬의지혜서	전도서
성문서	에스겔			집회서	아가
시편	다니엘(MT)	**예언서**	**예언서**		집회서
욥기	호세아	이사야	이사야	**예언서**	
잠언	요엘	예레미야	예레미야	이사야	**예언서**
룻기	아모스	예레미야 애가	예레미야 애가	예레미야	이사야
아가	오바댜	바룩	바룩	예레미야 애가	예레미야
전도서	요나	예레미야 서신	예레미야 서신	바룩	바룩
예레미야 애가	미가	에스겔	에스겔	예레미야 서신	예레미야 서신
에스더(MT)	나훔	다니엘(LXX)	다니엘(LXX)	에스겔	예레미야 애가
다니엘(MT)	하박국	호세아	호세아	다니엘(LXX)	에스겔
에스라-느헤미야	스바냐	요엘	요엘	호세아	다니엘(LXX)
역대기	학개	아모스	아모스	요엘	호세아
	스가랴	오바댜	오바댜	아모스	아모스
	말라기	요나	요나	오바댜	미가
		미가	미가	요나	요엘
		나훔	나훔	미가	오바댜
		하박국	하박국	나훔	요나
		스바냐	스바냐	하박국	나훔
		학개	학개	스바냐	하박국
		스가랴	스가랴	학개	스바냐
		말라기	말라기	스가랴	학개
				말라기	스가랴
					말라기

모든 크리스천 정경의 첫째 경전은 네 부분 구조로서 오경, 역사서, 시와 지혜문학, 예언서로 나뉜다. 이들 두 정경은 특히 열왕기 이후의 순서가 매우 다르다.

20세기 중반까지 대부분의 크리스천은 하나님이 교회와 새 언약을 맺었다는 믿음을 반영하기 위해, 성서의 첫째 경전을 구약(舊約)이라고 불렀다. 크리스천들은 유대인들이 이런 생각을 거부하는 것을 '완고'하다고 했다. 그러나 유대인 대학살(Holocaust) 이후 크리스천들은 유대교가 자신들과 다른 형태로 계속 존재해 왔던 것을 인식하게 되었다. 크리스천들은 또한 교회가 유대교를 구시대의 유물로 치부해 왔음을 깨닫게 되었다. 실제 영국의 한 역사학자는 유대교를 '화석' (化石)이라고 부르며, 교회가 참 이스라엘로서 유대교를 대신했다는 교리를 옹호했다. 제2차 세계대전 이후 유대인 대학살이 알려지면서 크리스천들은 자신들이 종족학살의 죄악에 공모했음을 고백하고, 다시 한 번 재앙에서 살아남은 유대교와 교회의 관계를 재인식할 필요성을 느끼게 되었다. 세계대전 이전에 이미 기독교 안에서 이와 비슷한 에큐메니컬 운동이 여러 교파들 사이에 퍼져나갔는데 이제는 이것이 유대교와 기독교의 대화로 발전했다. 1943년에 나온 성령의 영감 (*Divino Afflante Spiritu*) 때문에 가톨릭 학자들이 비(非)가톨릭 대학들에서 연구를 시작했듯이, 세계대전 후 일부 크리스천들은 나처럼 유대교 신학교에서 공부하기 시작했다. 세계대전 이전에는 이런 경우가 극히 드물었다. 나의 은사 사무엘 샌드멜(Samuel Sandmel)처럼 일부 유대인 학자가 기독교를 깊이 연구하기는 했어도, 기독교인으로서 유대교를 연구한 이는 거의 없었다. 바로 이와 때를 같이하여 학자들은 유대교의 감수성을 수용하여, 주전/기원전(BC) 주후/기원후(AD) 대신에, 공동시대 이전(BCE: Before the Common Era), 공동시대(CE: Common

Era)라는 표현을 사용하기 시작했다.

　또한 새롭게 등장한 문제는 크리스천들이 두 성서의 첫 부분을 뭐라고 불러야 할 것인가 하는 문제였다. 대부분은 1948년에 이스라엘이라는 국가를 세우기까지 계속해서 살아남은 유대교에 대한 경의를 표하기 위해 '구약'(Old Testament)이라는 명칭을 쓰지 않으려고 했다. 어떤 크리스천들은 구약 대신에 '히브리성서'(Hebrew Bible)라는 표현을 쓰기 시작했는데, 이것은 부정확하고 부적절한 표현이다. 왜냐하면 '히브리성서' 또는 비블리아 헤브라이카(Biblia Hebraica)는 유대교 성서인 타낙(Tanak)의 삼등분 구조의 성서를 일컫는 용어로, 그 안에는 아람어로 쓰인 부분도 있을 뿐 아니라 무엇보다도 구약(舊約)과는 다르기 때문이다. 기독교의 첫째 경전과 히브리성서 사이에는 그 형태와 내용에서 큰 차이가 있음에도 불구하고, 이 용어는 유감스럽게도 학계에서 여전히 쓰이고 있다. 다른 제안은 – 사실은 내 생각이지만 – 히브리성서를 기독교의 첫째 경전(First Christian Testament)이라고 부르는 것인데, 어떤 이들은 유대인들이 둘째 경전을 갖고 있지 않다는 이유로 이 말을 사용하기를 꺼려한다. 사실은 유대인들도 구전의 토라 또는 미쉬나/탈무드라는, 비록 타낙(Tanak)과는 문학적 형태에서 큰 차이를 보이지만, 기능적으로 정경의 역할을 하는 후기 문학을 갖고 있다. 실제로 어떤 유대 학자들은 탈무드를 유대교의 둘째 '정경'이라고 부른다. 기독교 상황에서만 볼 때, '히브리성서'보다는 '구약'이라는 용어를 간직하는 것이 나을 수도 있는데, 유감스럽지만 어떤 크리스천 신학교 커리큘럼에는 이 용어가 아직도 쓰인다. 유대교 기관들에서는 단순히 '성서'라고 부름으로써 탈무드와 그 외의 응답들(Responsa)과 구분하였다. 모든 유대인 기관들에서는 크리스천의 둘째 경전을 '헬라 유대문학'(Hellenistic Jewish Literature)에 포함시켜서 공부한다.

　기본적으로 똑같은 문학이 언제부터 서로 다른 두 개의 형태를 취하게 되었는지는 확실치 않으나, 세 부분(유대교)이든 네 부분(크리스천)이든 그 형식은 각자에게 중요한 의미가 있다. 각 형태는 각자의 신앙공동체가 어떤 해석학을 갖고 성서 전통에 접근하는지를 보여 준다. 오경과 역사서의 연속 관계에서 알 수 있듯이, 크리스천들에게 성서 이야기는 창세기부터 크리스천 시대 바로 이전까지 계속된다. 크리스천들에게 이 형식은 매우 중요하다. 사도행전의 설교문에서 드러나듯이(2:22-36의 베드로 설교; 7장의 스데반 설교; 13:16-41의 바울 설교), 1세기에 그리스도와 초기교회의 행적을 기록한 복음서와 사도행전이 창세기에서 시작한 하나님의 역사의 연장이라고 주장할 수 있기 때문이다.

　유대인들에게 이것은 사실이 아니다. 타낙(Tanak) 또는 유대교 성서는 창세기에서 시작하여 열왕기에 이르러 기원전 6세기 바빌로니아 사람들에 의해 예루살렘과 성전이 무너지는 것으로 갑작스럽게 종결된다. 다시 말해서, 창세기에서 아브라함과 사라에게 후손과 거처할 땅을 두 번에 걸쳐 약속하는 것으로 시작한 이야기는 다윗과 솔로몬의 통일왕국에서 성취된 후에 바빌로니아에서의 궁핍한 삶으로 끝난다.

　실제로 유대교 성서에서 모세 이후 일어나는 모든 이야기는 세 부분 구조의 두 번째인 '예언서'라고 부르는 부분에 속한다. 세 번째 부분인 성문서는 토라와 예언서의 '역사적' 시간의 흐름을 깨는 부록처럼 보인다. 예언서의 처음 네 책은 창세기부터 열왕기에 이르기까지 이야기가 중단 없이 계속되며, 이 네 책ㅡ여호수아, 사사기, 사무엘, 열왕기ㅡ을 '전기 예언서'(Early Prophets)라 부른다. 열왕기 이후에 등장하는 '후기 예언서'(Latter Prophets)는 매우 다른 장르의 문학으로서 하나님의 역사가 특별한 역사적 상황 속에서 개개인을 통해 전달되는 것을 말한다. 여기서는 기본적으로 다윗과 솔로몬의 통일왕국 이후 이스라엘과 유다에서 일어난 사건들의 순서에 따라 진행한다. 바로 이런 이유로 히브리성서의 모든 고전적인 티베리아 마소라 사본들에서는 '성문서'(Writings)가 역대기와 함께 시작하는 듯하다. 랍비 유대교 성서는 탈무드의 요구대로 성문서가 시편으로부터 시작한다. 다시 말하면, 타낙(Tanak)의 처음 두 부분인 토라와 예언서는 이스라엘과 레반트(Levant, 지중해 동부) 지역의 정치적 흥망성쇠의 역사를 전하면서 그 철기시대의 역사 속에 관여하시는 하나님을 통해 성공과 실패 모두에 대해 궁극적 의미를 부여한다. 성문서는 그렇지 않다.

여기에 히브리성서와 크리스천 첫째 경전의 형태와 순서에 중대한 차이가 있다. 타낙에서 '역사'는 열왕기(또는 역대기)와 함께 급작스럽게 끝나고, 포로기 이후 유대교의 탄생에 관한 기록은 '성문서'로 좌천된 반면에, 크리스천의 첫째 경전은 이들 성문서가 오경과 역사서를 계속하는 것으로 보았다. 이렇게 재배치함으로써 창세기에서 시작한 이야기는 예언서들 이후 성문서에서 페르시아시대까지 연장되고, 역대기, 에스라-느헤미야, 에스더는 열왕기에서 끝난 이야기를 계속 이어간다. 크리스천 성서의 첫째 경전을 '히브리성서'라고 부르면, 이런 중대한 차이점이 모호해져서 마치 이 두 책의 순서가 같은 것으로 오해하게 된다. 사실 개신교 성서에서만 '역사서'가 에스더로 끝난다. 로마가톨릭과 여러 정교회의 정경에는 마카비와 토비트를 포함하여 헬라시대에 이르는 역사가 들어 있다. 이것은 하나님의 개입이 기독교 시대까지 이른다는 주장에 매우 중요한 것이다. 이것은 또한 예언이나 하나님의 개입이 에스라-느헤미야 시대, 곧 페르시아의 아닥사스다(Artaxerxes) 황제 때에 중단되었다는 랍비 유대교의 입장에 정면으로 맞서는 것이다. 크리스천과 쿰란의 유대교 종파는 그런 입장을 받아들이지 않았다. 쿰란 종파는 크리스천들과 다른 유대교 종파들과 마찬가지로 하나님은 페르시아시대를 넘어 계속해서 역사에 관여하신다고 믿었다. 이들 집단은 종말론 사상에 심취한 초기(랍비 이전) 유대교로서 그들의 역사가 어떤 중요한 신적 개입을 통해 극적인 종말을 향해 치달린다고 생각했다. 종말 사상을 지닌 유대교 집단은, 바리새인과 후대의 랍비들처럼 하나님이 초월자로서 점점 더 역사에서 물러나 있다고 생각하지 않고, 하나님은 역사의 주인으로서 계속 역사에 개입하고 있고 언젠가는 종말을 가져온다고 믿었다.

바리새인과 랍비들, 그리고 다른 유대교 분파는 생각이 달랐다. 하나님이 일반적 역사에서 물러나고 있을 뿐만 아니라 유대교도 결국은 문화적 역사를 떠나 폐쇄된 공동체 속으로 들어갈 것이라고 믿었다. 유대인들은 페르시아와 초기 헬레니즘의 지배 시기 동안, 에스더서에 나타난 대로 편견과 차별대우를 겪으면서도 비교적 안정된 삶을 경험한 반면, 그 이후 셀류코스(Selucid) 왕조와 로마시대에 이르러서는 거듭 재앙을 겪어야 했다. 기원전 2세기 중반에 이르러 상황은 악화일로에 있었고 팔레스타인에 살던 유대인들은 마카비(Maccabees) 형제들의 지도 아래 항쟁을 일으켰고 165년부터 63년까지 100년 동안 자치정부를 수립했다. 그 후 로마인들이 팔레스타인을 점령한 후에는 상황이 더욱 악화되었다. 로마의 압제 하에서 유대인들이 이집트와 팔레스타인에서 수없이 항쟁을 했지만 모두 제압당했다. 이 중 하나는 예루살렘의 두 번째 멸망과 헤롯성전의 파괴(70년)를 초래했다. 헤롯대왕이 죽던 기원전 4년부터 역사적인 '유대전쟁'이 발발한 기간(기원후 66-73년)에 예수가 살았고 또 초기 기독교가 시작되었다.

이런 일련의 사건들 속에서 여러 유대교 집단은 서로 다른 반응을 보였다. 어떤 이들은 하나님이 오셔서 구원해 주실 것이라고 믿었던 반면에, 다른 이들은 하나님이 역사를 떠나는 대신 하나님의 선물인 (넓은 의미에서) '토라'를 남겨 사람들이 위로를 얻고 삶을 꾸려나갈 수 있게 했다고 믿었다. 예루살렘 탈무드에 기록된 것처럼 랍비 아키바(Akiva)가 바 코흐바(Bar Kochba)를 하나님의 메시아로 지지했다면, 바 코흐바의 실패는 먼저 그리스-로마 세계에서, 그 다음에는 크리스천 세계에서 유대교의 운명을 확정지은 것이다. 하나님이 그러셨듯이 유대인들은 독실한 유대인으로 살기 위해 세상의 일반적 역사에서 물러나 폐쇄된 공동체(ghettos)로 들어가서 그리스-로마 문화 세계 안에서 살면서도 거기에 속하지 않을 필요가 있었다. 그들은 예나 지금이나 여전히 파괴된 성전의 시계와 달력을 사용하며 토라의 삶을 살고 있다. 반면 크리스천 유대교와 그 후예인 기독교는 주변의 그리스-로마 세계와 동화하여 그 문화를 흡수하고 또한 엄격한 유대교의 특성을 대부분 상실한 채, 그리스도가 다시 와서 예수가 지상에서는 피했던 승리의 메시아(triumphant messiah)로 나타나리라는 희망을 간직했다.

기원후 70년 이후 랍비 유대교는 '토라'라고 부르는 신의 유산을 준수하고 복종하는 일에 초점을 맞추기로 결정했다. 반면에 크리스천 유대교는 열매와 성취와 완성으로 향하는 역사 속에서 계속 일하시는 하나님의 이야기에 초점을 맞추기로 결정했다. 따라서 랍비 유대교와 크리스천 유대교 각각의 정경은 성서가 무엇인가에 대한 그들의 결정과 서로 매우 다른 해석을 반영하고 있다.

크리스천의 첫째 언약과 유대교 성서 사이의 두 번째 중요한 차이는 예언서의 위치이다. 유대교 성서에서 예언서는 15권으로 3개의 '대예언서'(major prophets)와 12개의 '소예언서'(minor prophets)로 되어 있고, 기원전 6세기 초 바빌로니아 사람들에게 패배한 유다 이야기를 담은 열왕기 바로 다음에 배치되어 있다. 반면 크리스천 정경에는 이들 예언서가 시문서/지혜문학에 이어 맨 끝에 배치되어 있다. 유대교 성서에서 예언서는 이스라엘을 심판하고, 회복하고, 또 약속의 성취를 위해 불행을 사용하시는 한 분 하나님의 역사를 설명하기에 좋은 위치에 자리잡고 있다. 반면에 크리스천 정경에서는 예언서가 '신약' 바로 앞에 위치해, 예언서가 그리스도의 오심을 예언한 것을 보여준다.

또 다른 차이점은 다니엘서의 위치와 같은 것이다. 각 정경의 형태는 각 공동체가 성서를 읽을 때 사용한 해석학적 잣대(hermeneutics)를 나타낸다. 유대교 정경에서 다니엘서는 성문서 중 에스라-느헤미야 바로 앞에 나와서 외국의 지배 아래 살던 유대인들에게 용기를 북돋는 이야기로 보통 읽힌다. 크리스천 정경 속에서는 다니엘서가 예언서에 포함되어 있는데, 이것은 복음서에서 예수에게 주어진 칭호들 가운데 하나인 '사람의 아들'(Son of Man)을 예언하고 있다고 보기 때문이다.

율법(Law)과 전기 예언서의 내용 대부분은 포로기 경험 이전에 바탕을 두고 있다. 그러나 최근 유럽에서 일어난 소위 '최소주의자들'(minimalists)은 그 두 부분 속에서 최소한의 역사성만을 인정하려고 하지만, 이 두 부분 속의 어느 것도 기원전 5세기 이후의 작품이라고 확실하게 말할 수 없다. 후기 예언서가 제2 성전기의 자료를 싣고 있지만, 그 기본적 문학 형태는 포로기와 포로기 이후 초반에 이스라엘 역사의 철저한 불연속성 속에서 자신의 정체성을 찾기 위해 만들었다고 보는 충분한 증거가 있다. 이것은 기원후 1세기에 초기 교회가 사도들이 썼다고 추정하는 서신들과 예수에 관한 이야기들을 모은 것과 같은 맥락에서 이해할 수 있다. 이것은 또한 새롭게 형성된 랍비 유대교가 결국 성문서를 정경화하고, 성서의 히브리 본문을 표준화하고, 구전의 법 전승을 성문화하게 되는 과정과 비슷한 현상이다. 두 가지 위기 모두에서, 근본 문제는 어떤 사상의 집필이 아니라 결정(結晶)이며, 새로운 창작이 아니라 잘 선택한 전승들을 새롭게 적합한 형태들로 편집하는 일이었다. '정경화'(canonization) 과정 또는 중요한 전승들을 구성하는 작업은 만일에 그 작업 과정이 없었다면 "사태의 끝"이 될 수도 있었던 사건들 자체 속에 뿌리를 두었다고 보아야 한다.

두 번의 성전 파괴가 가져온 깊은 상처를 가늠해 보기란 오늘날 우리로서는 매우 어려운 일이다. 바빌론 포로 이전에 이스라엘 민족에게 성전은 하나님의 임재와 권능의 상징이었다. 고대 이스라엘의 주변 국가들은 이런 대재난 이후에는 고대 중동의 역사와 지도에서 사라졌으며, 갑작스런 역사의 불연속성과 함께 자신들의 정체성을 영영 잃어버렸다.

그러나 이스라엘은 달랐다. 이스라엘의 경우, 불연속성의 경험은 극적이었지만, 과거의 정체성을 잃지는 않았다. 이것은 무엇보다도 생존하여 '남은 자'(remnant)가 회개하고 동시에 희망을 잃지 않았기 때문이다. 포로기 동안에 시작되어 기원후 1세기에 완료되기까지 성전에서 회당으로, 이스라엘 왕정에서부터 디아스포라 유대교(diaspora Judaism)로 바뀐 것은 실로 상상하기 어려운 깊은 상처를 남겼다. 마찬가지로 초대교회에서 거룩한 땅을 중심으로 한 초자연적 기대감에서부터 로마의 지하묘지(catacombs)로 바뀐 것은 상상을 초월하는 혼란상태를 나타낸다. 편의상 이 두 경험, 즉 철저한 불연속성 속의 철저한 연속성에 대한 실존적 경험을 각각 모두 성전(Temple)에서 공회(synagogue)로 바뀐 것이라고 부를 수 있다. 두 경우 모두에서 우리가 이스라엘이라 부르는 하나님의 백성(기독교는 유대교처럼 이스라엘의 상속자임을 주장한다)은 하나님의 은총과 섭리에 대한 모든 상징을 잃어버렸다. 하나님의 선물이며 축복이라고 믿었던 이스라엘의 정치, 사회, 경제, 제의 제도가 모두 사라져버렸다. 하나님이 주신 것을 다시 빼앗아가셨다. 잿더미에 앉은 욥처럼 바빌로니아의 포로수용소에 갇힌 이스라엘에게는 하나님의 간섭, 보호, 인도라고 말할 아무 근거도 남아 있지 않았다. 욥이 개인적으로 당했던 '수치'를 이스라엘은 국제적으로 경험했다. 우리가 아는 한, 명예/불명예 증후군(syndrome)은 보편적이다. 궁핍함을 경험한 사람이나 민족은 극심한 수치를 경험하게 된다.

우리가 제2 이사야라고 부르는 포로기의 위대한 예언자가 자주 애통해했듯이, 대다수 유다 출신자들(Judahites)은 자신들의 부정적인 현실을 하나님이 무능하기 때문이라고 여겼다. 기원전 701년부터 620년까지 고대 이스라엘에서 일어난 일련의 역사 사건들에서 당대 최고의 신학자들은 하나님이 예루살렘과 성전을 보호하려고 작정하셨기 때문에 무슨 일이 있어도 안전하다고 믿었다. 이스라엘 사람들의 어려움은 하나님이 실제로 그렇게 할 수 있다고 믿는 일이었다(사 28:16). 그런데 요즈음 말을 빌리자면, 타이타닉 호가 침몰해버렸다. 외세의 가혹한 타격을 받자, 하나님이 세우신 것이라는 모든 물질적 상징이 사라져버렸다.

그러나 놀랍게도 이스라엘은 똑같은 운명에 처해 있던 주변의 다른 나라들과는 달리 역사에서 사라지지 않고 살아남았다. 이런 현상에 대한 이유를 찾는 것이 성서를 공부하는 우리가 할 일이다. 분명 그 이유의 실마리는 과거의 뼈아픈 역사 사건들 속에서 출현하여 이스라엘에게 새로운 정체성을 가져다 준 권위 있는 신임장 속에 들어 있다. 간단히 말해서 토라 자체가 해답을 주어야 한다.

범위

토라가 문학적 구조 측면에서 볼 때 기본적으로 하나의 이야기라면, 그 이야기는 어디서 시작하고 어디서 끝날까? 이것은 매우 중요한 질문이다. 분명 창세기에서 시작한 이야기는 신명기에서 끝나지 않는다. 그 이야기는 열왕기를 거쳐 계속되며 그 결론 부분이 역대기 하(사무엘-열왕기와 비슷하나 강조점이 다름) 마지막 문단과 에스라-느헤미야 사이에 나타난다.

그 이야기의 줄거리는 다음과 같다. 세상이 창조되고 민족들이 나뉜 후, 하나님은 아브라함과 그의 아내 사라에게 메소포타미아를 떠나 가나안 땅에 들어가라고 명하시며, 강한 민족을 이룰 많은 후손의 축복을 약속하신다. 이 약속의 성취를 위협하는 많은 어려움을 겪은 후에, 손자 야곱은 12명의 아들을 갖게 된다(창세기).

가나안을 휩쓴 기근 때문에 이 가족은 이집트로 건너가 모세의 지휘 아래 노예반란을 일으킬 때까지 거기서 450년을 지낸다. 그들은 다른 노예들과 함께 시내 광야로 들어가 종교 체험을 하고 모세의 하나님과 계약을 맺는다(출애굽기-레위기). 모세는 모압 광야 요르단 강 동편에 이르기까지 약 40년간 지도자 역할을 수행한다(민수기). 우리가 가진 성서에 따르면, 죽음을 목전에 둔 모세는 출애굽과 광야의 경험을 상기시키면서 이 백성들이 참 신앙에 헌신하도록 고대의 거룩한 전쟁(聖戰, holy-war)이라는 표현을 써서 권면한다(신명기).

모세의 후계자로 지목된 여호수아는 백성들을 이끌고 요르단 강을 건너가 도시국가 형태의 가나안을 정복하고, 또한 일부 토착민과는 계약관계를 통해 이스라엘의 지배체제를 확립하고 세겜 북쪽에 본부를 둔다(여호수아서). 여호수아의 무리가 요르단 강을 건널 당시에 블레셋 족속을 비롯한 여러 해양민족은 팔레스타인 남부 해안을 따라 정착하고 있었다.

여러 이민자 부족들과 토착민들로 구성된 초기 이스라엘은 새로운 환경과 정치체제에 적응하는 과정에서 처음에는 구성원의 성격과 가치관의 차이 때문에 하나의 민족주의로 결합되지 못했다. 그러나 블레셋의 침략정책에 따른 위협 때문에 이스라엘의 민족주의는 힘을 얻게 되었다(사사기). 그 결과, 이들 다양한 집단이 결합된 '원시-이스라엘 민족'(proto-Israelites)이 등장했다. 사무엘과 사울의 시대에 이르러 이스라엘은 이런 위협에 효과적으로 대처하고, 이 각양각색의 사람들을 융합하여 하나의 민족전선(a nationalist front), 즉 약 200년 전에 꿈꾸었던 부족동맹 체제를 이루었다(사무엘상).

블레셋의 위협에 대응하면서 다윗이 등장했다. 친절하고 잔인하며 용감하고 교활한 다윗은 이스라엘이 당면한 위험을 극복하는 데 필요한 모든 성품과 기술을 지니고 있었다. 이스라엘처럼 다윗은 매 순간 우선적 관심사, 곧 생존에 대처하는 데 필요한 모든 자원을 자기 안에서 발견했다(사무엘하).

성서에 기록된 대로 기원전 11세기의 사무엘-사울-다윗의 이야기 속에 뒤얽혀 있는 진실은 이스라엘의 존재 여부가 블레셋의 협박 때문에 불투명했지만, 이 위협에 이스라엘이 잘 대처하여 다양한 부족과 집단이 하나의 국가로 형성되었다는 점이다. 지극히 중요한 이스라엘의 민족주의는 사무엘서에 기록된 생존경쟁의 와중에서 탄생했다. 서로 이질적인 집단이 모여 형성된 동맹체제는 블레셋의 위협을 거치면서 새로 정복한 예루살렘에서 왕권통치를 하여 종족의 연합을 이루었다. 마침내 솔로몬 통치 아래 이스라엘은 고대 중동에서 부유한 나라로 성장했다(열왕기상 10장).

이스라엘이 "하나님의 보호 아래" 있다는 주장에도 불구하고, 솔로몬이 죽은 후 이스라엘은 자연스럽게 두 개의 나라로 분리되었다. 이스라엘은 북쪽에, 그리고 유다는 예루살렘을 수도로 하여 남쪽에 위치했다. 유다에서 통치기관으로서의 왕조를 유지했던 민족주의적 정신이 북쪽에는 없었기 때문에, 왕권 정치는 북쪽에서 결코 안정된 제도가 될 수 없었고, 누구든 당파와 개인을 막론하고 권력을 잡아 권세를 누리려는 사람들에게는 매력적인 목표로 간주되었다.

아시리아의 사르곤 2세(Sargon II)가 쇠약한 이스라엘의 지배 세력을 와해시키고 피정복자들을 아시리아 제국의 일부로 편입시킨 기원전 722년 이후에 이스라엘은 더 이상 독립된 정치국가로 존재하지 않게 되었다(열왕기하 17장). 기원전 11세기에 블레셋의 침공 위협이 이스라엘에 일으켰던 효과가 기원전 8세기의 아시리아 침공 때에는 벌어지지 않았다. 이 두 위기의 내적 요인이 다른 만큼, 역경이 늘 똑같은 결과를 가져다주지는 않는다.

그러나 유다는 달랐다. 사르곤의 후계자 산헤립(Sennacherib)이 아무리 노력했어도 예루살렘에 편히 거하는 유다 왕국을 여러 가지 이유로 무너뜨릴 수 없었다. 유다는 쉽게 함락되지 않았다. 역사가는 중대한 사건의 모든 국면들을 살피지만, 유다의 역사상 기원전 701년의 사건만큼 복잡다단한 것은 없었다. 산헤립은 본국 내에 정치적 어려움을 안고 있었고, 파상공격을 위해 예루살렘 성문에 설치했던 막사도 병참학적으로 문제가 있었다. 결국 산헤립은 701년 거룩한 성을 정복하지 못한 채 철군했다.

그러나 이런 이유들만으로 예루살렘이 적군을 물리쳤다고 보기는 어렵다. 유다 왕 히스기야는 강력한 군사방위 체제와 필요한 군량미도 보유하고 있지 않았다. 이런 상황에서 포위망에 갇힌 아브라함의 약속의 후손들에게는 별다른 희망이 보이지 않았다. 그러나 군사력과 풍부한 양식보다도 몇 배나 든든했던 것은 민족주의 정신이었으며, 이 정신은 특별한 믿음, 즉 모세나 여호수아 시대에 생긴 것이 아니라 다윗이 왕위에 오른 후 또는 심지어 예루살렘이 다윗의 성으로 되기 이전에 생긴 믿음에 의해 굳게 뒷받침되고 있었다. 이 믿음이란 예루살렘은 난공불락이라는 믿음인데, 여부스족이 이 도시를 살렘이라고 명명한 이래로 그런 믿음을 갖고 있었다(창세기 14장). 예언자 이사야를 포함하여 많은 주민들은 하나님이 예루살렘을 보호할 것이라는 믿음을 갖고 있었고, 이런 사기(士氣)는 이스라엘과 똑같은 운명에 처했던 유다를 멸망으로부터 지켜낼 수 있었다.

 히스기야 왕은 군사, 경제, 정치적 이유보다는 비합리적인 이유로 좀 더 견딜 수 있었고, 대적이 당면한 문제들 덕분에 살아남았다. 포위당한 생존자들은 자신의 정체성을 지킬 수 있었다(열왕기하 19장). 이스라엘과는 반대로, 히스기야 왕이 다스렸던 유다는 고대 중동 철기시대의 아시리아의 속국으로서 살아남아 과거의 역사와 자신들의 이야기를 그 불확실한 운명 속에 이어가도록 전해주었다.

 북이스라엘의 멸망과 함께 정치, 제의, 경제, 사회체제는 사라졌지만, 그 유산을 모두 잃은 것은 아니었다. 오히려 유다는 자신과 관계된 북이스라엘 전통을 받아들일 준비가 되어 있었다. 실제로 유다로 도망하여 새로운 환경에 적응한 이스라엘 망명자들은 나중에 유다 왕국이 한 세기 후에 바빌로니아에 정복당하기까지 그 생존에 크게 공헌할 이스라엘의 독특한 전통을 가지고 왔으리라고 추정할 충분한 근거가 있다.

약삭빠른 유다 왕 므낫세가 살아남기 위해 취한 유연한 외교정책 아래—열왕기하 21장에서는 우상숭배라고 헐뜯지만—유다는 아시리아의 물결을 헤치고 나갈 수 있었다(사 28:16-19). 아시리아와 바빌로니아가 서로 대치하고 있는 틈을 타서, 요시야 왕의 통치 아래 유다는 전 국가적 개혁을 통해 자신의 정체성을 확인할 용기를 내게 되었다.

요시야 개혁 또는 신명기 역사적 개혁(기원전 621년; 열왕기하 22-23장)을 통해 유다는 과거의 모세 전통을 깨닫게 되었고, 세 번에 걸친 바빌로니아의 침략과 정복 속에서도(기원전 597, 587, 582년) 자신의 정체성을 유지할 수 있었다. 유다가 살아남을 수 있었던 것은 감옥에서도 전통을 기억하고 있었기 때문이다: "내 조상은 떠돌아다니며 사는 [또는 소멸하는] 아람 사람으로서…"(신 26:5). 그들에게는 용기를 북돋울 성전도 남아 있지 않았으며, 믿음에 용기를 더할 예루살렘도, 재건할 정치, 사회제도도 존재하지 않았다. 신명기의 초기 형태가 요시야 개혁의 기반이 된 것으로 추정되는데, 신명기 26장 이후에 계속되는 이야기는 멸망과 유배생활을 경험한 생존자들이 재앙을 어떻게 이해해야만 했는지를 보여준다. 신명기 27-28장은 역경을 통해 새로운 희망을 꿈꾸는 이들에게 순종과 불순종이 가져오는 축복과 저주의 목록을 담고 있다. 성서의 대부분은 역경이 한 분 하나님의 손에 있으며, 하나님은 저주를 축복으로 변하게 할 능력을 갖고 있다고 가르친다(창 50:29). 신명기 29-31장은 이 모든 것을 간단히 정리하고 있다. 1) 우리를 낙심케 하는 이는 하나님이 아니다. 2) 우리가 겪게 된 모든 재앙은 우리의 우상숭배 때문이며, 우상숭배는 우리가 가진 모든 것이 하나님에게서 온 선물임을 잊게 만들었다. 3) 우리에게 닥친 재앙의 원인과 목적을 바로 살펴서 가슴에 새긴다면, 4) 하나님은 우리가 잃어버린 것보다 더 좋은 것으로 기쁘게 우리에게 되돌려 주신다.

신명기는 시적으로 표현된 모세의 노래(32장)와 모세의 유언(33장) 그리고 마지막으로 모세를 찾은 하나님의 엄한 모습, 모세의 죽음 및 모압 광야에서의 장례(34장)로 마친다.

이스라엘이 떠돌아다니거나 소멸하는 부모를 둔 슬픈 장면으로 시작하는 자신의 이야기를 기억하는 동안은 그 유랑과 소멸이 야곱의 경우처럼 결코 끝이 아니라 시작이 될 수도 있다는 희망을 갖게 했다. 열왕기하 끝부분에서 유다 왕 여호야긴은 비록 유배지에서 여전히 "떠돌아다니며 소멸해 가고 있었지만," 느브갓네살의 후계자로 바빌로니아의 왕위에 오른 에윌므로닥의 호의로 왕의 식탁에서 일평생 자유롭게 살았다는 기록을 남김으로써 일말의 희망을 놓지 않고 있다. 역대기도 별반 다르지 않다. 새로운 정치 주인으로 들어선 페르시아의 고레스(Cyrus)가 공개서한을 보내기까지 예레미야의 예언처럼 유다인들은 그저 떠돌아다니며 소멸해 가고 있었다. "주 하늘의 하나님께서 나에게 … 유다의 예루살렘에 그의 성전을 지으라고 명하셨다. 이 나라 사람 가운데, 하나님을 섬기는 모든 백성에게 … 그들을 모두 올라가게 하여라"(대하 36:23).

고레스의 칙령은 유다와 조상들이 당시까지 알고 있던 외교정책과는 전혀 다른 것이었다. 이미 살펴본 대로 모세와 여호수아를 따라 가나안에 들어왔던 이민자들은 고유의 민족 정체성을 형성함으로써 주변 고대 중동 국가들의 침략의 대상이 되었다. 오랜 동안 이스라엘은 이집트 제국의 속국이거나 피(被)보호민으로 살았다. 그 후 8세기에 이르러 그들은 철기시대 신(新)아시리아 제국과 또한 바빌로니아 제국에 예속되었다. 이제 그들은 기원전 6-4세기에 이르는 약 200년 간 페르시아 지배 아래 살아야 했다. 그러나 페르시아의 정책은 앞선 메소포타미아 권력자들의 정책과는 전혀 다른 것이었다. 역사가들은 그 모든 요인들을 성서의 형성사 속에서 찾고 있다. 아시리아 사람들은 정복한 백성들에게 일종의 통합정책을 강요함으로써 자신의 정체성을 잃고 반항하지 않고 동화되도록 만들었다. 우리가 이미 본 대로, 정체성을 유지하고 과거 역사에 연연하는 것이 아시리아 지배 아래에서는 드문 일이었지만, 이스라엘은 예외적으로 정체성을 보존하고 자신의 이야기를 새로운 환경에 적응시키려고 남쪽 유다로 피난하였다. 반대로 바빌로니아는 많은 거주민을 포로로 끌고 갔지만, 피난처와 전쟁포로 수용소에 함께 살도록 허락함으로써 포로들은 자신의 언어를 계속 사용하고 정체성을 살려주는 이야기들을 암송할 수 있었다.

이 두 정책과는 달리, 페르시아는 피정복민을 본국으로 송환시키고 자신의 정체성을 확인하는 제의와 문화생활을 하도록 허락하여 충성과 복종을 구했다. 신바빌로니아 제국의 마지막 왕인 나보니두스(Nabonidus)를 정복한 페르시아 왕 고레스는 유대인들이 예루살렘과 유다로 돌아가도록 허락했을 뿐 아니라 성전과 도시를 재건하는 데 드는 비용을 대부분 부담하였다. 페르시아의 이런 정책은 고레스가 다스린 최고 문화들을 보존하려는 신념에서 비롯되었다. 기원전 332년 알렉산더 대왕이 고레스의 후계자 다리오 3세(Darius III)를 정복했을 때, 그는 이런 정책에 대해 고레스에게 경의를 표했으며 또한 자신도 흉내를 내어 그가 만나는 모든 문화 중 가장 좋은 것을 흡수하려고 애썼다. 알렉산더가 채택한 고레스의 정책은 헬라화(Hellenization) 과정을 통해 고대 중동과 동부 지중해 연안 세계를 극적으로 바꾸어 놓았다. 고레스의 정책은 기원전 540년 경 포로기의 이사야에게 영감을 주어 고레스를 하나님의 메시아(God's messiah) 또는 기름부음을 받은 자(사 45:1)라고 불렀고, 또한 알렉산더에게 감동을 주어 세상을 변화시키고 특히 초기 유대교와 기독교의 탄생에 지대한 영향을 끼칠

정책을 펼치게 했다. 이 마지막 부분에 대해서는 나중에 다시 이야기하겠다.

암송문

페르시아의 지배와 더불어 새로운 장이 열렸다. 이것은 초기 유대교의 기원과 제2 성전의 역사로서 학개, 스가랴, 에스라–느헤미야가 우리에게 살짝만 소개하고 있는 정녕 새로운 이야기다. 그러나 토라와 초기 예언서에서 아브라함으로부터 시작하여 이스라엘과 유다의 멸망에 이르는 옛 이야기는 하나의 통일된 단위를 이룬다. 즉 이것은 중기 청동기시대부터 철기시대(기원전 1500~540년) 마지막까지 약 1300~1400년 동안의 시기를 다룬다. 이 기간의 전부 또는 일부가 현대적 의미에서 '역사'라고 부를 수 있는가 하는 것은 중요하지 않다. 정경의 목록(50쪽)에서, 유대교 정경 또는 타낙(Tanak)의 '열왕기' 밑에 줄을 긋고 나면, 창세기부터 열왕기의 끝까지 이르는 옛 이야기의 범위를 볼 수 있을 것이다. 우리가 살펴본 대로, 기독교 정경은 '역사서'(the historical books)를 페르시아시대까지(즉 에스더까지) 확장하고, 또 다른 정경에서는 심지어 그리스시대까지(즉 마카비서까지) 확장함으로써, 아브라함부터 시작하는 이 옛 이야기를 연장한다. 이 이야기가 여호수아서의 끝에서 끝나지 않는 것과 마찬가지로, 신명기가 이 이야기의 끝이라고 주장할 이유가 없다는 것을 우리는 쉽게 알 수 있지만, 유대교와 기독교를 포함한 모든 첫째 경전의 형태는 여호수아서 앞에서 커다란 분기점을 보인다. 실제로 이야기라는 관점에서 보면, 오경을 자연스런 경계로 보기보다는 육경(오경+여호수아)이 이런 긴 이야기 중에서 하나의 단위를 형성한다고 보는 것이 더 타당하다.

    첫째와 둘째 경전 모두 안에는 많은 시편들과 기도문들 그리고 여타 예배의 단편들이 있으며, 초기 유대교 말기에 우리에게 전해진 성서 밖의 문학작품들도 이 이야기를 반복하고 암송하고 회고한다. 후기 작품일수록 암송이 길어지는 경향이 있는 듯하다. 가장 짧은 것은 사무엘상 12:8의 한 절에 나오며, 가장 긴 것은 창세기에서부터 열왕기에 이르는 전체 자료(complex) 자체를 제외하면, 시락(집회서) 44-50장에 걸쳐 등장한다.

    그러나 이 이야기가 어떻게 전개되고 있는가를 살피는 데서 저작 시기 또는 암송의 첫 시기가 중요한 것은 아니다. 오히려 포로기 이전부터 전해 온 전승 단위(pericopes)는 일반적으로 두 가지로 나뉜다. 하나는 가나안 정복까지 다루고, 다른 하나는 다윗의 예루살렘 정복과 솔로몬이 즉위하기까지를 다룬다.

    이런 암송문의 가장 초기 작품 중 하나는 길갈의 신전(神殿)에서 행한 축제 때 암송한 것으로서 사무엘상 12:8에 기록되어 있다. 이 의식은 아마도 밀 수확 때(12:17)에 행해진 것으로 보이지만, 이 의식의 의미는 연중 농경행사를 훨씬 넘어선다. 이 행사는 사울이 옛 신전이 있던 길갈에서 북 이스라엘의 왕으로 추대된 때로서 요르단 강을 건넌 후(여호수아 3-4장)에 부족들 간의 첫 집회였다.

    예언자 사무엘만이 사울을 왕으로 추대하려는 사람들의 결정을 합법화할 권위를 가졌다. 이 이야기에 따르면, 사무엘은 옛 족장들과 사사들이 가졌던 권위를 물려받았으며, 이들과 바빌론 포로기까지 치리할 왕들 사이에서 교량 역할을 했다. 제의를 포함한 예배의 중심에 "주께서 너희와 너희 조상을 구원하려고 하신 그 의로운 일"(삼상 12:7)을 알리는 사무엘의 암송문이 들어 있다. '그 의로운 일'로 번역된 히브리어는 문자적으로 의로움들(righteousnesses)을 뜻한다. 그러나 이와 같은 경우에는 이 말이 신적인 행위의 특정한 전승을 가리키는 전문용어로 이해된다(삿 5:11과 미 6:5 참조). 의로움(righteousness)의 정의(定義)는 하나님이 행하신 일을 가리킨다. 그리고 이런 전승의 모음집이 우리가 살펴본 대로 토라 이야기다. 이 구절에는 사무엘이 길갈 신전에서 행한 연설을 통해 보다 큰 범주의 토라 이야기가 한 절로 요약되어 있다. 이 한 구절에 창세기에서 여호수아서까지 자세히 기록된 이야기의 핵심이 담겨져 있다: "야곱이 가족을 데리고 이집트로 내려간 다음에, 그들은 주께 매달려 살려 달라고 부르짖었다. 그래서 주께서는 모세와 아론을 보내셨고, 조상을 이집트에서 인도해 내셨고, 그들을 이 땅에 정착시키셨다"(삼상 12:8).

신명기에서는 또 다른 절기로 밀 수확 수장절(Feast of Ingathering)에 이스라엘의 모든 남자들이 열매 바구니를 가지고 성전에 있는 제사장 앞에 서서 하나님이 그들의 조상에게 약속한 땅에 들어와 사는 이민자로서 다음과 같이 고백하라는 명령이 나온다. "내 조상은 유리하는 [또는 소멸해가는] 아람인으로서…" 이 구절은 아마도 바빌론 포로기에 살아남은 자로서의 정체성의 본질을 보여주는 듯하다. 이 구절에 다시 한 번 야곱에서부터 여호수아에 이르는 토라 이야기가 다섯 절로 압축되어 있다(신 26:5-6). 역시 이 고백은 기념하려는 것—이 경우 하나님의 약속대로 가나안에 이민자로서 사는 이스라엘의 고백—을 확증하거나 정당화하는 중요한 예배의식의 핵심에 놓여 있다. 이 암송은 신명기에서 율법의 선포(12-25장) 이후에 나오며 또한 축복과 저주 및 시와 산문으로 쓰인 신학적 결말 이전에 위치한다.

여호수아서의 끝맺음인 22-24장은 청동기시대 말(기원전 13세기 말엽) 옛 가나안의 도시국가들에서 팔레스타인의 상당 부분을 지배하려고 애썼던 여러 승리자 집단들의 정상회담에 관한 이야기다. 세겜에 모인 지도자들은 가나안 사람들에 대항하여 싸운 두 개의 주요 당파를 대표한다. 하나는 여호수아의 지도 아래 요르단 강 건너 길갈에 도착한 집단이고, 다른 하나는 가나안에 이미 정착한 집단으로서 동쪽에서 침입한 이스라엘 사람들과 때를 같이 하여 가나안 봉건제도에 항거한 사람들이다. 고대 비(非)성서 자료에 종종 하비루(Habiru, '히브리'와 같은 어원)로 언급되는 이 두 번째 집단은 모세의 인도 아래 이집트에서 탈출한 노예들과 같은 민족(cousins)이라고 볼 수도 있다.

두 집단 모두 창세기에 나온 계보와 관련이 있다. 하나는 야곱의 후손으로 이집트에 내려가 정착했으며, 다른 하나는 상징적인 칠십인(출 1:5)이나 또는 "몇 안 되는 사람"(신 26:5) 중에 들지 않고, 계속해서 가나안 땅에 이등 시민으로 머물며 소위 '사백년 간' 청동기시대의 마지막 때를 보낸 사람들이다. 이들 집단 모두는 아마도 아브라함과 이삭 전승으로 상징되는 조상을 둔 사람들로서, 청동기시대 중기에 메소포타미아에서 가나안으로 이주한 것으로 추정된다.

역사적으로 볼 때 우리는 세겜 정상회담에 모였던 대표자들이 가나안 사람들에 대항하여 싸워 이긴 것 이외에는 서로 동족관계에 있었는지, 또는 여호수아를 기꺼이 지도자로 따르고자 했는지에 대해 확실히 알 수 없다. 고고학 자료에 의하면, 당시 청동기시대 중기에 (후대에 솔로몬 성전이 건설되기까지는) 팔레스타인 전역에서 가장 크고 중요한 신전이 고대 세겜에 존재했다는 사실이다. 세겜은 고대 가나안에서 '대성당이 있는 도시'였으며, 자신들이 이민자의 후손이라고 믿는 사람들에게는 창세기가 족장들의 거처로 기억하고 있을 만큼 매력적이었고(창 12:6), 이런 사실은 그들 집단이 당면한 차이점들을 극복하기에 충분했다. 그 신전은 이미 가나안 사람들이 제의 목적으로 사용했었기 때문에 세겜 신전은 별 어려움 없이 적합한 회의 장소로 채택되었을 것이다.

그러나 여기서 중요한 점은 여호수아서가 끝마치는 지점이 바로 아브라함이 가나안에 정착한 이야기가 시작되는 곳, 즉 세겜이라는 점이다. 성서의 처음 여섯 권을 함께 묶었던 옛 편집자들은 자신들의 눈에 매우 중요한 신학적 입장을 밝히고 있는 것이다. 즉 가나안 정복은 아브라함이 제일 먼저 정착한 곳인 세겜에서 정점을 이루었고, 아브라함에게 주어진 땅의 약속은 세겜에서 상징적으로 실현되었다는 신학적 입장이다.

서로 다른 이 두 집단이 세겜에서 만나 동맹을 맺을 수 있었던 유일한 근거는 일견 종교적인 것으로 보인다. 그렇다 할지라도 여호수아 24장에서 볼 수 있듯이 그 성격에 대해 큰 논쟁이 있었다. 여호수아는 야훼만 섬길 것을 주장했으나, 하비루(또는 적어도 '다른 히브리인들')는 메소포타미아의 신들이나 이집트의 신들을 섬기고자 했다(수 24:14). 결국 여호수아의 집단이 경험한 활기찬 종교 성격이 우세하게 되어 두 집단 모두 출애굽의 하나님 야훼를 섬기게 되었지만, 본토인들은 그들이 섬겼던 신들 속에 야훼를 포함시킨 정도였을 것이다. 야훼에 대한 충성 서약이 여호수아가 기대한 만큼 배타적이지는 않았을지라도 그들의 차이점을 극복하고 하나로 묶기에 충분했을 것이다.

성서는 이스라엘의 하나님 야훼에 대한 충성을 보이는데, 이것은 이미 살펴본 대로 이스라엘에게 베푸신 하나님의 행동을 암송하는 것으로 표현되었다. 여호수아 24장에서 정상회담의 꽃은 여호수아가 암송한 토라 이야기다. 이것은 사무엘상 12:8 한 절과 신명기 26:5-9 다섯 절이 기록한 것과 똑같은 이야기이지만, 여호수아에서는 12절에 걸쳐 나온다. 똑같은 부류의 전승들이 육경에 걸쳐 세 군데에서

1장. 토라와 역사 *71*

나오는데, 모두 창세기의 족장들로부터 여호수아의 가나안 정복까지 이르는 이야기다.

이 이야기는 매우 융통성이 있어서 필요에 따라 세부 사항을 더하기도 하지만, 출애굽, 광야에서의 유랑, 가나안 입성이라는 필수적인 세 가지 요소를 담고 있다. 출애굽기 15장의 바다의 노래는 전쟁의 신 야훼의 업적을 18절에 걸쳐 찬양한다. 이것은 의심할 여지없이 고대 이스라엘의 예배의식에서 가장 중요한 위치에 있었을 것이며, 아마도 앞서 열네 장에 걸쳐 기록된 출애굽 드라마를 암송한 후에 부르는 송영이었을 가능성도 있다. 비슷한 종류의 찬송이 시편 105, 106, 135, 136편에 나타나며 그 길이는 약 20절에서 50절에 이른다.

이렇게 토라 이야기는 한 절로 또 경우에 따라서는 50절에 걸쳐 암송되고 있음을 볼 수 있다. 실제로 육경 전부를 앉은 자리에서 암송하지는 않았을지라도, 사무엘상 12장 8절 한 절로도 육경을 효과적으로 말할 수 있었다는 결론은 피할 수가 없다.

모세와 다윗

그러나 이스라엘의 이야기는 가나안을 정복한 것에서 끝나지 않았다. 남 왕국 유다에게는 가나안 정복만큼이나 중요한 사건이 다윗이 예루살렘을 정복한 일이다. 어떤 전승들에서는 출애굽-광야 유랑-가나안 정복과 아울러 다윗-예루살렘 사건을 암송에 첨가하기도 한다. 그 대표적인 예로 시편 78편은 출애굽에서 시작하지만, 하나님이 북쪽 부족들을 마다하고 다윗과 예루살렘을 선택하는 것에서 클라이맥스에 이른다. 시편 78편은 기원전 722년 사마리아의 멸망과 587년 예루살렘의 멸망 사이에 쓰인 것으로 보인다. 여기에는 북 왕국과 편협한 모세 신학을 거부하고 남 왕국과 보다 폭넓은 모세-다윗 이야기를 선호한 당시 다윗 왕국의 신념을 반영하고 있음이 분명하다. 출애굽기 15장의 노래 역시 단순히 가나안 정복으로 끝을 맺지 않고 하나님의 미래 계획을 덧붙인다. "주께서 그들을 데려다가 주의 소유인 주의 산에 심으실 것입니다. 주님, 이 곳이 바로 주께서 계시려고 만드신 곳입니다. 주님, 주께서 손수 세우신 성소입니다"(출 15:17). 이 노래 자체는 예루살렘 정복 이전에 만들어진 것이지만, 마지막 한 구절은 신앙공동체가 이 노래를 자신들의 상황에 접목시키려고 추가한 듯하다.

이사야서 후반부를 제외하고는 시편 78편과 출애굽기 15장만이 모세-다윗 전승을 함께 접목한 암송문이다. 전통적으로 다윗과 연관시키는 시편 중에는 다윗과 하나님의 특별한 관계와 다윗을 통해 일하는 하나님의 놀라운 역사를 노래한 작품이 여럿 있다. 가장 대표적인 것으로 시편 2, 18, 20-21, 45, 72, 89, 110, 132편 등이 있다. 시편 18편은 사무엘하 22장에도 나오는데, 회당과 교회에서는 제외되었지만, 기원후 1세기 말까지 사용된 한 시편집에는 포함되어 있다. 쿰란 제11동굴에서 발굴된 대(大)시편 두루마리에는 "다윗의 마지막 말"(삼하 23:1-7)과 함께 그것을 기록하고 있다. 또한 쿰란에서는 시편이 당시 사용한 태음력이 아닌 고대의 태양력에 기초한 다윗의 수집물로 보는 흔적을 찾을 수 있다.

이사야서에는 순수한 다윗 왕조의 성격을 담은 시편과 신탁(神託)이 많이 등장한다. 실제로 이사야 1-39장에서는 모세나 출애굽 전승을 회상하는 것을 전혀 찾아 볼 수 없다. 제1 이사야, 또는 기원전 8세기 예루살렘 이사야가 그런 전승을 이야기하고 있다 할지라도, 이것은 언제나 다윗의 예루살렘 점령 또는 하나님의 거처와 활동 지역으로서의 시온과 관련하여 암송하고 있다. 이사야서의 후반부는 창세기, 모세 전승, 다윗 전승에서 잘 알려진 것을 처음으로 아름답게 통합하여 보여준다.

성서에서 하나님과 다윗의 계약에 관해 가장 오래되고 근거가 있는 전승들을 담고 있는 작품으로는 사무엘서, 이사야서, 시편이 있다. 이 관계를 설명하는 고전적인 구절은 사무엘하 7:8-16인데, 여기서 하나님은 왕위의 영속성을 보장하는 신의 역할을 하는 아버지로 묘사되고, 다윗 왕은 아들로 묘사되고 있다(시 2:7 참조). 어떤 학자들은 신명기가 모세와 다윗의 계약 전승들을 결합한다고 생각하며, 별로 대수롭지 않은 방식으로 결합했다고 간주한다. 다른 학자들은 신명기가 그 사상과 강조점에서 볼 때 전적으로 모세와 북 왕국 전승을 담고 있다고 본다. 신명기도 아버지-아들의 비유를 쓰고 있지만 이 비유는 모세 전승에서와 마찬가지로 하나님과 백성 간의 관계를 설명하기 위해서이다.

성서에서 비록 모세-다윗 전승을 함께 노래한 것이 몇 개의 짧은 암송들 밖에는 없지만, 학자들은 히브리성서의 창세기에서부터 열왕기까지 이르는 전체 자료의 기본 구조가 실제로는 족장 전승과 모세 전승, 다윗 전승을 함께 어우른 위대한 합작품이라는 사실을 알고 있다. 18세기 이후로 성서학자들은 창세기부터 열왕기까지가 기본적으로 고대의 두 가지 주요 전승으로 짜여 있으며, 후대의 두 가지 전승 전달자들(tradents or traditionists)에 의해 계속해서 보존되고 편집되었다는 것을 밝혀냈다. 이들 두 가지 주요 모음집(collections)은 엘로힘 문서(E) 저자와 야훼 문서(J) 저자(독일식 Jahwist 표기 때문에 J)라고 부른다. 많은 학자들은 이렇게 이름을 붙이는 것이 잘못되었다고 지적하였고, 어떤 학자들은 고대의 편집과정은 우리가 알고 있는 이론보다 훨씬 복잡한 과정을 거쳤다고 주장한다. 그렇지만 18세기 이후 발전해 온 자료비평의 관점에서 오경 또는 육경의 형성사를 살피는 것은 여전히 유효한데, 이것은 북쪽(E)과 남쪽(J) 전승이 토라 문학의 토대를 이루고 있으며, 여기에 포로기와 그 이후 시기의 편집활동이 더해졌기 때문이다.

토라의 편집과정을 다루는 현대의 모든 학문적 연구는 그 견해와 방법론에서 차이가 난다. 그럼에도 불구하고 이 두 가지 주요 편집활동에 대해서는 연대는 다르게 설정할지언정 여전히 지속되고 있다. 이들 두 가지 편집 중에서 야훼 문서(J)의 구조는 보다 명백하게 구분되며, 우리가 엘로힘 문서(Elohist)라 명명한 구절들은 분리해서 따로 재편집할 경우 야훼 문서만큼 분명한 구조를 보이지 않는다. 이 두 전승의 고대 편집과정이 보여주는 바는 엘로힘 문서가 예전에는 그 자체로 온전한 문학을 이루었을지라도 일단 야훼 문서와 섞인 후에는 후자에 의존하고 있다는 점이다.

간단히 말해, 엘로힘 문서(Elohist)보다는 북 에브라임(Ephraim)을 뜻하는 E 모음집(E collection)은 아마도 우리가 창세기에서 읽는 아브라함과 그 밖의 족장들의 일부 이야기들로 시작했을 것이다. 이 이야기는 출애굽과 광야 생활과 가나안 입성을 강조했으며, 사무엘에 관한 전승들(삼상 8-10장)에서 클라이맥스에 도달했지만, 이스라엘이 이웃 나라들처럼 왕국체제를 갖추는 것에 대해 경고했다. 일부 학자들은 이 이야기가 사울이 블레셋에 패하고 자살하는 것으로 끝나는 걸로 미루어, 왕정체제의 위험성을 경고했다고 주장한다.

야훼 문서(Yahwist)보다는 남 유다(Judah)를 뜻하는 J 모음집(J collection)은 아마도 창세기 2장의 창조 이야기를 시작으로 족장 전승들과 출애굽-유랑생활-가나안 정복 전승들을 강조했으며, 열왕기상

8장에 기록된 솔로몬의 즉위와 성전 건축 또는 열왕기상 10장에 기록된 시바 여왕의 방문, 그리고 하나님이 아브라함과 사라에게 주신 약속의 실현, 당시 국제 세력으로 성장한 이스라엘의 실체를 증언하는 데서 클라이맥스에 도달했다. 다시 말해서, 고대 이스라엘의 기원에 관한 전승을 모은 J 편집물은 시편 78편 또는 출애굽기 15장을 풀어서 쓴 것으로 볼 수 있으며, 이것은 마치 육경이 사무엘상 12:8, 신명기 26장, 또 여호수아 24장을 풀어서 쓴 것과 같은 이치이다. 이런 관찰을 통해 일부 학자들은 E 편집물 또는 이것의 배경이 되는 자료가 사울의 자살이라는 비극이 아니라, 여호수아 22-24장에 있는 세겜회의라는 보다 긍정적인 기록에서 클라이맥스에 도달한다고 본다. 결론적으로 이스라엘 포로기 이전의 이 두 가지 주요 자료들의 연대를 설정하기란 매우 어렵다.

어떻든 분명한 것은 짧은 암송문이든 보다 긴 편집이든 간에, 이 모든 전승들의 핵심은 고대 이스라엘 (또는 이스라엘과 유다)의 기원이 하나님의 보호와 지배 아래 있었다는 것이다. 이 이야기는 언제나 제의 암송(cultic recitations)의 중심에 있었고, 단순한 축제에서나 보다 확대된 일련의 연례행사를 통해 회상되고 암송되었다. 신명기 26장의 짧은 암송문과 보다 긴 JE 편집물(JE complex)의 차이란 단 하나의 제의 축제와 이런 예배들이 확장된 연례행사들이라는 차이뿐이다.

후기 유대교에 관한 자세한 정보와 히브리성서에 관한 비판적 연구를 통해 우리가 알 수 있는 것은 고대 이스라엘의 모든 연례행사는 축제든 금식이든, 그 기원이 농경이든 자연신 숭배든, 고대 중동의 다른 지역과의 유사성과 관계없이, 이스라엘의 기원에 관한 이야기를 이루는 본질적인 사건을 기념할 목적으로 각색되었다는 점이다. 본래 사계절의 자연현상에 기원을 둔 농경축제는 '역사화'되어 토라 이야기 속의 사건으로 기념되었다. 포로기 이전 왕정시대에 암송된 이야기는 다윗과 하나님의 계약, 다윗의 예루살렘 정복, 성전 건축에 대한 연례 축하에서 그 클라이맥스에 도달했다고 가정할 수 있다. 지금까지의 연구로 추측해 보건대, 이런 행사는 당시 고대 중동에서 유행한 추분(秋分)에 행한 신년 축하행사와 연관이 있는 것으로 보인다. 그러나 이것은 단지 추측일 뿐, 현재 우리가 가지고 있는 율법과 예언서는 왕정 이후, 곧 포로기 이후에 쓰인 것으로서, 이때에는 점차 모양을 갖추는 중이었던 모세 신학 혹은 제사장 신학(priestly theology)에 다윗 신학 혹은 왕궁신학(royal theology)이 귀속되었다.

또한 분명한 것은 성서 속에는—긴 암송문이든 짧은 암송문이든 간에—토라 이야기가 오경과 함께 끝났다는 어떤 고대 증거도 없다는 사실이다. 신명기가 민수기와 여호수아 사이에서 이야기를 단절시키는 것은 부자연스럽다. 가장 짧은 암송문인 삼상 12:8도 가나안 정복을 포함하고 있다. 오히려 이스라엘의 기원에 관한 이야기는 가나안 땅으로 들어간 것을 정점으로 보는 것이 논리적이며, 가나안 정복은 아브라함과 사라에게 주신 하나님의 약속이 역사적으로 실현되는 순간이기도 하다. 이 이야기의 시작을 아브라함의 가나안 이주에 두든지(E) 또는 세상의 창조에 두든지(J) 간에, 이 이야기를 정당화하기 위한 정치적 사건으로서 가나안 정복이 필요하기 때문이다. 다른 말로 해서, 고대 이스라엘의 토라 이야기는 다윗-예루살렘 사건에서 정점을 이루는 것(J)도 있고, 또한 여호수아-가나안 입성에서 정점을 이루는 것(E)도 있지만, 그 어느 것도 현재의 오경이 끝나는 곳에서 정점을 이루는 것은 없었다.

지금도 행하고 있고 또 고대 유대교에서도 분명히 행했다고 보는 토라의 연례 암송은 유대인들이 가을 초막절에 모세의 죽음을 애도하고 그의 놀라운 업적을 기리는 것(신 34장)을 끝으로 마친다. 그러나 최소한 토라 이야기는 다른 모든 고대 암송문들이 시사하듯이 육경을 포함해야 한다. 실제로 우리가 토라 이야기를 이런 식으로 이해하기 오래 전에 옛 학자들은 여호수아 24장이 지금은 잃어버렸지만 일련의 율법을 소개하는 서문 역할을 한다고 보았다. 여호수아 24:25-27에 나오는 출애굽-광야 유랑-가나안 정복에 관한 암송문과 세겜의 정상회의에 관한 보고 다음에 등장하는 표현은 율법을 선포하는 대표적 형식이기 때문이다. 아마도 보다 발달된 E 형태의 토라 이야기는 세겜회의에 참석한 모든 집단 앞에서 여호수아가 봉인한 계약에 법전이 붙어 있었다고 상정해야 한다. 어떤 학자들은 이것이 출애굽기 20:22-23:19에 들어 있는 언약의 책에 소개된 일련의 율법이라고 주장한다. 이런 주장에 대해 우리가 확신할 수는 없지만, 토라가 과거 어느 때에는 여호수아로 끝마쳤다고 확신할 수 있다. 다른 말로 해서 신명기를 제외한 육경의 사건들이 고대 이스라엘의 토라를 보다 충실히 이룬 형태였다는 말이다. 사실 옛 암송문들을 연구하고 나면, 현재의 토라가 가나안 정복을 포함하지 않다는 사실은 충격적이다. 창세기에서 창조와 약속으로 출발한 육경의 토라는 여호수아에 나오는 이 모든 약속이 성취된 것으로써 결말지어졌을 것이기 때문이다.

 암송할 때마다 백성들의 정체성을 확인시켜 주었던 토라 이야기는 그 속에 담긴 여러 관습과 율법에 신적인 권위를 더하여 주기도 했다. 유대교의 진정한 율법들의 권위는 이스라엘의 기원을 담은 토라 이야기가 형성되던 시기나 후에 시내 광야 시기로부터 유래했다는 사실에서 나오는 것으로 이해되었다. 모든 율법은 실제로 그 시기로 거슬러 올라간다. 토라 이야기 시기 이래로 무엇이 참된 하나님의 뜻인가에 대해 예언자들은 종종 오경과 견해를 달리했다. 그러나 예언자들도 토라 이야기의 형성 시기만이 율법과 관습을 정당화할 권위가 있음을 인정했다(렘 7:22; 아래 2장 '예언서와 성문서'를 보라). 대부분의 학자들은 포로기 동안 초기 유대교가 제사장 중심의 종교로 탈바꿈하면서, 시내 광야 전승들이 출애굽-광야-가나안 진입 전승들에 접목되었다는 주장을 받아들인다.

우리는 또한 다른 각도에서 똑같은 관찰을 할 수 있는데, 왜 여호수아서나 사무엘 상하는 율법을 담고 있지 않는가 하고 묻는 일이다. 칙령들은 고대의 가장 흔한 법령이었으며, 성서 또한 이와 같은 왕의 칙령들로 이스라엘과 유다에서 법과 질서를 유지했음을 여실히 보여준다. 그러나 왕들의 행적을 담은 성서 책에서는 이런 칙령들이 율법의 기능을 했다는 증거를 찾을 수가 없다. 왜 그럴까? 두 가지 답을 생각할 수 있다. 하나는 심지어 위대한 다윗과 솔로몬의 칙령들을 포함한 많은 칙령들이 역사의 어느 때엔가 사무엘서와 열왕기에서 삭제되었다는 견해이다. 다른 하나는 이들 칙령들이 모세의 권위로 가장되어 오경 안에 들어왔다는 견해이다. 둘 다 어느 정도는 맞다.

그러나 현재 오경 속의 이야기나 초기 유대교에서 읽은 연간 암송 주기(recitation cycle)를 관찰할 때 두드러진 점은 이 이야기들이 모세 또는 모세-다윗으로 짜인 고대 포로기 이전의 어떤 축제 암송문보다도 엄청나게 짧다는 사실이다. 언제 이런 축약판이 생겨났을까? 언제부터 오경(또는 토라 이야기에서 족장-출애굽-광야 유랑 부분)이 전체 토라를 대신했을까? 모든 율법을 그 시기의 것으로 소급해서 읽게 된 때는 언제일까? 언제부터 세겜이나 예루살렘이 아닌 시내산만이 이스라엘의 율법을 정당화시킬 신적인 권위를 갖게 되었을까? 모세가 율법을 준 유일한 인물(sole lawgiver)이었다는 주장은 이를 뒷받침할 아무런 고대 전통이 실제로는 없었음에도 불구하고, 언제부터 생겨났을까? 오경에 실린 대부분의 율법들이 고대 이스라엘을 통치한 여호수아, 사무엘, 다윗 또는 다른 왕들 시대에 생겨났지만, 왜 그들의 이름은 제외되었을까?

여기서 요지는 토라-오경을 초기 유대교 안에서의 연간 암송주기로 이해하는 일이다. 오경 전체를 1년 단위로 (또는 보다 오래된 3년 단위로) 읽는 현재의 관습은 최소한 기원후 1세기까지 거슬러 올라간다. 유대인들은 어디에 있든지 오경을 암송함으로써 그들 자신이 누구이며 무엇을 상징하는지를 기억하며 공동체의 정체성을 간직한다. 그렇지만 이런 생각이 언제 생겨났을까?

북쪽과 남쪽

북쪽(E)과 남쪽(J) 전승 집단들의 만남은 기원전 7세기 초 예루사렘에서 히스기야 왕 때 또는 그 직후에 일어났다. 이후부터는 JE 자료(JE amalgam)가 살아남은 유다 왕국을 정당화하며 그 존재에 대한 신적인 권리를 주장하는 믿을만한 공식 이야기를 전하는 기능을 담당하게 되었고, 또한 북 이스라엘의 전통을 보존하고 하나님의 뜻을 행할 책임을 남 유다에 부여하게 되었다. 기원전 8세기의 일련의 역사적 사건들은 이스라엘과 유다의 자의식 형성에 결정적인 역할을 했다. 8세기 후반 티글랏-필레셀 3세의 지휘 아래 시리아-팔레스타인에 진출한 신(新)아시리아 왕국과 7세기 후반까지 이어지는 그 후계자들의 불가항력적 군사력은 이스라엘을 분쇄하고 또한 유다의 많은 사람들을 죽였다. 이것은 이스라엘에게는 트라우마였으며, 유다에게는 악몽으로 다가왔고, 이스라엘과 유다는 더 이상 예전의 경쟁자로 남아 있을 수 없게 되었다.

기원전 722년 이후 북 이스라엘은 유다에서만 존재하게 되었다. 이스라엘의 살아남은 자들은 유다에 있었다. 이스라엘의 정체성, 곧 그들의 기억과 이야기는 남쪽으로 도망한 피난민들의 손에 들려 있었다. 얼마나 많은 북 이스라엘 사람들이 아시리아의 공격에서 살아남았는지 알 수 없지만, 대개 민족의 흥망은 개인들의 생존에만 달려 있는 것이 아니다. 정복한 백성들을 강제 이주시키는 신아시리아의 해외정책에 힘입어서 대부분의 북 이스라엘은 개인적으로는 목숨을 영위할 수 있었겠지만, 동화로 인해 그들은 이스라엘이라는 집단 정체성을 잃어 버렸다.

개인들이 혈과 육으로 살아남았다고 해서 그 자체로 과거의 문화와 유산을 잇지는 못한다. 민족이 과거를 기억하지 못하면 그 자신의 정체성은 잃어버린 것이다. 백성의 이야기를 매년 암송하는 일은 살아남기 위한 수단이었다. 최근의 예로 폴란드 사람들은 과거 50년간 독일의 나치(1939-1945년)와 소련 공산당(1945년부터 1989년 소련의 붕괴까지)의 두 전체주의 통치 아래 압제를 받았다. 1978년 폴란드 추기경 선출의 결과로 카롤 요셉 보이티와(Karol Jozef Wojtyla, 요한 바오로 2세 – 옮긴이)를 뽑아 로마 교황으로 보낸 것은 가톨릭 국가로서의 폴란드의 정체성을 회복하는 것이었다. 교황이 된 지 일 년 안에 폴란드로 되돌아 온 보이티와는 설교와 연설에서 사람들에게 뿌리를 기억하라고 촉구했고, 그렇게 함으로써 민족으로서 살아남을 힘을 주었다. 바로 이런 기억(찌카론=아남네시스=remembrance)을 통해 존재와 공동체를 확인하는 것이다.

우리가 아는 바로는 북 이스라엘의 기억을 간직했던 유일한 생존자들은 남쪽으로 도망쳐 온 피난민들이었다. 아시리아 정부의 압제 아래 머물렀던 사람들은 결국 다른 민족들과 동화되었다. 남으로 내려온 피난민들은 구두로든 문서 형태로든 공동체의 기억을 갖고 왔는데, 이것이 유다의 이야기와 결합되어 토라의 기초를 이루었다.

　북 이스라엘의 생존자들은 여러 면에서 자신들의 이야기와 똑같은 이야기를 갖고 있는 남 유다에서 이스라엘인의 정체성을 간직한 채 안식처를 찾았다. 나머지 이스라엘 사람들은 여기 저기 흩어져서 비록 개인들로는 살아남았을지언정, 지배 문화인 아시리아에 동화되든가 포로로 끌려간 다른 제국의 문화 속에서 잊혀졌다. '북쪽 열 부족'은 어찌 되었는가 하고 끈질기게 묻는 것은 무의미하다. 그들은 유다와 섞여 기본 정체성을 유지했던가, 아니면 다른 문화들에 동화되어 이스라엘 백성의 정체성을 깡그리 잃어버렸을 뿐이다.

　그러나 아시리아의 범람 앞에서 유다가 자기이해(self-understanding)에서 전혀 영향을 받지 않았다고 생각할 수는 없다. 아시리아 제국주의가 이스라엘에게 완벽한 트라우마였다면, 유다에게는 악몽이었다. 아시리아의 범람을 가리켜 이사야는 "나 주가 저 세차게 넘쳐흐르는 유프라테스 강 물, 곧 앗시리아 왕과 그의 모든 위력을 이 백성 위에 뒤덮이게 하겠다. 그 때에 그 물이 온 샛강을 뒤덮고 둑마다 넘쳐서, 유다로 밀려들고, 소용돌이치면서 흘러, 유다를 휩쓸고, 유다의 목에까지 찰 것이다"(사 8:5-8)고 말한다. 이 묘사는 그림을 그려 놓은 듯 정확하다. 이스라엘이 멸망한 지 20년 만인 기원전 701년에 유다는 똑같이 아시리아의 침략을 받고 예루살렘만 겨우 살아남을 만큼 피해를 입었다. 이것은 이사야가 묘사한 것처럼 한 마디로 악몽이었다. "마치 굶주린 자가 꿈에 먹기는 하나, 깨어나면 더욱 허기를 느끼듯이, 목마른 자가 꿈에 마시기는 하나, 깨어나면 더욱 지쳐서 갈증을 느끼듯이, 시온 산을 치는 모든 나라의 무리가 그러할 것이다"(사 29:8).

그러나 유다의 악몽은 이스라엘이 입은 상처와는 두 가지 면에서 근본적으로 달랐다. 일단은 살아남는 것이 훨씬 중요하며, 또한 제도적으로 좋은 결말을 가져왔기 때문이다. 701년에 홍수의 범람 속에 목만 겨우 물 밖으로 내놓았던 사람들은 단순히 예루살렘 성 내에서 살아남은 개인들 정도가 아니었다. 이들은 이스라엘과 유다의 마지막 생존자였다. 그러므로 산헤립의 군대가 물러가고 범람했던 아시리아 홍수가 빠져나가자, 예루살렘에 있던 모든 사람들은 성 꼭대기에 올라 퇴각하는 아시리아 군대를 보고 춤추며 자신들이 구조된 것을 기쁨에 겨워 소리쳤다(사 22:1-2). 이런 경험은 예루살렘으로 흘러들어 온 과거의 모든 전통에 영향을 미치게 마련이었고, 이런 사건들을 통해 전통과 이야기는 재정립되고 새로운 형태를 취했다.

이와 같이 유다의 생존자, 더 나아가 이스라엘과 유다의 생존자인 예루살렘은 정체성의 가장 탁월한 표징이 되었다. 그 결과 이전의 모든 근본적인 구성원들, 즉 유다인, 이스라엘인, 그리고 옛 여부스 족과 가나안 족은 새로운 형태로 나타났다. 옛 전통들과 가락들은 같을지라도 상호관계는 새로운 모양을 형성하고 가락들은 새로 짜였다. JE 자료는 예루살렘과 다윗 왕조의 정당성과 권위를 뒷받침하는 이야기들을 명확하게 강조하는 형태로 다시 태어났다. 아마도 이와 때를 같이하여 다윗과 그의 거룩한 도성을 강조할 목적으로 초기의 짧은 모음집들과 함께 다윗의 시들을 모아 편집했을 것이다. 어떤 고대 사본들의 사도행전 13:33처럼, 다윗의 대표적 작품인 시편 2편을 다윗의 '첫째 시편'이라고 이 시기에 명명한 이유를 우리는 능히 짐작할 수 있다.

기원전 701년의 전면적인 사건이 초래한 두 가지 결과는 서로 분명히 다르지만 완전히 분리할 수는 없다. 이스라엘과 유다는 그 악몽

속에서 정체성을 지켰다. 곧 그들을 지탱시켜준 정체성 형성의 이야기들이나 전승들을 간직한 채 살아남았다. 유다만 간신히 살아남은 것이 아니라, 이스라엘도 남으로 피난 온 사람들 속에 여전히 살아남았는데, 정치, 제의, 사회 제도적으로는 살아남지 못했지만 그 자신들의 이야기를 가지고 살아남았다.

이 두 집단이 생존할 수 있었던 것은 예루살렘의 기적적인 구원을 경험한 '역사적 증거'를 통해 앙양된 남쪽의 전통들을 재정립했기 때문이다. 다시 말해서, 이스라엘은 유다에 동화되었고, 유다는 이스라엘에 동조하였다.

율법과 편집자들

율법과 법

이렇게 기원전 722년부터 북 이스라엘은 유다 안에서만 살아남아 생명을 유지했다. 마찬가지로 북 이스라엘의 독특한 유산과 전통인 E 역시 JE의 중요한 일부로 포함되었다. 학문적인 분석을 통해 E의 독특한 요소들을 밝히고 또한 그 요소들이 보다 온전한 이야기의 중요한 연결고리가 되었다는 사실은 단지 E가 J에 흡수되었다는 것만을 뜻하지는 않는다. 오히려 이런 관점에서 J만 말할 것이 아니라 JE를 말할 필요가 있다.

고대 세계, 특히 고대 중동의 셈족의 율법은 구전 형태로 수 세대를 거쳐 보존되고 전수되었다. 이와 관련하여 흥미로운 사실은 여러 종교들의 예식들에서 사제의 구체적 활동들과 기능들을 글로 기록하는 것을 금하는(taboo) 관습이 있었다는 점이다. 오늘날 준(準) 종교적 성격을 띤 사회단체가 입문 예식이나 암송문의 공개를 금하는 것과 같다. 토라/오경이 축제일이나 엄숙하고 거룩한 날들을 규정하면서도 이에 관한 완전한 '예배순서'를 밝히지 않는 가장 큰 이유는 바로 이런 옛 금기 때문이다. 또한 이런 어려움 때문에 오늘날 학자들은 고대 예루살렘이나 다른 지역에서 이스라엘 사람들이 시편을 어떻게 사용했는가에 대해 의견이 분분하다. 분명히 이런 금기가 일반적인 사회법과 특히 종교법에 작용하고 있었다. 미쉬나가 기원후 2세기에 마침내 문서화되고 또 5세기, 6세기에 나머지 부분인 게마라(Gemara)가 필사자들의 손에 넘겨지기까지 오랜 세월 동안 유대교의 구전법을 정확히 구전 형태로 지켜온 데는 이런 금기는 매우 효과적이었다.

　이런 금기가 분명 고대 이스라엘과 유다에도 어느 정도 작용하고 있었다. 남쪽 전승들의 모음인 본래의 J 속에는 오직 출애굽기 34:11-27에 나오는 제의 규례들만이 법적인 효력을 가졌다. 그렇다고 해서 우리는 이집트를 탈출한 이스라엘이 솔로몬 당시까지 공동체와 국가의 존립을 위해 단지 열 개 내지 열 두 개의 원칙(axioms)만을 갖고 있었다고 가정할 수는 없다. 이스라엘도 다른 민족과 마찬가지로 율법을 글로 남기지 못하게 하는 금기를 지녔을 것이라고 가정해야 할 것이다. 영국의 판례법도 이와 유사하다. 출애굽기 18장은 이스라엘이 초기에 광야생활을 할 때부터 법을 준수하는 민족이었음을 보여준다. 여기서 모세의 장인 이드로는 모세에게 법적인 문제를 전문적으로 다룰 장로들을 선출해 일상생활에서 일어나는 여러 가지 문제들을 해결하게 하여 스스로 모든 법 문제를 떠맡고 있었던 일에서 벗어나라고 권유했다. 분명 훨씬 후대에 집필된 출애굽기 18장은 모세가 시내산에서 주어졌다는 법에 따라 모든 사건들을 홀로 재판했었다는 인상을 준다. 가나안에 거주하기 이전에 모세 또는 다른 이들이 만든 법령 중 얼마나 많은 부분이 현재의 오경 안에 들어왔는지를 결정하는 것은 불가능하다. 그런 법령이 무엇이었든지 간에, 우리가 아는 바 토라의 기초가 되는 J 안에는 들어 있지 않다. 사실 출애굽기 34장에 실린 12계명은 당시 제사법만을 다루고 있다.

보다 널리 알려진 십계명은 조금 다른 모양으로 성서의 두 군데에 실려 있다. 하나는 초기 작품으로 보이는 E(출 10:2-17)이며, 다른 하나는 보다 후기 작품인 D(신 5:6-21)이다. 그렇지만 이것이 보다 초기 전승인 J에 나타나지 않았다고 해서 E 이전에 어떤 형태로든 존재하지 않았다고 결론지을 수는 없다. 오히려 이 문제를 다룬 학자들의 논문은 십계명이 이스라엘과 야훼의 언약을 담은 최초의 상징이었다고 주장하는 경향이 있다. 언약궤에 담긴 것이 무엇이었든지, 십계명의 초기 형태일 가능성이 있다. J나 E에 들어 있지 않은 많은 전승들처럼, 십계명의 작성 연대를 다른 자료와 함께 성서가 현재의 모양으로 보다 크게 편집된 모음집이 만들어질 당시였다고 볼 수는 없다. 사제 자료(P) 역시 포로기 이후까지는 성서 속에 들지 않았지만, 이들 중에는 가장 오랜 전통을 가진 것도 있으며 단지 글로 남기는 것을 금하는 당시의 금기 때문에 구전으로만 전해졌을 것이다.

E 편집물에 첨가된 주요 법령은 언약의 책(출 24:7)이라 불렸으며 출애굽기 20:22-23:33에 나타난다. 출애굽기 34장의 12계명과는 반대로 언약의 책은 제사법뿐만 아니라 윤리적 교훈과 민사법과 형법을 담고 있다. 성서에서 세 장도 안 되는 이 짧은 모음집은 당시 사회 관습의 개략을 보여준다. 그 중에 어떤 것은 기원전 2000년부터 함무라비 법전 등 다른 자료들을 통해 알려진 고대 중동의 관습까지 거슬러 올라간다. 고대의 법을 연구하는 사람들은 여기서 많은 교훈을 얻

을 수 있다. 언약서는 전반적으로 왕정 시대 이전의 고대 이스라엘 동맹체제가 당시 채택하여 사용한 관습의 기본 구조를 반영하지만, 그 세부사항과 성격은 출처가 각기 달라 일괄적으로 말할 수 없다. 예를 들어, 오경의 율법 중에 어느 것이 유독 이스라엘만의 것이라고 주장하기가 어렵다는 말이다. 단지 그 율법이 당시에는 아직 다른 곳에서 발견되지 않았다고 주장할 수 있지만, 그것은 그리 대단한 일이 아니다.

학자들 중에는 성서에서 "너는 … 말지어다" 하는 소위 필연법(apodictic)이 특별히 이스라엘만의 독특한 전유물이라고 주장하던 때가 있었다. 그 외 대다수 법은 형식상 결의법(決疑法, casuistic)이다. 즉 이 법은 특수한 경우에 발생해서 또 다시 같은 사례가 반복해 일어날 때를 대비해서 입법화한 것이다. 법령, 포고, 조례 등—"만일 이런 경우에는, 이렇게 할 것이요…"—대부분 성서의 율법은 결의법의 성격을 갖고 있다. 결의법과 전혀 다른 형태는 이미 소개된 필연법이다. 필연법이 특별히 이스라엘의 전유물은 아니었지만, 오경에 나오는 법에는 한 가지 주목할 점이 있다. 마르틴 부버(Martin Buber)가 지적한 대로, 성서의 법은 나와 너(I-Thou)의 밀접한 관계로 표현된다. 성서의 법전을 바빌로니아, 에쉬누나(Eshnunna) 또는 히타이트에서 나온 다른 고대 법전과 비교할 때, 우리는 성서의 독특한 형식에 놀라게 된다. 성서는 마치 하나님이 친히 이스라엘에게 세속적이며 사적인 일에 관해 왕명을 전하고 있는 듯하다. 언약의 책보다 오래된 함무라비 법전은 바빌론 왕이 선포한 칙령의 형식이다. 모든 법령의 권위는 태양신 샤마쉬(Shamash)가 함무라비 왕에게 명령해서 포고하게 했다는 믿음에서 출발하지만, 이 법령들이 함무라비 왕 자신에게서 비롯되었다는 것 외에는 그 출처에 대해 별 관심을 보이지 않는다. 실제로 함무라비 법전은 (나폴레옹 법전과 마찬가지로) 그 이전의 관습에서 비롯되었다고 보아야 할 것이다. 그러나 함무라비는 왕권의 대표 주자로서 모든 찬사와 영광을 홀로 누린다. 쿰란 제11 동굴에서 나온 토라 두루마리에 따르면, 하나님이 모세의 중재 없이 직접 이스라엘에게 법을 선포한 것으로 기록하고 있다.

고대 이스라엘은 분명히 법률제정에 대한 그 나름의 입장을 갖고 있었다. 이미 살펴본 대로 현재 구약에서 우리는 왕의 칙령을 찾을 수 없다. 그 이유는 비록 왕정 시기에 다소 불투명해졌기는 하지만, 하나님만이 이스라엘의 진정한 왕이라는 신학적 입장 때문이다. 이것은 성서의 여러 곳에 표현되어 있지만, 특히 오경에 의도적으로 나타나는 사상은 이스라엘 참된 정치는 신정(神政, divine government)이라는 생각이다. 본문에서도 밝히고 있듯이 모세는 입법자로서의 법률제정가(lawgiver)가 아니다. 일단 법률이 토라 이야기에 소개된 이후에는 모세가 무대 밖으로 물러나고, 하나님 자신이 왕으로서 심지어 일상적이고 세속적인 법령일지라도 모든 것을 직접 선포한다. 아무것도 하나님의 시야를 벗어나는 것은 없다. 하다못해 교통법규라도 그렇다. 즉 "소가 사람을 치면…." 이 특정한 법(출 21:28)은 함무라비 법전에 나오는 것과 거의 똑같다. 중요한 차이가 있다면, 현재 성서의 문학 구조로 판단할 때, 하나님은 이스라엘의 속되고 현실적인 일에 직접 관여한다는 생각이다.

J는 열 개 혹은 열두 개의 명령을 담고 있는 반면에 초기의 E는 세 장 남짓한 언약의 책과 십계명을 포함하지만 (이 둘을 합한 것이 JE 법령의 전부이다), 이와 대조적으로 신명기(D)와 제사장 전승(P)은 대부분 법을 전하는 수단이었다. JE는 기본적으로 '야훼의 백성'이라는 자의식과 이스라엘의 기원에 대한 이야기로서 최소한의 법을 전

하고 있다. 반면 D와 P는 이런 면에서 J, E와는 매우 다르며 또한 서로 구분된다. 오경에 있는 대부분의 법적인 자료는 P의 작품이다. 출애굽기 25장부터 민수기 9장까지(출애굽기 34장의 12계명을 제외하고) 이르는 산더미 같은 법은 JE 자료를 P가 포로기에 개정한 것이다.

신명기

비록 신명기(Book of Deuteronomy, D)는 이스라엘의 기원에 대해 JE 자료에 추가할 독자적인 이야기를 갖고 있지는 않았지만, 고대 이스라엘의 법과 가나안 정착을 전후한 이스라엘의 역사에 대해 나름대로 분명한 일가견을 갖고 있었다. 율법과 예언서를 형성하는 데 D가 두 가지 독특한 기능을 담당했다고 보아야 한다. 곧 신명기 12-25장의 법 자료를 집대성하고, 이스라엘 역사를 재해석한 것이다.

D는 무엇보다도 오경의 다섯 번째 책과 가장 관련이 있다. 초기의 JE 자료라는 관점에서 볼 때, 이것은 민수기의 광야생활과 여호수아의 가나안 정복과 정착이라는 이야기 흐름을 끊어 놓는다. 신명기는 두 가지 중요한 일을 하는데, 하나는 이스라엘의 광야생활을 재검토하는 일로서, 모세는 모압 지경에서 요르단 강 동편을 차지한 부족들에게 긴 연설을 한다. 다른 하나는 모세가 이스라엘이 가나안에 살면서 지켜야 할 법을 반포하는 것이다.

신명기의 핵심은 12-26장에 있는 법 자료이다. 이 중 대부분은 여호수아 22-24장이 보고하듯이 부족연맹이 세겜에서 모여 어떻게 정부를 이끌어나갈까에 대해 각종 법과 질서를 정한 초기의 노력을 반영한다고 본다. 학계에서는 거의 만장일치로 신명기 12-26장이 열왕기하 22장에 기록된 대로 요시야 왕이 재위 18년(기원전 621년)에 예루살렘의 성전 보수공사 중에 발견한 두루마리의 내용을 담고 있다고 본다. 성 제롬(St. Jerome)은 신명기가 바로 이 두루마리였다고 제시한 첫 번째 인물이다. 이 두루마리를 발견한 것은 현대의 사해문서 발굴보다 더욱 극적인 발견이었다.

성전보수 공사를 하던 일꾼들은 두루마리를 발견하고 이를 대제사장인 힐기야에게 가져갔다. 힐기야는 요시야 왕의 비서실장인 사반에게 넘기고, 사반은 이를 왕에게 읽어주었다. (당시 읽고 쓰는 능력은 소수의 서기관이 갖춘 전문기술이기 때문에 대다수 왕은 글을 읽을 수 없었다.) 사반이 두루마리를 읽어 내려갈 때, 요시야 왕은 애통과 절망을 나타내는 고대의 관습대로 자신의 겉옷을 찢었다. 두루마리의 내용은 불길한 것이라서 왕이 그런 행동을 취하게 만드는 권위를 가졌음에 틀림이 없다. 비슷한 상황이 몇 년 후에 요시야를 계승한 여호야김에게 벌어졌는데, 예레미야의 친구이자 서기관인 바룩이 예레미야의 예언을 담은 글을 여호야김 앞에서 읽었다(렘 36장). 예레미야가 말하고자 한 것은 신명기에 기록된 것처럼 불길한 내용이었다. 여호야김은 이를 듣고 자신의 옷을 찢는 대신에 칼을 들어 예레미야의 글이 담긴 두루마리를 찢어 옆에 있는 화로 불구덩이 속에 던져버렸다.

두 왕이 보인 서로 다른 반응은 시사하는 바가 크다. 예레미야는 당시 활동하던 예언자였지만 그의 말은 의심을 받았고 왕이 두루마리를 찢어버림으로써 그 말은 효력을 잃었다. 신명기는 일종의 유언으로서 모세가 죽기 전 마지막 말을 기록하고 있다. 짧은 암송문과 고백에 나오듯이, 모세는 출애굽과 광야생활 동안 이스라엘의 구원을 위해 하나님의 대리자로서 존경을 받아왔다. 통합된 JE는 요시야가 생각했던 것처럼 모세를 국가 기원의 핵심 인물이자 출애굽기 20-23장과 34장에 기록된 법률 제정과 계약의 중재자로 확증하고 있다.

어떤 학자들은 신명기 12-26장에 있는 법 자료만이 기원전 621년 요시야가 발견한 두루마리에 들어 있었다고 주장한다. 그러나 그 두루마리가 믿을만하지 못했다면, 곧 신명기가 주장하는 바와 같이 모세의 유언이라는 문학 장치와 권위가 없는데도 요시야가 그와 같이 행동했을지는 매우 의심스럽다. 성전에서 발견된 두루마리가 어떤 형태였던지 간에, 어느 정도 권위를 담고 있었다고 보아야 할 것이다. 이런 이유로 어떤 이들은 다급하게 순종을 촉구하는 모세의 말과 불순종에 대한 섬뜩한 저주를 담은 신명기 27장이 두루마리의 맨 끝의 역할을 했다고 본다. 이런 결론을 담은 말은 요시야로 하여금 겉옷을 찢게 하였고, 따라서 그가 두루마리의 정당성과 권위를 받아들였음을 드러냈다. 이 두루마리는 세 군데에서 믿을 만한 권위를 보였다. 먼저 이것은 성전에서 발견되었으며, 요르단 강 동편에 모였던 조상들에게 모세가 전한 말이라고 기록하였고, 또 이것이 모세가 죽기 전 남긴 유언이라는 문학적 장치를 빌어 결론을 내린다(33-34장). 네 번째 요인은 여예언자 훌다의 승인이다(왕하 22:14-20). 그러나 요시야가 훌다에게 두루마리의 진정성을 물은 것은 자신의 옷을 찢은 후의 일이다. 그러므로 훌다의 판결은 요시야의 견해를 확증시켜주었다. 또한 이것은 두루마리에 쓰인 메시지를 기초로 요시야가 행한 개혁을 이루기 위해서 반드시 거쳐야 할 과정이었다.

이 극적인 사건을 기점으로 해서 요시야 개혁 또는 신명기 개혁이라고 부르는 민족적 개혁운동이 일어났다. 역사적으로 보자면, 100여 년간 시리아-팔레스타인을 지배한 신아시리아 제국이 힘을 상실했기 때문에 이런 일이 가능했다. 아시리아 제국의 쇠퇴에 이어 곧 바빌로니아 제국이 등장했다. 그러나 그런 와중에 유다와 같은 속국들은 독립하려는 결심을 새롭게 했다. 요시야는 유다에서 아시리아 제국의 잔재를 떨쳐버림으로써 개혁을 이루고자 했으며, 이것은 당시 정치 상황이 받쳐주었기에 가능했다. 신명기는 이런 개혁의 심장부 역할을 했다.

이사야와 동시대를 살았던 히스기야 왕이 687년에 죽자, 아들 므낫세는 왕위를 이어 받아 아시리아의 지배 아래 약 45년 동안 통치했다. 신학적 색채로 덧입혀진 성서가 이 기간을 다룰 때 드러내는 두드러진 현상은 701년에 겨우 살아남은 히스기야나 후계자 므낫세가 아시리아의 지배 아래서 살아남고자 했다는 사실이다. 열왕기하를 기록한 신명기 역사가들은 므낫세를 향해 분노를 표출하고 있지만, 므낫세는 701년 이후 아시리아와의 화해정책을 통해 살 길을 모색해야 했다. 살아남기 위해 이런 융통성이 필요했지만, 결과적으로 유다는 701년부터 621년까지 긴 세월 동안 아시리아의 영향을 크게 받았으며 분명히 다신론의 영향을 상당히 받았다.

그러나 그 영향은 단지 아시리아적인 것만은 아니었다. 열왕기하 21장에 따르면, 그것은 대부분 가나안의 제사제도를 받아들인 북 이스라엘을 통해 수입된 가나안 문화였다. 가나안의 제사제도는 9세기 초의 아합 왕과 연관이 있지만, 722년 북 이스라엘이 멸망하기까지 일반적으로 실행되었으며 므낫세의 재위 기간에도 지속되었다. 이것은 일견 유다가 아시리아의 정치 지배력을 받아들인 것만이 아니라, 722년 이후 유다로 흘러 들어온 이스라엘 피난민의 영향 때문이기도 하다. 고고학자들은 오랫동안 여신상을 수집해왔으며 이 여신들은 가나안 사람들이 숭배했던 것으로 여겼다. 그러나 당시 대중적인 이스라엘 종교에서는 야훼에게 배우자가 있었다는 믿음을 보여주는 증거가 상당히 많다.

므낫세는 살아남기 위해 두 가지 임무를 수행해야 했다. 아시리아의 분열정책과 동화정책의 위협을 피해야 했으며, 또한 북에서 내려온 피난민들을 통합하는 일이었다. 신명기 역사가들이 므낫세의 화해정책을 혹독하게 비평하지만(왕하 21장), 역사학자들은 그를 높이 평가해야 한다. 예루살렘 백성이 701년에 아시리아 공격에서 가까스로 살아남았다는 사실은 히스기야나 므낫세에게 별 다른 대안을 제시하지 못했다. 므낫세는 그가 해야 할 일을 했을 뿐이다. 만일 그가 그렇게 하지 않았다면, 아무라도 살아남아 열왕기가 므낫세에게 내린 혹독한 비평조차 우리에게 전할 수 있었을지 의심스럽다. 아시리아의 요구에 당장 화친해야 하고 또 한편으로는 이스라엘을 통합해야 했기 때문에 므낫세로서는 정치와 종교의 순수성을 지킬 수가 없었다. 융통성이 필요한 때였다. 만일 므낫세가 아시리아를 멀리 견제하지 못했더라면, 요시야의 개혁이나 신명기의 '발견'과 같은 일은 없었을 것이다.

이런 것이 역사의 모순이다. 즉 요시야의 개혁을 필수적인 것으로 만든 똑같은 정책들이 (므낫세에게는 - 옮긴이) 허용되었던 것이다. 므낫세는 아시리아와의 화친정책을 통해 결국 살아남아 요시야에게 왕위를 물려줄 수 있었다. 므낫세가 융화정책을 통해 받아들인 북 이스라엘 피난민들은 당시 유행했던 제사의식, 곧 바알, 아세라, 하늘의 일월성신 숭배(왕하 21장)를 유다에 전했을 뿐만 아니라, 또한 우리가 JE 자료라고 부르는 북쪽과 남쪽의 서사시 전승 및 D를 연구하던 전승전달자들도 데리고 왔다. 기원전 5세기의 페르시아 시대에 역대기를 쓴 후대의 사제계 역사가들은 므낫세에게서 역사에 남길 가치가 있는 것을 전혀 못 보았던지, 단지 그가 잘못을 회개하고 스스로 회복되었다는 기록만 남겼다(대하 33:12-13). 그러나 이것은 포로기 이후에 개인의 가치와 책임을 강조하는 초기 유대교의 입장을 반영한 것이며,

동시에 므낫세가 아시리아의 위협 아래 유다를 지킨 역할에 관해 강조한 것이다. 반면 포로기 이전의 이스라엘(우리가 나중에 자세히 살펴볼 철기시대의 위대한 예언자들에서 볼 수 있듯이)과 신명기 역사관에서는 죄와 우상에 대한 공동체의 책임을 강조한다. 예언자의 관점에서, 므낫세는 아시리아 정복의 영향을 깨끗이 씻어버릴 필요가 있는 백성 전체를 대표한다. 또한 하나님의 약속에도 불구하고 백성이 당면한 전멸의 위기에 대해 설명이 필요했다.

신명기의 기원에 대해 학계에서는 의견이 분분하다. 그러나 학자들은 신명기가 본래 북쪽 전승이고, 그 핵심은 길갈, 특히 세겜의 제사행위에서 출발한다는 데 일반적으로 동의한다. JE와 마찬가지로 D 역시 북과 남의 전승이 만난 결과이다. 신명기의 두드러진 특징은 이스라엘의 예배의식에서 제의의 통합을 향한 중앙집권화다. 즉 한 분 하나님과 하나의 예배의식을 추구한 것이다. 신명기는 이스라엘이 하나님이 이름을 두고자 택한 장소에서 하나님을 예배해야 한다고 주장하지만, 그 장소에 대해서는 말하지 않는다. 단지 예루살렘일 것이라고 추정할 뿐이다. 이런 생각이 신명기의 본래 핵심인데, 이런 생각은 옛 제사 장소인 세겜에서 나왔을 것이라고 우리는 추측한다. 세겜은 아브라함이 팔레스타인에서 처음 정착한 곳이며(창 12장) 또한 가나안 정복 후에 부족동맹이 모인 장소이기도 하다(수 22-24장). 신명기의 문학 형식은 언약 혹은 계약을 맺는 제의행사를 암시하는데, D의 옛 골격이 이런 목적으로 사용되었는지는 알 길이 없다.

보다 그럴듯한 추측은 다음과 같다. 예레미야와 에스겔은 신명기를 혹평하면서, 이것이 서기관들과 현자들의 작품이라고 불렀다. 고대 이스라엘 사회에서 '현자'(wise man)는 예언자와 제사장과 마찬가지로 대우를 받았다. 그들은 공직을 맡을 필요가 없이 사회의 정신세계에서 유력한 지위를 가지며, 또한 법정에서 소용되는 문학적 기술과 선인들의 지혜를 전수하는 중요한 기능을 담당했다. 현자야말로 고대 사회의 윤리적이고 교훈적인 가르침의 보고(寶庫)이며, 잠언, 전도서와 욥기의 일부는 현자들과 연관되어 있다. 이들은 예부터 전해 온 수수께끼, 격언, 비유를 알려주어서 사람들이 사회적으로 책임 있는 결정을 내리는 데 도움을 준다. 말하자면 그들의 종교란 신을 중심으로 한 신화가 아니라 인간지향적인 잠언과 비유에 기초를 둔다. 왕은 예언자를 의지하듯 현자에게도 의존했다. 다윗의 존경을 받던 고문 아히노벨은 예언자 아히야보다 다윗에게 더욱 중요했다. 예언자로 불린 나단은 아마도 궁전에서 예언자의 기능과 현자의 역할을 동시에 수행한 인물인 듯하다.

신명기는 이스라엘이 하나님과 맺은 계약의 본질에 관해 북쪽의 옛 이스라엘이 갖고 있던 전통(모세-여호수아)을 남 유다가 개작한 작품이다. 동시에 신명기는 이스라엘의 사회 제도와 제의 제도에 관한 예언자의 관점―본질적으로 북쪽 전승―과 고도로 발달된 왕권 또는 다윗의 언약 개념(예루살렘과 남쪽 전승)을 훌륭하게 접목시켰다. 현자들이 이 작업을 했다. 그들은 이스라엘과 유다의 핵심을 놀라울 정도로 잘 섞어놓았다. 왕정체제의 다윗 왕조는 심한 제약을 받게 되었으며(신 17장), 반(反)왕권체제의 중요성을 담은 예언은 조심스럽게 제동이 걸렸다(신 13장). 그러나 무엇보다도 신명기 학자들은 사람들에게 일상생활에서 실천할 윤리적 종교를 심어주었으며, 하나님은 그들을 사랑했기에 택했고 그들은 하나님의 사랑받는 자녀임을 주장했다(신 7:7-8; 8:5). 하나님의 사랑은 얻거나 주장할 수 있는 것이 아니라 하나님이 무상으로 베푸시는 것이었다.

신명기는 신이 자기 백성을 인도하고 보호함으로써 자신의 명성을 높인다는 고대인들의 생각을 완전히 무너뜨리고, 하나님이라도 자기 백성이 순종하면 복을 내리지만 백성이 죄를 지으면 그에 합당한 벌을 내릴 수 있으며, 또한 벌을 받다가도 회개하면 용서와 회복을 통해 신의 은총을 내린다고 강조했다. 기원전 701년의 교훈은 신학적 윤리로 탈바꿈하였다. 즉 범죄는 불행을 가져오며, 회개는 아무리 늦을지라도 구원을 약속한다는 윤리. 이 교훈을 우리는 신명기의 역사철학이라 부르게 되었다. 초점은 공동체의 책임의식에 있었고, 이를 통해 신명기는 왜 그런 재앙이 이스라엘의 온 백성에게 내렸는지를 설명했다. 신명기 저자는 이스라엘이 공동체로서 연대책임을 진다는 개념을 통해서, 비록 대부분의 개인들은 목숨을 잃었거나 정체성을 상실했지만 하나님이 어떻게 이스라엘을 하나의 민족으로 회복하시는지를 설명하는 초석으로 삼았다.

우리는 일반적으로 말하기를 고대 중동의 사람들이 대부분 사계절과 자연현상을 통해 역사를 순환적(cyclical) 관점에서 보는 반면에, 이스라엘은 종말론적(eschatological) 또는 목적론적인 역사관(purposive view of history)을 가졌다고 한다. 이스라엘에게 역사란 절대자의 섭리 아래 진행되었다. 우리가 지금 더욱 잘 알게 된 바, 기원전 3000년경 수메르 사람들은 과거를 사건들의 연속으로 보거나 왕들의 통치 아래 또는 신들의 지배 아래 번영과 재앙이 이어지며 의미 있게 반복된다고 보았다. 그 뒤를 이은 바빌로니아와 히타이트 사람들은 더 나아가 역사 자체도 무엇인가의 결과로 일어나는 것으로 보았다. 이스라엘은 바로 이런 사상을 유산으로 받았다. 즉 역사 사건은 하나님이 역사에 개입해서 일어날 뿐 아니라 더러는 인간 행위의 결과로 발생한다고 생각했다. 도시에 재앙이 내리는 것은 백성이 하나님을 불쾌하게 했기 때문이다.

J 서사시와 또한 후대에 P가 편집한 JE 자료는 창세기 1-11장의 신화를 통해 인류 최초의 사건들과 그 결과로 일어나는 자연 변화를 묘사하며 세계사를 제시하고자 하였다. 그렇게 볼 때, 창세기 12장에서 하나님이 아브라함을 부르신 것은 악의 문제에 대한 해답으로 보인다. 신명기 역사가들은 약속과 성취가 계속 맞물리는 것을 그릴 뿐 아니라 동시에 배반과 처벌을 기록함으로써 마침내 하나님의 부름을 받은 민족국가가 최후를 맞는다는 것을 묘사한다. 정체성을 향한 유일한 희망이라고는 바빌로니아 왕 에윌므로닥이 유다 왕 여호야긴에게 보인 호의였다. 여호야긴은 55세 되던 해에 비로소 포로수용소에서 나오게 되었다(왕하 25:27-30).

이렇게 고대의 자료들에 의존한 신명기는 기원전 7세기의 작품이다. (신명기 32장, 34장의 일부만이 제사장 전승[P]에 해당한다.) 신명기는 이스라엘이 한 분 하나님만 섬기고 한 가지 제사를 지내야 한다고 주장하면서 아시리아의 정치적 위협에서 므낫세가 취한 융화정책을 비난하고 동시에 부지불식간에 다가올 멸망을 대비했다. 신명기는 이스라엘과 유다의 여러 전통을 합치고, 암송하고, 준수할 장소로 한 군데의 성전(예루살렘)만을 배타적으로 강조했지만, 동시에 이스라엘의 율법과 제사를 결정함에 있어 모세의 유일한 권위를 강조했기 때문에 디아스포라에서 신앙생활을 유지할 수 있는 기초를 놓았다.

요시야 개혁 또는 신명기 개혁은 고대 유다에 모세 신학을 부흥시켰다. 신명기는 솔로몬 때부터 지배해 온 옛 왕궁신학을 크게 수정하고, 그 강조점을 다윗에서 모세로 옮겨놓았다. 그러는 가운데 신명기 저자들은 역설적으로 가나안 땅에서 하나님의 이름으로 취했던 모든 것들을 위한 권위가 정복 이전의 시대로 거슬러 올라간다고 주장했다. 하다못해 야훼 문서 역사가들이 나단, 다윗, 솔로몬(삼하 4장, 7장;

왕상 6-8장), 옛 여부스 또는 살렘에 거주한 아브라함(창 14장)을 통해 유형론적으로 예시된 예루살렘과 성전제사 역시 이제는 모세로부터 나왔다고 보았다. 이런 변화가 일단 자리매김이 되자, 가장 중요한 권위는 더 이상 다윗 신학 혹은 왕궁신학이 아니었다. 가장 중요한 권위, 곧 가나안 정복 이전부터 내려오는 '정경'의 중추적인 권위가 확립된 다음에는 디아스포라에서 생존할 수 있는 기초가 확보되었다. 정경으로서의 토라 개념이 점차 등장하고 발전하고 있었다.

이렇게 신명기는 민수기에서 여호수아로 이어지는 JE 이야기의 중간에 끼게 되었다. 결과적으로 신명기는 여호수아와 가나안 정복을 따로 떼어, 권위를 가진 정경이 확립되는 과정의 정점으로 삼았다. 유배생활을 동반한 충격적인 사건들이 야훼 문서 저자의 신학을 근본적으로 바꾸어 놓기까지, 아직은 신명기의 자리매김이 확립된 것이 아니었다. 그러나 일단 자리를 잡은 후에는 신명기 신학이 지배적이었다. 참다운 권위는 모세 시대에만 있었다. 여호수아, 사무엘, 다윗은 각각 나름대로 민족 이야기의 중요한 인물이었지만 이제는 부차적인 지위를 갖게 되었다. 그동안 가나안 땅에서 이루어진 모든 일, 곧 정복, 부족연맹, 왕정에 관한 민족적 약속의 성취는 중요한 지위를 잃고 조상들에게 내린 약속 그리고 모세가 이끄는 출애굽과 광야생활의 일부로 전락했다. 이렇게 하여 국가와 정부와 제사가 침몰해갈 때 약속과 모세의 '신학'을 지킬 수 있었다. 7세기의 신명기 저자들과 포로기 당시 그들의 후계자들은 모두 예루살렘과 다윗 신앙을 모세의 것으로 바꾸었고, 아마도 부지불식간에 6세기 패망의 늪에서 그 전통들을 구해냈다.

사제들과 편집자들

신명기 저자들이 7세기에 나타나 JE를 넘어선 신학을 선보였던 것처럼, 소위 사제계 집단(P)은 포로기 기간 중에 신명기 저자들이 할 수 없었던 일을 했다. 우리가 P라고 부르는 사상가들은 6세기 전체에 걸쳐 활동했는데 그 기간 중 그들은 토라에 자신들의 영원한 흔적을 남겼으며 또한 초기 유대교를 왕성하게 키웠다. 학자들은 P가 J나 E처럼 이스라엘의 정체성에 관한 온전한 이야기를 한때 지니고 있었는가에 대해 종종 논쟁한다. 아마도 P는 자체적으로 독립적인 이야기는 갖고 있지 않았으며, P의 편집자들은 D와 대부분 의견을 같이 하면서, JE 이야기에 대한 D의 관점을 받아들여 그 위에 자신들의 흔적을 남긴 듯하다.

일반 독자들과 성서의 형성사를 공부하기 시작하는 학생들은 고대의 편집과정을 학자들이 어떻게 분별해 낼 수 있느냐고 묻는다. 진지한 학자들은 당시의 필적할만한 문학과 비교 연구하면서 본문을 원어로 읽으며 그 속에 담긴 이음새, 갈라진 틈―문체, 어휘, 관점, 의도의 갑작스런 변화―등 설명을 요하는 것들에 주의를 기울인다. 이런 문학적 흔적은 적어도 중세시대에 신앙이 돈독한 독자들도 관찰했던 것이다. 고대 문서들의 비교 연구, 언어학, 고고학 등 다른 분야를 연구함으로써 이스라엘과 유다의 역사가 점차 분명해졌다. 이스라엘은 자신이 누구인지 또한 어디서 비롯되었는지를 말할 목적으로 자신의 이야기를 후세에 전하면서, 그 이야기들에 대한 지식이 다음 세대들에게 계속해서 중요하게 연관된 의미가 있다는 것을 알았다. 이렇게 과거와 현재와의 연관성(relevance)을 보여주기 위해서, 반복과 암송의 과정은 옛 이야기를 새로운 세대가 이해할 수 있도록 만들어야 했고,

그래서 전통을 전하는 과정(traditioning process)은 필연적으로 편집을 필요로 하게 되었다. 다행스럽게도 편집과정은 흔적을 남기는데, 그 이유는 후대의 편집자가 그 연관성을 나타내고자 옛 이야기를 가능한 한 그대로 전해서 사람들이 그 권위를 인식하도록 했기 때문이다.

성서는 마치 고고학자들이 발견한 문서처럼 단순히 '원본' 문학작품으로 이루어진 것이 아니다. 성서는 단지 문학작품이 아니라, 후세에 여전히 상관이 있는 작품으로 믿기에 그 형성과정에서 수많은 전승 전달(traditioning) 과정을 거친다. 이것은 곧 "과거를 현재의 말로 현재에 전하는 행위"이다. 이 독특한 문학의 전승 전달 과정에서 자신의 정체성을 찾은 모든 세대는 이 문학이 자신의 시대와 문화와 여전히 연관성이 있다는 것을 인식할 필요가 있었다.

한때 성서의 형성사를 연구하는 최대의 목적과 목표가 성서 본문의 '원본' 형태를 찾는 것이라고 믿었던 적이 있었다. 이런 욕구 때문에 학자들은 나중에 첨가되어 이음새와 골절을 남긴 자료들을 '부차적인' 또는 '가짜,' 곧 "후대의 추가물"로 여겼다. 다행스럽게도 지금 우리는 성서 문학의 성장과정에서 정경의 과정을 연구함으로써 후에 첨가되거나 편집된 자료도 소위 원본만큼 중요시하게 되었다. 계속되는 상관성을 증언하는 본문 속의 이 귀중한 이음새는 고대인들이 오래되고 잘 알려진 이야기를 어떻게 자신의 상황에 맞게 새롭게 만들었나를 보여준다. 이것은 그들이 편집하고 개정한 전통을 얼마나 귀하게 여겼나를 보여준다. 그들은 그 전통이 자신의 세대와 연관되어 있다는 것을 보여줌으로써 그 전통의 권위가 계속되기를 원했다. 그러나 그들이 옛 전통에 너무 많은 변화를 주면, 이것은 낯설게 되고 요점을 잃게 된다. 그래서 그들은 옛 이야기 중 필요한 부분에 몇 마디 말만 첨가하여 큰 변화를 피했다. 이런 태도 때문에 이음새와 골절은 피할 수가 없다. 고대 이스라엘과 유다의 경우와 마찬가지로, 끊임없이 개작되면서 정체성을 심어주는 잘 알려진 이야기들은 수정된 형태로도 견딜만한 융통성을 갖는다.

P의 문학적 성격을 간파하는 것은 그리 어렵지 않다. 하나님의 뜻과 활동에 대한 초민족적 세계관을 반영하는 웅대한 신학적 문체는 당시 이스라엘의 꿈을 초토화시킨 사건들의 필연적 결과로 생겨났다. P의 관점은 창세기, 출애굽기, 레위기, 민수기와 신명기 32장, 34장의 몇 구절과 여호수아에 분명히 드러나지만, 여호수아 이후에는 더 이상 보이지 않는다. P의 주요 관심사는 신학적이고 연대기적이며 법률적이다. P는 잿더미 속에 던져진 옛 이스라엘과 유다에서 탄생한 유대교에 힘을 실어주기 위해 옛 이야기에 진정한 연관성을 부여했다. "이것은 …의 세대라"하는 표현은 JE에 삽입된 P를 소개한다. 이런 관점에서 P는 당시 고대 그리스에서 성행한 역사적 사고를 반영하는데, 연대기와 지리학은 역사 편찬에서 두 개의 눈과 같았다. P는 민족 이야기를 비신화화(demythicize)하는 옛 이스라엘 이야기의 경향을 한층 강화하여 지금과 같은 토라 이야기를 만들어 냈다. P의 이야기에 신화적 요소가 없다는 말이 절대 아니다. 우리의 생각과는 달리, 비신화화 과정은 정녕 멀고도 먼 길이다. P의 세 번째 두드러진 특징은 오경 속의 대부분의 율법을 지금의 위치에 배치한 것이다. 재난을 딛고 일어선 새로운 유대교는 일종의 사제 종교로서 종전의 족장, 사사, 예언자, 왕 등과 같이 개인 지도자에 의한 통치가 아니라 법에 의한 통치(rule by law)이며, 이런 종교가 페르시아 제국 전역에 퍼져나감에 따라 예루살렘 도시와 성전과 함께 그 종교의 심장부 역할을 했다. 하나님을 기쁘시게 하고 더 이상의 재난을 피하기 위해서 율법은 반드시 필요한 것이라고 보았다. 분명히 사사와 예언자와 왕이 다스렸

던 종전의 통치형태는 성공하지 못했다.

레위기 17-26장에 실린 성결법(Holiness Code, H)이라 불리는 특정 제의법은 포로기를 거치면서 등장했다. H는 분명 P 사상가들의 초기 작품이고, 오경에서 출애굽기 25장부터 민수기의 법률 자료에 이르는 방대한 P 법령 중에서도 핵심 부분에 해당한다. P의 법률이 대부분 성격상 제의적인데, 이것은 한편으로는 지중해 연안에 흩어진 유대교 공동체들에 정체성을 불러일으키고, 다른 한편으로는 법과 예루살렘 제의를 통해 꿈을 심어줄 욕구와 필요에 의해 생겨났다. P에 속한 대부분의 법령과 이야기는 꽤 오래전부터 내려온 것이다. P는 특히 창세기에서 JE 속에 옛 자료를 삽입했고, P의 많은 법률도 포로기 이전에 구전으로 내려온 것으로 보인다.

P는 사사기에서 열왕기에 이르는 JED 역사에 대해 관심이 없었는데, 이스라엘 민족의 시작에 관한 전승들에 지대한 관심을 보였던 P를 고려하면 이것은 시사하는 바가 크다. 여기에는 두 가지 이유가 있었다. 하나는 P가 포로기 상황 속에서 D를 넘어 유대교의 실용적 정체성을 찾아야 할 필요가 있었고, 다른 하나는 포로기 이후 페르시아 시대에 이 정체성에 입각해서 야훼종교를 전반적으로 재검토할 필요가 있었다. 자신의 역사와 정체성을 전달하는 과거는 전혀 새로운 환경 속에서도 여전히 말이 되어야 하기 때문이다. 그러한 첫 번째 시도는 지금 우리가 가진 성서의 육경에 해당하며 기원전 6세기가 끝나기 전에 완성되었다. 두 번째 과제로 인해 만들어진 작품은 역대기와 에스라-느헤미야기이고 기원전 5세기 말까지 완성되었다.

다윗과 예루살렘의 시각에서 창세기부터 모세와 여호수아 시대를 거쳐 다윗의 영광을 찬미한 야훼 문서 저자의 전체 이야기는 D와 P에 의해 크게 수정되었다. 이스라엘과 유다에게 위대한 승리를 가져다 준 하나님의 이야기를 전하면서 그 도중에 이야기가 끊어지게 만들려는 의도가 없었던 J 또는 JE-오경이 끝나는 모압 지역의 모세 이야기에서나 또는 육경이 끝나는 세겜회의 여호수아 이야기에서 나-는 이제 두 개의 크게 다른 무게와 권위를 갖는 토라와 전기예언서로 나뉘었다. 6세기 초에 국가제도가 초토화된 것을 경험한 충격과 이를 설명해야 하는 필요성 때문에 이렇게 부자연스럽게 끊어지게 되었다. 모세신학을 부활시킨 포로기 이전의 신명기 역사관이 궁핍한 상황을 벗어나기 위한 중요한 기초를 마련해 주었다.

이와 같이 이스라엘에서 소수의 사람들이 숭배했던 모세라는 인물이 이제는 현재 최종적인 율법과 예언서 형태에서 드러나는 것처럼 가장 탁월한 예언자, 중재자, 유일한 토라 전수자 또는 율법 전수자가 되었다. 나름대로 자신의 시대에 입법과 관련해서 틀림없이 지혜를 발휘했을 여호수아, 사무엘, 다윗의 이야기들 속에 아무런 율법이 기록되지 않은 이유가 바로 여기에 있다. 이스라엘의 '지혜'와 율법에 관한 최종 권위가 오로지 가나안 정복 이전 시기에만 놓여야 하는 이유 또한 바로 여기에 있다. 이스라엘의 정체성은 이제 가나안과 예루살렘 정복에서 클라이맥스에 도달한 포로기 이전의 국가 형성에 있지 않고, 초기 모세의 또는 부족동맹에서 **정복 이야기를 뺀** 제의적 암송문들 속에 놓이게 되었다.

이제 클라이맥스는 과거에 성취한 민족의 승리가 아니라 지파들이 가나안 땅에 들어간 후 드릴 예배의식에 투사(投射)되었다. 그 예배의 중심에 암송문이 자리했다. "내 조상은 유랑하는 아람인으로서…" 이 암송문은 신명기의 핵심이 되는 부분의 마지막 위치인 26장에 등장하고 그 바로 뒤에 불복종과 순종에 따른 저주와 축복(27-28장), 그리고 신명기 신학을 산문과 시로 요약한 결론부분(29-32

장)이 따라옴으로써 디아스포라 유대인의 생존과 희망에 엄청나게 중요한 역할을 했다. 정경의 핵심은 더 이상 민족주의적인 성취에 대한 신의 약속이 아니라, 민족이 회복될 시기로 투사된 감사예배에 있게 되었다. 초기 신명기 저자들이 임종을 앞둔 모세가 감사기도와 함께 명령한 것으로서 신명기를 기록하면서 품었던 토라의 이 새로운 클라이맥스는 이스라엘이 유배생활을 하면서 종종 필요할 때마다 귀환을 향한 통일된 소망으로 삼을 수 있었다. 이스라엘과 유다의 멸망으로 인해 그 효력을 상실했음에도 불구하고, 이 약속들은 여전히 힘을 갖고 있었다.

P 사상가들이 순전히 모세 전통에 기초를 두려고 한 일은 이해할 만하다. 그들은 이스라엘과 참된 정체성이 국가나 국가 종교에 있지 않고 제사장 중심의 신정정치(a priestly theocracy)에 있다고 믿었다. 전통에 따르면, 모세는 제사장인 동시에 예언자였다. 초기 유대교는 일종의 성직자 통치형태(a hierocracy)였으며, 페르시아, 프톨레마이오스, 셀류코스 왕조를 거쳐 기원전 2세기 하스몬 왕조까지 그 모습을 유지했다. 고대 중동에서 왕은 (오늘날 영국교회에서 여왕의 위치와 마찬가지로) 자신이 통치하는 국가의 제의행사에서 대제사장 역할을 담당하였다. 다윗과 솔로몬은 종종 중요한 축제일에 사제 기능을 수행했다. 포로기 이전에는 이와 같았을지라도, 제2 성전기(초기 유대교)에는 정반대였다. 대제사장이 당시 예루살렘 정치기구의 우두머리였다. 이것은 유대 공동체를 지배했던 페르시아 전제군주들에게 적절해 보였는데, 왜냐하면 권력을 부여받은 사제들이 감사하는 마음으로 제국의 정책들에 순종할 수 있었기 때문이다.

학개서와 스가랴서의 원형은 기원전 521-518년에 비롯되었으며 다윗의 후손 세스바살과 스룹바벨의 군주정치 그리고 제사장 예수아

휘하의 위계질서에 대한 회복을 동시에 그리고 있다. 세스바살의 활동 연대는 대단히 모호하고(에스라 1:8; 5:14), 스룹바벨은 갑자기 사라지고(스가랴 6장), 결국 여호수아와 그를 계승한 요아김과 엘리아십 등 제사장만 남는다(느헤미야 12장). 학개와 스가랴는 새로운 유대교의 상징으로서 예루살렘 성전을 재건하자고 촉구한다. 비록 새 성전은 보잘 것 없고 주요 사당(祠堂)보다 조금 큰 정도였지만, 유대교라 불리는 새로운 이스라엘의 사제 '통치'(governance)의 핵심기능을 담당했다.

포로기 이후 유대인들은 약 400년간 분명히 위계질서의 지배를 받았고, 때로는 느헤미야의 총독 임명 또는 에스라의 '경찰청장' 임명과 같은 특별한 사건들이 있었다. 기원전 450~390년 사이에 활동했던 에스라와 느헤미야는 메소포타미아와 페르시아에 있던 대단위 유대인 공동체 출신의 유대인들이었다(에스더서를 참조하라). 그들은 당시 페르시아의 태수(太守)에 의해 특수한 임무수행을 맡았다. 그들의 권위는 칙령 또는 페르시아 왕의 명령 형태로 표현되었다. 느헤미야는 두 번의 임기를 마쳤으며, 그 기간 중 제사장이자 서기관인 에스라는 느헤미야의 임무를 도왔다.

바빌로니아에 대규모로 거주하며 보다 풍요로운 식민지 생활을 하는 유대인들과 페르시아 전역에 흩어져 크고 작은 부락을 이루고 사는 유대인들의 눈에는 예루살렘의 유대인 정착지가 그저 사당을 지키는 사람들 정도의 규모로 보였을 것이다. 기원전 6세기부터 기원후 6세기에 이르기까지 온 세상에 흩어져 살던 유대인 집단 중 가장 큰 집단은 바빌로니아에 살면서 탈무드를 성문화한 이들이다. 예루살렘을 재건하고 정착한 이들을 구별하여 치리할 만한 국가 기관은 따로 없었다. 에스라가 도착하기 전까지는 예루살렘 주민들과 지중해 주변에 흩어진 동포를 모아 한 민족으로 소생시킬 원칙이 전혀 마련되어 있지 않았다.

에스라와 율법책

아닥사스다(Artaxerxes) 1세(기원전 458년)와 2세(398년)의 재위 기간 중 바빌로니아에서 예루살렘으로 온 에스라는 임무를 1년 내에 완수했다. 그나마 그리 많은 시간이 걸리지 않았을 수도 있다. 에스라가 예루살렘에 도착한 후 유대인들을 결속해 하나의 사회집단으로 또한 모든 유대인들과 함께 진정한 유대인 공동체로 만드는 데 필요했던 것은 무엇보다도 에스라가 예루살렘에 오면서 가져온 것 때문이었다. 에스라는 토라를 가져왔다. 그는 바빌로니아에서 당시 형성된 토라를 가지고 예루살렘에 와서 백성들에게 읽어주었다.

매우 극적으로 묘사된 장면이 나온다. 에스라는 초막절에 예루살렘 수문 앞 광장에서 그 절기를 위해 특별히 만든 나무 강단에 올라가 새벽부터 정오까지 율법책을 읽어 내려갔다(느 8장). 이 책은 히브리어로 기록되었고 사람들은 당시 페르시아 제국의 공용어인 아람어를 구사하고 있었으므로 통역자가 에스라와 함께 단 위에 서서 성구를 부분별로 통역하며 설명해 주었다. 어떤 이들은 들은 말씀에 감동을 받아 이 날이 기쁘고 거룩한 날임에도 불구하고 크게 울었다. 이 주목할 만한 낭독을 통해서 백성은 결국 자신이 누구인지 또 어떻게 살아야 하는지를 알게 되었다.

기원전 518년에 건축된 작은 제2 성전이 예루살렘이나 다른 지역에 흩어져 사는 유대인들에게 하지 못했던 일을 토라가 해냈다. 토라는 고대 이스라엘과 유다의 생존자들에게 활기를 북돋우어 생명력 있는 공동체로 만들었고 또한 다가올 미래를 위해 유대교를 확고히 세

웠다. 토라가 없었다면, 에스라는 그 일을 해내지 못했을 것이다. 에스라는 유다에 머물렀던 사람들이나 바빌로니아에서 돌아온 사람들이나 정체성을 잃게 만든 이방인들과의 통혼(intermarriage)을 막으려고 했다. 통혼 관습을 버리고 외국인 아내들과 이혼한 것은 분명 칙령에 의한 것은 아니었다.

에스라가 이 놀라운 일을 행하기까지 사방에 흩어진 유대인 정착지들에서 분열과 해체의 위기가 극도의 경지에 이르렀다고 주장하는 것은 전혀 근거 없는 주장은 아니다. 분명 이사야 40-55장을 남긴 포로기의 예언자는 바빌로니아에 거주한 집단들 가운데 변절자들과 싸워야 했다. 그리고 생존에 필수적인 유대감이 부족했는데, 특히 예루살렘에서 그랬다. 고대 야훼 종교의 생존자들은 정체성 상실의 길을 걷고 있었다. (후대의 관점에서) 제2 성전이라고 부르는 예루살렘 성전은 관리가 엉망이었다. 모든 유대인을 불러 모을 국가 기관이 힘을 잃고 또한 그 관리를 맡은 책임자들의 손에 의해 절망의 늪으로 빠져들었다. 이런 현상은 바빌로니아와 페르시아의 영향을 반영하는 개인의 이름, 달력, 또 다른 본질적인 유대생활에 끼친 영향들을 통해 뚜렷이 나타났다. 부패를 막고 민족의 해체를 되돌려 놓을 어떤 막대한 영적인 힘과 권력이 필요했다. 이 힘이 바로 토라였다. 토라를 통해서 이스라엘은 절망 속에 산산조각이 난 일개 국가에서 다시는 완전히 멸망되지 않을 종교 공동체로 거듭났다.

종교 집단의 정체성과 결속을 보장하는 세 개의 요소가 있는데, 모두 영어의 C자로 시작한다. 정경(Canon), 달력(Calendar), 복장(Clothes)이다. 정경은 주기적인 연간 낭독을 통해 사람들이 자신이 누구이며 또한 무엇을 대표하는지, 주거지에 관계없이 어떻게 살아야 하는지를 말해준다. 공동의 달력과 복장은 처처에 흩어져 살면서 자신을 다른 사람들과 구분시킨다. 이런 세 요소는 오늘날에도 중동이나 다른 지역에서도 똑같은 기능을 담당한다. 오늘날 예루살렘에서 사람들이 입는 복장은 그들이 누구인지를 말해준다. 유대인이나 기독교인이나 이슬람교도도 마찬가지다. 이런 의미에서 이슬람의 케피아(kefias) 스카프, 유대교의 야물키(yarmulkes), 또는 어떤 랍비 학파를 따르는가를 보여주는 정통 유대교인이 입는 특별한 복장은 모두 매우 중요한 징표들이다. 프란체스코 수도회의 갈색 의복은 도미니코 수도회의 담갈색 의복이나 이슬람교도가 많이 착용하는 비슷한 셸왈(shelwal)과도 쉽게 구별된다.

이 셋 중 유대교의 기원에서 가장 중요한 것은 예나 지금이나 달력을 따라 낭독하는 토라이다. 이 놀라운 힘이 예루살렘 공동체를 규정했을 뿐 아니라 모든 유대인 사회에 유대교를 정착시켰다. 에스라 이후 토라는 유대교이며 유대교는 곧 토라가 되었다. 이 방정식을 이해하지 못하고는 유대교에 무슨 일이 있었는지 아무도 알 수가 없다. 이것이 없이는 신약을 제대로 이해하기란 불가능하다. 바리새파, 사두개파, 사독파, 에세네파 또는 그 어느 종말론적 성격을 띤 집단도 이 방정식 없이는 이해할 수가 없다. 신약 또는 둘째 언약은 유대인 문화와 그리스-로마의 문화를 절묘하게 결합한 헬라적 유대교(Hellenistic Judaism)의 완전한 작품이다.

에스라가 바빌로니아에서 갖고 들어와, 조그마하게 재건축한 예루살렘 수문 앞 광장에서 축제일에 읽은 것은 무엇이었을까? 이것이 현재 우리가 알고 있는 오경과 크게 다르지 않았을 것이라는 데에는 의심의 여지가 없다.

에스라는 실제로 우리가 P라고 부르는 집단의 일원이었을까? 십중팔구 그는 5세기에 P 집단 계승자들의 일원이었거나 신봉자였을 것이다. 에스라가 제사장이었다고 성서 본문이 말하고 있기 때문이 아니라, 본인이 가지고 온 선물에 깊이 관여하고 있었다는 사실 때문이다. 에스라에게는 토라가 있었다. 느헤미야에게는 토라가 없었고 단지 페르시아 칙령만 있었을 뿐이다.

토라는 에스라가 가지고 오기 이전에 이미 바빌로니아에서 현재의 형태가 되었으며, 또한 거기에 거주하는 유대인들에게 삶의 의미를 부여했다. 그 유대인들은 아마도 기원전 6세기의 파멸에서 살아남은 P 집단의 후손들로서 온갖 질문 끝에 토라라는 답을 이끌어냈을 것이다. 그러나 토라가 모든 유대교를 위한 토라로, 그런 의미에서 유대교 자체로 인식되기 시작한 것은 예루살렘 수문 앞 광장에서 읽은(느헤미야 8장) 이래 다른 여러 광장들에서도 읽고 난 후부터였다.

에스라가 갖고 있던 토라의 내용은 무엇이었을까? 늘 그랬던 것처럼 J, E, D, P를 포함한 이야기(mythos)와 윤리(ethos), 곧 하가다(haggadah)와 할라카(halakah)였다. 그렇지만 여기에는 정복 이야기도, 여호수아도 포함되지 않는다. 이미 바빌로니아에서 결정이 내려졌다. 요르단 강을 건너기에 앞서 오경의 클라이맥스로부터 가나안 정복 이야기가 떨어져 나갔다. 정복은 더 이상 유대교의 정체성을 인증하지 못했다. 유대교의 역량은, 후에 등장하는 기독교처럼, 에스라가 가져온 '모세 중심의 토라'(Mosaic Torah)에 의해 확증되었다.

P 집단이 포로기 초기에는 조상들의 이야기, 출애굽, 광야생활, 가나안 정복을 담은 육경에 지대한 관심을 보였지만, 6세기 말엽에 들어서면서 정경 속의 정경에는 절대로 여호수아를 넣어서는 안 된다는 사실을 깨달았다. 스룹바벨의 실패와 학개, 스가랴, 말라기가 하소연하는 바 예루살렘이 안고 있던 어려움을 통해서 볼 때, 비록 이사야 40-55장은 모세 당시의 출애굽과 바빌로니아 포로로부터의 해방을

유형론적 유비들(typological analogies)로 아름답게 그리고 있지만, 예루살렘에 재건된 유대사회의 현실은 여호수아를 본 딴 새로운 정복과는 너무도 거리가 멀었다. 그들은 초기 신명기 저자들의 생각이 옳았음을 알아차렸다. 즉 오직 모세의 유산과 전통만이 이제 막 피어나는 유대교의 기초가 될 수 있었다.

P의 초기 편집인들이 누구였던지 간에, 그들은 적어도 에스겔 33:10에 묘사된 장로들이었다. 바빌로니아에서 기원전 587년에 예루살렘이 함락되고 성전이 파괴되었다는 소식을 접한 장로들은 에스겔에게 와서 귀에 뱅뱅 울리는 질문을 던졌다. "우리가 어떻게 살아야 합니까?"(에이크 니흐예). 이제 무엇에 근거해서 삶을 영위할 것인가? 이제 우리의 정체성은 무엇인가? 우리는 이제 누구이며, 왜 그런가?

이런 질문들에 대한 최종적인 답은 오경과 그 안에 JEDP가 삽입한 율법들의 형태로 나타났다. 그리고 그 답이란 우리의 진정한 정체성인 최상의 토라(Torah par excellence)는 가나안 정복(여호수아), 예루살렘 정복(다윗)이 아니라 시내산과 연관이 있으며, 이 시내산은 우리가 한 번도 쟁취하여 소유한 적이 없기 때문에 빼앗길 염려도 전혀 없다는 것이었다.

2장

예언서와 성문서

예언자들과 국가

예언과 예언자들

고대 이스라엘에서 예언자는 하나님과 백성을 위한 대변인이었다. 그는 신의 모임과 인간의 세계를 잇고, 또 지상과 천상을 잇는 사자(messenger)요 심부름꾼이었다. 예언자는 하나님과 인간의 중개인(mediator)이었다. 이스라엘인으로서 예언자의 정체성은 백성과 전적으로 함께 했으며, 또한 하나님의 예언자로 부름받은 사람으로서 그의 정체성은 백성에 반(反)하여 하나님과 함께 했다. 이런 자신의 정체성 위기 때문에 자신의 부름에 충실한 정도까지 예언자는 번뇌의 삶을 살았다. 이런 번뇌가 성서에서 예언자라고 하는 모든 인물의 필연적 운명은 아니었을지라도, 예언자의 번뇌는 신앙의 거장들이 살았던 고된 삶이었다. 그들은 시대의 울타리를 넘어서 살았을 뿐만 아니라, 오늘날 일부 사람들처럼 오늘을 위한 '성서의 예언'이니 '성서의 암호'니 하며 오용하지 않고 당시 시대적 환경 속에서 비판적인 눈을 갖고 읽는다면 그들이 남긴 말의 힘은 지금도 다함이 없다.

예언에 대한 일반적 정의는 미리 말하는 것(prediction)이다. 우리는 일간신문을 손에서 놓을 수 없는 것처럼, 예언에 대한 이런 이해를 떨쳐버리기 힘들다. 이것은 마치 신화를 허구나 거짓으로 이해하는 대중적인 정의와 다를 바 없는 고집이다. 그러나 유수한 학교나 학계의 역사가들 중 아무도 신화를 허구의 의미로 이해하거나, 예언을 먼 훗날에 대해 미리 말하는 것이라고 이해하는 사람은 없다. 신화가 인간과 인간의 과거에 대해 사회가 남긴 진리를 되새기듯이, 고대 세계에서 예언이란 '성서의 예언'이 뜻하는 것처럼 미리 말하는 것과는 정반대의 의미로 쓰였다. 이런 점의 중대성 때문에 20세기 초 일부 학자들은 학생들로 하여금 이 차이를 분명히 깨닫도록 교육적 표어를 만들어 냈다. 성서의 예언이란 미리 말하는 예언(豫言, foretelling)이 아니라 직언(直言, forth-telling)이며, 예견(豫見, foresight)이 아니라 통찰(通察, insight)이다. 이런 슬로건이 학생들로 하여금 자신들의 대중적인 편견(해석학적 순환)을 버리게는 하였으나, 그 빈자리를 또 다른 편견으로 채웠다. 오늘날 이런 표현을 가르치는 학자는 매우 드물다.

우리가 이제는 예언을 고대 종교들과의 비교연구를 통해 역사적 맥락에서 이해하는 것처럼, 성서의 예언이란 예언자 자신의 시대에 일어나고 있는 역사 사건들에 대해, 유산으로 물려받은 이스라엘 전통과 자기이해(self-understanding)의 관점에서 그 의미가 통하게 하는 작업이었다. J, E, D, P와 같은 성서의 '역사가들'도 마찬가지 일을 하고 있었으며, 단지 그들의 관점이 시간적으로 덜 급박하고, 기록된 실제 사건들에서 시간적으로 떨어져 있어서 더 사색적이었다는 점이다. 예언자들은 당면한 문제를 다루었지만 이스라엘의 본래 의미와 하나님과의 계약 관계 속에서 백성과 지도자들을 위해서 당면 문제의 의미가 통하게 하는 작업을 했다. 그들의 믿음이란 이스라엘의 하나님이 역사의 주(the Lord of history)라는 것이었다.

예언자들이란 이런 믿음을 성전 또는 교회에서 끄집어내어 온갖 인간사가 만연한 역사의 현장인 시장으로 옮겨놓은 이들이었다. 그들에게 역사란 미래만을 위한 것이 아니라 과거와 현재와 미래를 위한 것이며, 현재와 당면한 내일은 과거를 통해 조명되었다. 여기서 과거란 물론 특별한 것으로서, 토라의 옛 기초가 된 이야기로서의 과거를 말한다. 예언자들은 이스라엘의 제의행사에서 암송된 이야기에서 벗어난 과거 사건은 거의 말하지 않았다. 왜냐하면 그 이야기는 심지어 초기 구전형태에서도 이미 '정경'의 힘을 지닌 권위를 갖추고 있었기 때문이다.

역사가들이 알고 있듯이 여러 법령, 조례, 칙령 등이 토라에 포함됨으로써 권위를 갖게 되는 것처럼, 또 그런 의미에서 토라의 형성 시기에 발생한 것으로 소급되어 읽히는 것처럼, 예언자들은 현재와 임박한 미래에 관해 말해야만 했던 것의 권위를 인용하기 위해 과거를 언급했다. 초기 형태의 토라 이야기는 예언자들의 정경이며 권위의 집대성이었다. 여기서 말하는 '정경'이란 모든 시대를 위한 고정된 전통을 뜻하지 않는다. 그런 의미는 부차적이며 파생적인 의미이다. 오히려 '정경'은 권위의 소재 또는 권위의 전거(reference)를 뜻하는 말이다. 심판을 선포한 위대한 예언자들은 자신들의 권위를 매우 설득력 있게 끌어왔으며, 또한 그들은 고대 이스라엘의 생활 속에서 그 이야기가 맡은 역할에 동의하고 있음을 우리가 충분히 이해할 수 있도록 자신들의 권위를 끌어왔다.

선조들을 부르시고, 이스라엘 노예들을 이집트에서 탈출시켜 광야에서 보호하시고 가나안 땅으로 인도하시는 이야기 속에 드러난 하나님의 개입은 예언자들이 당면한 두 가지 근본적 질문, 즉 하나님은 어떻게 행동하시고, 사람들은 어떻게 살아야 하는가 하는 질문에 대한 전거의 틀(frame of reference)을 제공했다. 오직 이사야만이 다른 전통을 인용하지만, 다른 예언자들이 기본적인 토라 이야기를 가리키는 것과 똑같은 방식으로 그 전통을 가리킨다. 이사야가 당시 예루살렘에서 벌어진 하나님의 '최근' 행위에 관해 받아들인 권위 있는 전거는 다윗과 예루살렘의 전통을 담은 이야기였다. 제2 이사야(40–55장)에게 권위를 가졌던 것은 모세의 토라(Mosaic Torah) 이야기와 다윗의 토라(Davidic Torah) 이야기 (더하기 족장들의 전승) 모두였으며, 그는 그 두 토라 이야기를 매우 강력하게 결합시켰다. 그러나 포로기 이전의 다른 예언자들, 즉 아모스, 호세아, 미가, 예레미야, 그리고 심지어 에스겔에게도, 정경의 전거란 모세의 토라 이야기였다. 예언자들이 과거를 높이 평가한 데에는 과거에 그런 일을 행하셨던 하나님이 지금 어떤 종류의 일을 행하실 것인가를 말해줄 특별한 목적이 있었기 때문이다. 그것은 권위 있는 전거였다.

성서의 예언자들과 같은 인물들이 고대 중동의 문학에도 등장한다. 메소포타미아에 위치한 마리(Mari)의 고대 문서와 고대 이집트 문서가 가장 도움을 준다. 이들 문서에 등장하는 인물들은 대부분의 경우 국가나 정부의 우두머리에게 자신이 섬기는 신의 이름으로 특정 사건과 문제에 관한 메시지를 전했다. 이들 문서는 엘리야, 엘리사, 나단처럼, 지도자나 왕을 선택하는 데 중요한 역할을 한 인물들을 언급하기도 한다. 그러나 마리에서 발견된 유사한 이야기 중 가장 흥미로운 것은 신과 왕을 중재하는 대변인들, 더 정확하게는 응답자들(respondents)에 관한 정보다. 분명 그들이 호소하고 있는 권위의 출처는 고대의 성스러운 컨텍스트였다. 예언자를 뜻하는 히브리어 나비(nabi)는 아마도 대변인을 뜻했을 것이다. '나비'는 선견자(seer, gazer)

처럼 더 오래된 다른 용어와는 달리, 예언자의 어떤 신비로운 역할이 아니라 계약 백성의 삶 속에서 실제로 담당한 기능을 강조한 것 같다. '나비'와 함께 '선견자'와 같은 옛 말들도 고문체(古文體)로서 여전히 쓰였으며, 예언자 아모스가 보여주듯, '나비'는 (기득권 때문에 – 옮긴이) 평판이 나빠졌다.

우리는 그동안 알지 못했던 예언자의 기능의 한 단면을 성서 이외의 고대 자료들을 통해 알게 된다. 예언자는 하나님으로부터 백성에게 온 사자(messenger)요 심부름꾼이다. 그는 메시지를 전했다. 이것이 성서 예언자의 두드러진 특징인데, 예언자의 메시지는 국가의 우두머리에만 해당하는 사항이 아니었다. 성서의 예언자는 왕에게 이야기하는 대신에 왕을 무시할 수도 있었으며, 실제로 왕으로 인정하기를 거부하기도 했다.

이런 의미에서 우리는 성서의 예언자를 계약의 중재자(a covenant mediator)로 보아야 하는데, 모세의 신학에서는 계약을 백성들과 직접 맺기 때문이다. 이사야가 보다 광범위한 다윗의 토라 이야기를 즐겨 사용한 이유 중 하나는 자신이 귀족이라서 궁정에 가까이 갈 수 있었기 때문이다. 이사야가 귀족이든 아니든, 그가 궁정에 가까이 갈 수 있었던 이유는 그가 공인된 다윗 신학 또는 왕궁신학을 신봉하였고, 다윗의 계승자들과 그들의 제의를 비판하기 위해 다윗 전승을 사용했을지라도 기본적으로 왕을 지지했기 때문이다. 그러나 다윗 신학에서는 하나님과 백성과의 계약이 다윗 왕조의 왕을 통해서 표현되지만, 모세 신학에서는 계약이 백성 전체와 맺어졌다.

메신저로서 예언자의 기능을 담당하는 이미지는 대단히 신화적인 색채를 띤다. 여기서 우리는 예언자가 가진 권위의 또 다른 전거에 눈을 돌릴 필요가 있다. 예언자는 메시지에 권위를 더할 목적으로 이스라엘의 토라 이야기를 사용했을 뿐 아니라 자신의 이야기, 곧 하나님이 자신을 예언자로 부른 개인의 경험도 언급했다. 모든 예언서가 예언자의 개인적인 부름 받음의 이야기를 언급하고 있지 않는 것처럼, 모든 예언서가 하나님이 이스라엘을 부르시는 이야기, 곧 이스라엘을 불러 백성으로 삼으신 일을 언급하지는 않는다. 그러나 이 두 개의 전거는 예언자와 관련된 자료를 통해 메신저를 신뢰하고 또한 그의 메시지가 정당하다는 것을 인정하는 데 중요한 역할을 했다.

예언자는 때가 되면 자신의 신임장을 사람들에게 보여야 했다. 예언자가 자신의 개인적 소명(召命) 이야기를 하지 않을 때는 그의 사적인 신임장이 요구되지 않았든지, 또는 소위 제2 이사야(40-55장)처럼 이사야 6장에 등장하는 제1 이사야의 소명 이야기를 포로기의 새로운 환경에 맞추어 갱신(update)했다고 가정해야 할 것이다. 다행인지 불행인지, 예언자의 신임장은 결코 참과 거짓을 입증할 수 없었다. 이런 종류의 사적인 하나님 경험은 어떤 형태의 고고학을 통해서도 그 진위를 입증할 수 없다. 예언자들의 모든 '소명 이야기'는 그들이 하나님 앞에서 말씀을 받았으며 그들에게는 청중이 있고 특별한 일을 하도록 위임받았다는 신념을 보여준다. 그리고 예언자들은 하나님 앞에서의 그런 현존의 경험을 통해 메시지를 가지고 사람들에게 갔다.

예언자는 자신이 전하는 메시지가 하나님이 토라 이야기를 통해 이미 전한 것과 무관한 무엇인가 새로운 계시인 척하지 않았다. 그렇다고 자신이 전하는 메시지가 자명하기 때문에 사람들이 같은 토라 이야기를 통해 아는 것과 똑같은 메시지라고 주장하지도 않았다. 이것은 그들의 시대에 그들에게 그들의 하나님이 전하는 메시지로서, 하나님의 방식을 그들은 이미 알고 있었어야 하는 사항이었다. 예언자의 개인적 신임장은 그가 경험한 하나님의 현존 앞에서 받은 하나님의 말씀이었다. 그러나 예언자들이 서로 반대되는 관점에서 논쟁한 것으로 미루어 볼 때, 예언자의 메시지 자체는 모두가 받아들이지 않을 수 없는 강압적인 것은 아니었다.

100여 년 전에 구약학자들은 예언을 통찰력이 있는 직언(forth-telling)으로 특징지으면서, 예언자들이야말로 이스라엘 역사상 정말로 독창적인 사상가들이라고 주장했으며, 또 JEDP 사상가들은 모세와 족장들 시대의 것으로 추정된 것은 무엇이든 예언자 시대 이전의 것으로 소급해서 읽었다고 주장했다.

나중에는 이스라엘의 신학 역사에서 가장 창조적인 시기는 모세와 토라 시대였으며, 위대한 예언자들의 시대를 가리켜 '전통적 시기'라고 부르는 것이 유행이 되었다. 이런 견해는 예언자들이 반동주의자들이라고, 즉 정경적인 또는 창조적인 시대로 회귀하여 많은 가치를 전통에 부여할 뿐 전혀 새로운 것을 만들지 못한 반동주의자들이라고 깎아내렸다. 이런 견해에 따르면, 성서의 역사는 족장들의 준비 시기, 모세의 창조적 시기, 여호수아부터 사무엘까지의 적응기, 예언자의 전통적 시기, 7세기 후반부터 5세기까지의 개혁 시기 등 다섯 개의 시기로 나뉜다. 이런 시대 구분은 학습을 돕는 가치는 있을지언정 너무 개략적이어서 한 가지 밖에는 쓸모가 없다. 곧 모세의 시기는 하나님의 임재와 활동-정경 이야기 또는 토라 이야기-을 가장 잘 보여주는 시기이며 예언자들도 그렇게 말했다는 점이다.

괄목할 만한 현상 중 하나는 이스라엘의 위대한 예언자들이 당대에는 그들의 말을 경청하고 따르는 사람들을 별로 만나지 못했다는 점이다. 위대한 예언자라 함은 일반적으로 기원전 750년경 북 왕국에서 예언한 아모스, 745-722년 역시 북에서 활동한 호세아, 740-700년경 남에서 활동한 이사야, 701년경 남쪽의 미가, 7세기 후반부터

6세기에 이르는 동안 남쪽에서 활동한 스바냐, 하박국, 예레미야, 597-580년에 바빌로니아에서 포로들과 함께 생활한 에스겔, 그리고 540년경 제2 이사야로 부르는 포로기 시대의 예언자를 통칭한다. 성서에 말과 이야기가 기록된 예언자는 모두 이스라엘과 유다가 위기를 맞은 철기시대, 곧 신(新)아시리아와 신바빌로니아 제국시대에 설교와 강연을 했다.

히브리성서에서는 다니엘서가 예언서가 아닌 성문서(聖文書)에 포함되어 있다. 다니엘서는 일종의 묵시론적 미드라쉬(midrash) 또는 비유로서 의심할 여지없이 외세의 압제에 대한 항거를 독려하고 기원전 2세기의 마카비 항쟁(Maccabbean Revolt)을 지지할 목적으로 쓰였다. 나훔과 오바댜는 우국지사의 시집(poetry)으로서 성격상 다니엘서보다 덜 예언적이다. 요나는 예언자적 사상을 지녔으나 문학적 형태상 전설적인 우화(parable)다. 한편 요엘은 문학 형태로는 예언적이지만 내용은 묵시적이다. 마지막으로 학개와 스가랴는 어조는 예언적인데 반해, 이 예언자들 자신은 실제로 매우 영향력을 가졌던 비평가들로서 예루살렘에 새로운 성전을 짓고 그 성전을 중심으로 새로운 유대교가 재편성되어야 백성이 살아남을 수 있다고 강조했다. 앞선 위대한 예언자들과는 달리, 당시 사람들은 이들의 말에 귀를 기울였다.

누구라도 우리가 지금 한 것처럼 정경 속의 세 명의 대예언자(major prophets)와 열두 명의 소예언자(minor prophets)를 따로 분리해서 누구의 말이 생전에 관심을 끌었고 누구의 말이 나중에 중대한 생존 문제에 직면하기까지 아무 관심을 끌지 못했는지를 살핀다면, 지금 우리와 비슷한 결론을 내릴 것이다. 그리고는 진정 중대한 결론에 이르게 될 것이다. 즉 후자는 비록 당시에 청중이 귀를 기울이지 않았지만 그들이야말로 예언자 시대의 위대한 소리였으며, 그들의 작품은 깊은 통찰력으로 인해 지금도 여전히 독자의 관심을 끈다. 당시에 효과를 보았던 예언자들의 말은 그 가치의 지속성이 보다 약하다.

몰아지경(Ecstasy)과 영(the Spirit)

창세기부터 열왕기에 이르는 이야기체 자료를 떠나기 전에, 독자는 이미 '예언자'라는 말이 특정 인물들에 적용되고 있음을 알게 된다. 이들은 되돌아보면 예언자라는 직함을 받을 가치가 있지만, 실제로는 예언자에 대한 고전적인 정의에서 벗어나 있다. 이들 중 더러는 위대한 인물로서 이스라엘 역사의 전환점에서 난국에 대처했다. 이들은 자신의 시대에 발생하는 사건들을 토라 이야기를 통해 해석하고 이해하여 그 이후 이스라엘 역사에 중요한 지표로 만들었다. 역사가들은 아브라함(창 20:7), 모세(신 18:18), 아론(출 7:1), 미리암(출 15:20), 드보라(삿 4:4), 훌다(왕하 22:14-20) 등을 예언자로 칭했다. 이 거장들은 삶과 행적을 통해 역사에 큰 공헌을 하였다. 쿰란 제11 동굴에서 발견된 보다 큰 시편 두루마리는 다윗이 '예언의 영'에 휩싸여 시편을 지었다고 기록하였다.

그 자신의 신임장에 아무런 논쟁의 여지가 없었던 예언자 호세아도 같은 생각이었을 것이다. "주께서는 예언자 한 사람을 시키셔서 이스라엘을 이집트에서 이끌어 내시고, 예언자 한 사람을 시키셔서 그들을 지켜 주셨다"(호 12:13). 바로 이것이 전통적 예언자들이 옹호했던 이스라엘 역사에 관한 해석과 관점이었다. 역사를 통해 볼 때 이스라엘을 이스라엘 되게 한 것은 어느 시기든지 중대한 문제가 있을 때 이런 소수의 사람들이 있었기 때문이다. 이들은 국가와 대중에 맞서서 이스라엘이 고대 중동의 방종한 국가관을 가진 일개 국가이기를 거부하고 계약의 백성임을 깨우치는 하나님의 말씀에 입각해 긴장감을 불러일으켰다. 이런 의미에서 아브라함, 모세 그리고 다윗은 모두 자신이 살던 시대에 예언자 역할을 하였다.

이들은 분명 예언자들과 함께 좋은 사람들 축에 들었으며, 종종 성서에서 왕족의 응원단장으로 나타나(왕상 18:4; 22:6; 왕하 2:7) 왕이 하고픈 일을 하도록 부추기던 왕실의 고용인들과는 달랐다.

위대한 예언자들과 비슷한 부류가 있었는데, 이들은 몰아지경에 빠진 일종의 조합(guilds of ecstatics)으로 무리를 지어 지역을 돌아다니며 광란의 상태에서 느끼는 대로 말하고 전했다(삼상 19:20, 24). 어떤 이들은 부락을 이루어 살았는데, 그 중 하나가 기브아였다. 무아경에 빠진 어떤 이들은 성서에서 유난히 두드러졌는데, 다윗이 존중했던 시므이가 그런 인물이다(삼하 16장). 또 여로보암을 지지했다가 후에는 탄핵한 아히야(왕상 11장, 14장)와 북 왕국 오므리 왕조와 예후에 맞서 싸웠던 유명한 엘리야와 그 제자 엘리사도 이에 속한다(왕상 17장-왕하 9장, 13장).

사무엘서와 열왕기에 시시때때로 등장하는 초기의 이런 예언자들과 고대 이스라엘의 이웃 나라들의 예언자들과 고위 관료들을 비교해 보는 것도 의미가 있는데, 이들은 모두 정권이 위기를 당했을 때 신에게서 오는 메시지를 왕에게 전달했다. 또한 이들은 기원전 750-540년에 등장한 고전기(classical period) 예언자들의 선구자들이라 할 수 있는데, 하나님의 역사적 주권(sovereignty)을 담은 토라 이야기를 당시의 정치적 사건들과 연관시킴으로써 하나님의 말씀의 능력을 저잣거리에서 증언했다.

왕실의 고용인들은 제쳐두고, 이스라엘에는 고전기 예언자들의 경우든 선구자들의 경우든, 그들이 자신들의 '소명'으로 삼는 두 가지 전거가 있었다고 말할 수 있다. 예언자는 예언문학에서 자신의 예언 활동에 대한 신임장을 소개하는 자서전적인 스케치에서 하나님의 말씀(word of God) 또는 하나님의 영(spirit of God)을 언급한다. 그러므로 우리는 말씀의 예언자 또는 영의 예언자라고 말할 수 있다.

대체로 고전기 이전의 예언자들, 특히 몰아지경에 빠진 이는 영의 예언자들이었다. 그는 영에 휩싸여 평소에 하지 않던 말과 행동을 하였다. 민수기 11:29에 기록된 "나는 오히려 주께서 주의 백성 모두에게 그의 영을 주셔서, 그들 모두가 예언자가 되었으면 좋겠다"라고 고백한 모세의 청원을 우리는 기억한다. 비록 엘리야와 엘리사가 하나님의 말씀의 중요성을 인식하고 있었다 할지라도, 그들은 기본적으로 영의 예언자들이었다.

반면에 고전기의 위대한 예언자들은 하나님의 말씀을 신들의 천상회의(heavenly council)에서 받았거나 하나님의 현존 앞에서 받았다고 인용하는 경향이 있었다. 미가와 제2 이사야만이 권위의 대상으로 하나님의 영을 언급했다(미 3:8; 사 42:1; 사 61:1 비교). 이사야는 하나님이 영을 그런 예언자들에게 부었다고 하지만 실제로는 "깊이 잠들게 하는 영"(사 29:10)이었다고 말하면서 영을 언급하는 예언자들을 조롱한다. 실제 영을 언급하는 후대 이사야 42:1 또는 61:1과 같은 구절은 예언자 전통보다는 하나님의 영에 의해 왕이 기름부음을 받는다고 주장하는 왕실 전통(삼상 16:13-14)에서 나왔다고 보아야 한다.

엘리야와 엘리사 같은 영의 예언자들은 자신들의 일에서 마술적인 능력을 발휘했다. 그들은 병 고치는 주술(呪術)을 하거나 일반적인 자연 질서에 반대되는 행동을 할 수 있었던 것처럼 보였다. 고전기 예언자들은 전혀 그렇지 않았다. 오직 이사야만이 그럴 수 있었던 것으로 암시되고 있지만, 이 일화조차도 스승을 기리는 제자들이 후대에 삽입한 것으로 볼 수 있다(사 37:30-38:22). 말씀의 예언자들도 물론 상징적인 행동을 했지만 이에 대해 설명과 해석을 붙였다. 그러나 이런 행동들은 엄격히 말해 인류학에서 분류하는 모방 주술(mimetic magic)의 범주에 드는 것으로서, 오늘날 우리가 말하는 시청각 보조물(audio-visual aids)에 해당한다.

수메르와 아카드 문학에 등장하는 예언자들과 관련된 단어 중 하나는 '미친 사람'(madman)으로서 이것은 성서에서 몰아지경의 예언자를 언급할 때 쓴 표현과 비슷하다(왕하 9:11; 삼삼 21:15 비교). 이 말은 예레미야에게도 쓰였으며(렘 29:26), 호세아는 "너희는 말하기를 '이 예언자는 어리석은 자요, 영감을 받은 이 자는 미친 자다' 하였다. 너희의 죄가 많은 만큼, 나를 미워하는 너희의 원한 또한 많다"(호 9:7)고 말했다. 호세아의 설명에 의하면, 예언자가 미친 것처럼 보인 것은 사람들의 무절제한 악행 때문에 예언자들이 분노해서 사람들을 탄핵했기 때문이다. 분명히 예레미야의 경우에는 이 말이 예레미야의 과격한 메시지를 불신임하기 위해 쓰였을 뿐이지 그의 몸 상태와 행동을 묘사한 말은 아니다. 왜냐하면 예레미야가 미쳤다고 주장한 사람들은 당시 수백 마일 떨어진 바빌로니아에 있었으며, 예레미야는 그들에게 권면의 편지를 보냈었다. 그들이 야훼가 일개 민족신이 아니라는 것을 아는 데 오랜 세월이 걸릴 것이므로 유배생활에 적응하라는 내용이었다(렘 29:24-28).

반면에 영의 예언자 중에서, 메시지는 잘 알려져 있지 않지만, 말씀의 예언자처럼 보이는 사람이 있다. 미가야 벤 이믈라의 경우 우리는 그가 실제로 한 말보다는 그가 가리키는 권위의 대상에 관해 많은 것을 전해 받았다. 요르단 강 동쪽 길르앗 라못을 정복하려고 동맹관계를 맺은 아합과 여호사밧에게 미가야가 남긴 결론적인 말은 이러하다. 그 계획은 도덕적으로 잘못되었으며, 그는 "내가 보니, 온 이스라엘이 이산 저산에 흩어져 있습니다. 마치 목자 없는 양 떼와 같습니다"(왕상 22:17). 고전기 예언자들의 메시지를 통해 판단할 때, 이런 '환상'은 미래로부터 온 초감각적인 자극에 대한 반응이라기보다는 정치적으로 잘못된 실책에 대한 신의 심판으로 이해해야 한다. 다시 말해서, 미가야 또는 (몰아지경에 빠진 그 근원을 알 수 없는 인물들을 제외한) 성서의 다른 예언자들에 대해 그들이 초감각적 지각(extrasensory perception/ESP)을 갖고 있으며 자신들이 '보고 들은' 것을 어쩔 수 없이 전하는 유별난 사람이었다고 간주하는 것은 오류라는 말이다. 위대한 예언자들은 동족을 고발하며 신의 심판을 선포하기를 원하지 않았다는 것은 틀림없지만, 그들이 신의 심판을 전할 때에는 나름대로 확신이 있었기 때문에, 그들을 절연된 전선이나 파이프처럼 무감각한 사물로 보아서는 안 된다. 그들은 이 메시지 때문에 자신들의 삶 속에서 겪어야 했던 어려움을 종종 토로하고 있다.

고대에 좋지 않은 뉴스를 전하는 이들은 종종 그 메시지의 내용과 동일시되었기 때문에, 그 일의 대가로 죽임을 당하곤 했다. 미가야는 그가 전한 메시지 때문에 할당된 빵과 물만 먹으며 수감생활을 했다. 말의 힘에 대한 개념이 그러했다. 그러나 미가야에게 특별한 점은 예언의 내용이 아니라 소명(call)의 성격, 곧 그가 예언한 것의 배경이 되는 권위 또는 신용장이다(아래 범주 1).

미가야의 이야기는 우리에게 천상회의 또는 이사야 예레미야가 언급한 신전회의(divine court)의 '회의록'을 보여준다. 이것은 다음과 같다:

미가야가 말을 계속하였다. "그러므로 이제는 주의 말씀을 들으

십시오. 내가 보니, 주께서 보좌에 앉으시고, 그 좌우 옆에는, 하늘의 모든 군대가 둘러 서 있는데, 주께서 물으십니다. '누가 아합을 꾀어 내어서, 그로 길르앗의 라못으로 올라가서 죽게 하겠느냐?' 그러자 그들은 '이렇게 하자' 또는 '저렇게 하자' 하며, 저마다 자기의 의견을 말하는데, 한 영이 주 앞에 나서서, 말합니다. '제가 가서, 그를 꾀어 내겠습니다.' 그러자 주께서는 그에게 물으십니다. '그를 어떻게 꾀어 내겠느냐?' 그러자 그는 대답합니다. '제가 거짓말하는 영이 되어, 아합의 모든 예언자들의 입에 들어가서, 그들이 모두 거짓말을 하도록 시키겠습니다.' 그러자 주께서 말씀하십니다. '네가 그를 꾀어라. 틀림없이 성공할 것이다. 가서, 곧 그렇게 하여라.' 그러므로 이제 보십시오. 주께서 거짓말하는 영을 여기에 있는 임금님의 예언자들의 입에 들어가게 하셨으니, 주께서는 임금님께 이미 재앙을 선언하신 것입니다."(왕상 22:19-23).

이것은 참 예언자와 거짓 예언자를 연구하는 데 난제(難題)로 등장하는데, 왜냐하면 하나님이 자기 수하의 왕을 길르앗 라못에 올라가 공격하게 함으로써 그를 망하게 하려는 의도를 담고 있기 때문이다. 이것은 야훼가 민족 신으로서 백성을 보호할 의무가 있다는 생각에 반대하는 성서의-특별히 예언서에 있는-여러 구절 중 하나다. 이것은 또한 하나님이 자신의 뜻을 관철시키기 위해 인간의 기만을 이용하기도 한다고 명백히 밝힌다(왕상 17:20-23; 창 50:20 비교).

미가야가 가리킨 왕의 예언자 400명은 앞에서 언급한 왕실의 응원단장 유형이다. 반면에 천상회의에 참석한 영들은 이사야의 소명 이야기 속에 등장하는 스랍들(seraphim)을 상기시키는데(사 6:1-8), 이들은 '거룩하다'를 세 번 교창(交唱) 형식으로 노래한다. 아마도 이들은 "누가 우리를 위하여 갈까?"라고 묻는 이들 중에 포함되어 있었으며, 이 말에 이사야가 자청하여 부름에 답한다. 우리는 또한 천상회의의 이 영들이 이사야 40:1 다음에 있는 복수 명령형의 대상을 가리킨다. "너희는 위로하라 내 백성을 위로하라…정다이 예루살렘에 말하며 그것에게 외쳐 고하라…외치는 자의 소리여…말하는 자의 소리여…." 이 본문에서 명령을 전달할 자로(여성 단수형으로) 부름 받은 이는 아마도 천상회의에 참석한 영으로서 예루살렘을 돌볼 특별한 임무를 띤 듯하다. "아름다운 소식을 전하는 예루살렘아, 너의 목소리를 힘껏 높여라. 두려워하지 말고 소리를 높여라. 유다의 성읍들에게 '여기에 너희의 하나님이 계신다' 하고 말하여라"(사 40:9). 창세기에서 하나님과 관련해 쓰인 일인칭 복수 역시 이런 식으로 이해해야 할 것이다: "우리의 형상을 따라… 우리가 사람을 만들고"(창 1:26); "사람이… 우리 중 하나 같이 되었으니"(창 3:22). 욥기 1:6-12는 천상회의의 담화를 기록한 또 하나의 '회의록'이다(시편 82편 참조).

번뇌와 말씀

성서에서 영의 예언자와 말씀의 예언자 사이에는 분명 차이점이 있지만, 말씀의 예언자가 옛 신화적 이미지를 통째로 버린 것은 아니다. 말씀의 예언자의 대표주자인 예레미야는 자신의 신임장과 권위에 대해 말하기를, 자신이 신들의 천상회의에 참석하여(렘 23:18, 22; 15:19) 임무 또는 '사명 선언'(mission statement, 렘 1:4-2:3)을 부여받았다고 주장한다. 이들 예언자가 그런 신화적 이미지를 자유자재로 구사했다고 해서 유일신론을 철저히 포기했거나 타협한 것은 아니다. 이스라엘의 주변국들에는 신으로 상상하는 모든 다신론의 신들이 있었지만, 말씀 예언자들은 그 위에 군림하는 한 분 하나님을 강조했다는 점이 중요하다. 다른 민족은 천상회의의 회원들을 실제의 신들로 잘못 알고 경배했지만, 그들은 단지 진짜 하나님을 섬기는 천사들일 뿐이었다. "하나님은 신들의 모임 가운데에 서시며 하나님은 그들 가운데서 재판하시느니라."라고 기록한 시편 82편과 같은 작품은 성서의 유일신론 개념과 타협하는 것이 아니라 보다 넓은 정경의 맥락 속에서 하나님은 한 분이라는 점을 강조한다. 이런 본문들은 성서의 오랜 역사를 통해 모든 만물의 한 분 하나님 개념으로 발전하는 유일신화 과정(monotheizing process)을 보여준다. "주님, 신들 가운데서 주님과 같은 분이 어디에 있겠습니까?"(출 15:11)라는 물음은 성서에서 흔히 다신론의 흔적을 보여주는 문구로서, 동시에 하나님의 유일성과 통일성을 강조할 목적으로 사용되었다. 이런 흔적은 유대인들의 전례(典禮)에 간직되어 (오늘날의 유대인의 일상 기도문에서와 같이) 하나님의 유일한 성품과 권세를 표현하는 데 쓰인다. 유일신화 과정은 야훼의 천상회의에서 이방신들을 종속 상태로 좌천시키는데, 이것은 그들이 전혀 독자적인 신들이 아니라는 생각에서 나온 것이다.

미가야가 말하는 신전회의 이미지는 욥기 1-2장에 사탄 또는 시험하는 자(tester)라는 영이 참석한 모임과 유사하다. 의심할 여지없이 욥이라는 시인은 유일신론자였다. 바로 이런 이유로 욥은 신정론(神正論, theodicy)의 문제를 제기한다. 그렇지 않다면 욥의 문제는 경쟁 상대인 질투하는 이방신에게 책임을 돌릴 수 있을 것이다. 그러나 욥기의 사탄이나 미가야의 환상 속의 영은 스스로 아무 일도 할 수 없다 (삼하 24:1과 대상 21:1 비교). 이스라엘의 신학자들은 주변국들의 많은 신들을 한 분 하나님 아래 있는 수행원 또는 신하와 같이 힘없는 존재로 여겼다. 유일신화 과정에서 그 신학자들은 한 분 하나님의 힘이 점차 커지는 것에 대한 증인들이 된다.

예레미야가 신전회의를 가리켜서 사용한 히브리어 단어(렘 23:18)가 바로 욥이 사용한 단어이다(욥 29:1-3). 욥기 본문은 다음과 같다. "그 때는 하나님의 우정(friendship)이 내 장막 위에 있었으며." 이것도 가능한 번역이다. 그러나 '우정'이라고 번역된 히브리어가 다른 곳에서는 천상회의(heavenly council)라고 번역되었다는 것을 놓쳐서는 안 된다. 예레미야의 표현을 빌면, 아마도 욥이 말하고자 하는 것은 욥이 신전회의에 참석했을 뿐만 아니라 자기 집에서 천상의 신전회의를 유치할 수 있을 정도로 생전에 하나님과 긴밀한 관계를 유지했다는 말일 것이다. 하나님이 신적 위엄을 낮추어 비천한 인간과 함께 한다는 생각을 성서에서 이만큼 잘 나타낸 곳은 없다. 한 분 하나님 사상이 인간의 생각 속에 자리잡은 후에는 이런 옛 본문들은 유일신화 과정에서 하나님은 자신을 증명하기 위해 아무것도 필요로 하지 않는다는 식으로 새 의미를 갖게 된다. 나중에 랍비들은 하나님이 온종일 혼자 무엇을 하는가에 대해 말한다. 어떤 이는 하나님이 토라를 연구한다고 말하고, 또 어떤 이는 하나님이 중보기도에 열중한다고 말한다. 이 말을 문자 그대로 받아들일 수는 없고, 하나님이 한 분이라는 것을 미드라쉬(midrash) 방식으로 설명한 것이다. 성서는 결국 하나님이 어떻게 인간의 상황에 '분주하게'(busy) 관여하시는가에 대한 이야기다. 기독교인들의 신약성서는 이 개념을 더욱 전개하여 논리적이고 신학적인 결론에 이르게 한 것이다. 반면에 랍비 유대교는 그런 계시와 신적인 개입이 페르시아 시대에 끝났는데, 이 때 토라가 유대인들과 모든 인간들을 위한 하나님의 궁극적인 선물이 되었다고 주장한다.

기독교인들이 자신들의 상황에 비추어 예수의 번뇌를 말하기까지 성서에서 위대한 예언자들만큼 하나님 임재의 번뇌와 희열을 잘 알았던 사람들은 없다. 그렇다고 해서 이스라엘의 왕, 제사장, 현자, 제의(祭儀) 예언자들 중 일부가 하나님의 임재를 자신의 삶 속에서 발견하지 못했다고 말하는 것은 아니다. 사무엘, 나단, 아히도벨과 같은 이들은 일류 정치가였으며, 사무엘과 나단은 실제로 예언자라 칭함을 받았다. 그러나 더 정확히 말해서 사무엘은 예언자 성품을 지닌 현명한 제사장이었다. 나단은 한때 예언자로 명성을 날렸지만 현명한 신하였으며, 아히도벨의 말은 예언자의 말에 비교될 만큼 가치를 인정받은 참모였다. 이들은 아히야, 엘리야, 엘리사, 미가야처럼, 모두 메소포타미아와 이집트에서 신의 메시지를 왕에게 전한 고위 관료들에 비견될 수 있다. 기분이 상한 신의 메시지를 전한 이스라엘 주변국들의 예언자들 경우처럼, 이들의 메시지는 종종 위협을 동반하고 있었다.

그러나 정부에 대해 건설적인 비판을 하는 것을 자신의 책임으로 간주했던 이들과, 신으로부터 부여받은 것으로 여긴 메시지만 전하는 것을 자신의 책임으로 간주했던 위대한 고전 예언자들 사이에는 뚜렷한 차이가 있었다. 다윗의 참모 직책을 맡았던 아히도벨에 대해 성서는 이렇게 말한다: "사람들은 아히도벨이 베푸는 모략은 무엇이든지 마치 하나님께 여쭈어서 받은 말씀과 꼭 같이 여겼다. 다윗도 그러하였지만, 압살롬도 그러하였다"(삼하 16:23). 예언자직 관류(prophet-statesman)와 참모직 관료(counselor-statesman)는 서로 비슷했다. 아히도벨의 충고가 예언자의 말과 같았다고 말하는 근거는 현자의 모략과 예언자의 신탁(神託)이 모두 하나님께로부터 왔다고 여겼기 때문이다.

그러나 우리는 자신의 충고가 받아들여지지 않았을 때 많은 고위 관료들이 느낀 어려움과는 전혀 다른 종류의 번뇌를 고전 예언자들이 안고 있었다는 것을 이해해야 한다. 압살롬이 중요한 순간에 아히도벨의 조언을 무시했을 때, 아히도벨은 집으로 돌아가 스스로 목을 맸다(삼하 17:23). 아무리 가깝게 보일지라도 자신의 동료들과 철저히 스스로를 구별한 위대한 예언자들과의 차이점을 보여주는 실마리가 바로 여기에 있다. 즉 지혜를 자신의 것으로 여긴 아히도벨과는 달리, 자신을 하나님의 말씀의 중개인으로 여긴 예언자들은 결코 자살을 생각할 만큼 동요되지 않았다(렘 8:13-9:1 참조). 이것은 우리가 앞에서 예언자의 종류를 다루면서 이미 밝힌 특징이다. 우리가 위대한 예언자들 혹은 고전기 예언자들이라고 부르는 이들은 당시에는 그 메시지가 받아들여지지 않았다. 그 이유는 고위 관료들의 정상적인 생각에 도전하는 하나님의 행위를 선포하여 국가적인 생존의 근간을 흔들고 있는 것으로 보였기 때문이다. 심지어 예루살렘과 유다로 귀환한다는 기쁜 소식을 선포했던 포로기의 위대한 예언자조차도 귀환자들이 도저히 이해할 수 없어 보이는 것을 먼저 이해해야 한다고 역설했다. 그것은 민족이 십자가형을 당하던 그 끔찍한 지난날에도 하나님은 계셨던 분이고 또한 그 하나님이 지금 자신들을 집으로 인도하신다는 생각이었다(사 40:10-11).

우리가 아모스, 호세아, 이사야, 미가, 스바냐, 예레미야, 하박국, 에스겔, 제2 이사야, 요나, 요엘과 같은 예언자들을 이해하려고 할 때, 그들과 고위 관료들, 즉 사무엘, 나단, 아히도벨, 드고아의 지혜로운 여자(삼하 14장), 또 우리가 제의적 예언자라고 부를만한 시드기야(왕상 22장), 하나냐(렘 28장), 학개, 스가랴, 말라기와 같은 고위 관료들 사이에는 커다란 간격이 있음을 깨닫게 된다. 이들은 외관상으로 비슷하게 보이는 부분도 있다. 또 우리가 문학비평, 수사비평을 통해 아는 것처럼 이들은 백성에게 말씀을 전하면서 비슷한 언어 수단을 사용했다. 위대한 예언자들은 제의 예언자 또는 지혜 사상가들이 즐겨 쓰던 관용어, 말씨, 어휘를 사용했다. 그러나 그들이 선포한 독특한 내용만은 제사장들이나 현자들이 말하는 것과는 근본적으로 달랐다.

그 차이는 우리가 말하는 예언자의 번뇌를 통해 나타난다. 제의 예언자든 아니면 현자든 모든 고위 관료들은 어떤 악행이나 잘못된 정책에 대해 신이 불쾌해 하고 화가 났기 때문에 왕이 회개하고 정책을 바꾸어야 한다는 위협으로 말할 것이다. 그리고 예언자 역시 같은 종류의 위협과 함께 회개를 촉구할 것이다.

그러나 고전 예언자들은 이를 훨씬 넘어 백성들이 실제로 이해할 수 없는 말을 선포했다. 곧 하나님이 국가조직 전체를 희생시킬 준비가 되셨다고, 즉 약속들을 지켜주신 선물들을 다시 빼앗아 갈 준비가 되었다는 것이다. 거저 주신 분이 임의로 빼앗아 가신다는 말이다. 소위 위대한 예언자라고 불리는 이들은 고위 관료들의 건설적 비판을 초월해 있다. 예언자들은 백성들이 회개하여 임박한 재앙을 피하도록 간청하지만, 그럼에도 불구하고 그들은 모든 국가 기관이 처음에 이스라엘에 그 기관을 주신 분의 주관 아래 없어질 수도 있다고 선포했다. 국가와 교회가 외세의 침입에 의해 붕괴되는 것은 이스라엘의 하나님이 약해져서 그들을 지킬 수 없어서가 아니며, 엘리야가 말한 두로의 바알 신처럼 하나님도 "다른 볼일을 보고 있을지, 아니면 용변을 보고 있을지, 아니면 멀리 여행을 떠났을지, 그것도 아니면 자고 있으므로 깨워야 할지, 모르지 않느냐!"(왕상 18:27; 시 121:4; 사 51:9 참조) 때문도 아니다. 이것은 하나님이 사람들 생각에 "신기한 일, 그 계획하신 일"(사 28:21)을 하기 때문이다. 하나님은 사람이 "맨 정신을 가지고" 있다면 아무도 하지 않는 일, 진정한 관료라면 찬성할 수 없는 그런 일을 하고 있었다. 하나님은 국가를 부수어서 새로운 형태로 만들 계획을 갖고(렘 1:10), 아모스를 시작으로 해서 예언자들을 보내 하나님의 의도를 미리 선포하게 하셨다(렘 18:1-11; 사 42:9). "새로운 존재"에 대한 약속은 재앙을 동반하기 때문에 당장은 위로가 되지 못했다.

이스라엘과 주변국의 예언자들, 혹은 현자들과 예언자들 사이에 서로 다른 점들을 모두 비교한 후 판단할 때, 아모스부터 제2 이사야까지 일련의 예언자들이 다른 이들과 구분되는 것은 그들이 선포한 민족의 파멸과 새로운 존재로의 변화라는 메시지다. 이것 때문에 그들의 말은 당시 받아들여지지 않았으며, 그들은 번뇌와 고통의 나날을 보냈다. 성서를 진지하게 연구하는 이들은 야훼의 이름으로 그렇게 생소하고 위협적인 메시지를 수용하던 그들의 신(神) 개념이 무엇이었는지를 물어야 한다. 다른 말로 해서, 이스라엘의 고유한 전통들을 재검토하여 자신들이 전하는 과감한 계획을 지지하는 권위 있는 전통들로 정리한 그들의 해석방법이 무엇이었는지를 물어야 한다.

그들을 괴롭힌 것은 그들이 인기가 없어서가 아니다. 역사상 많은 사람들 특히 천재들은 현실과 동떨어진 진보적인 사상을 가졌기 때문에 소외의 아픔을 경험해야 했다. 그러나 예언자들은 그런 의미에서 급진적인 메시지와 자신을 동일시하지는 않았다. 오히려, 자신들은 단지 메신저일 뿐이라고 끊임없이 주장했다. 그들의 번뇌는 오히려 그들의 몰아지경이 가져온 결과였다. 이스라엘의 파멸과 변화라는 과격한 메시지를 전한 심판 예언자들은 자신들의 인간성을 벗어나 있었다는 점에서 몰아지경이었다. 그들의 정체성은 메신저 자격으로 동족과 함께 있는 동시에 하나님의 천상회의에 있었다. 그들도 인간이었기 때문에, 신의 혁명—옛 이스라엘과 유다의 패망이 장래 곤궁한 상태에서 유대교가 탄생하는 데 절대 필요한 수순이라는 것—을 전하는 사자(heralds)가 되고 싶지 않았다.

우리는 그들이 사람들을 향한 하나님의 대변자인 동시에 하나님을 향한 사람들의 대변자였음을 기억해야 한다. 그들은 동족을 위해 끊임없이 기도로 하나님께 간청했을 뿐만 아니라, 더 중요하게는 마지막 순간까지 사람들에게 회개를 촉구했다. 이스라엘의 국가기관들의 완전한 파멸을 선포한 이후에도 예언자들은 백성들이 의지를 갖고 생각을 바꾸도록 외쳤다: "회개하라!" 여기에 예언자들의 번뇌가 충분히 반영되어 있다.

예언자들을 이해하려는 우리의 시도 이외에 어디에서 우리가 그들의 번민을 만날 수 있을까? 서구인들의 이성적 사고방식은 예언자가 일단 이스라엘의 존재를 위협한 호전적인 메소포타미아 세력들을 이유로 변혁(transformation)의 메시지를 선포한 후에는 회개를 촉구하지 않았을 것이라고 속단한다. 그러나 우리는 그런 단정한 합리적 사고를 가지고 예언자들을 보아서는 안 된다. 예언자들도 하나의 인간으로서 번뇌하면서 변혁의 메시지보다는 개혁(reformation)의 메시지를 선호했다. 죽음과 재탄생의 공포 이외에 모든 가능한 수단을 예언자가 강구하지 않았다면, 그는 어떤 종류의 인간이었을까? 그리고 여기서 우리는 예언자의 번뇌의 심연 속으로 들어간다. 자기 백성에게 스스로를 개혁할 모든 기회를 주지 않는다면, 그런 하나님은 어떤 모습일까? 싱서의 사고는 하나님에 대한 인간의 믿음에서 출발하지 않고, 인간에 대한 하나님의 믿음에서 출발한다. 이것이야말로 정말로 신의 번뇌(divine agony)이다.

예언자들은 언제나 "회개하라"는 외침으로 활동을 시작하고 결코 그 외침을 포기하지 않았다. 그러나 예언자들은 그들의 활동 중 어느 때엔가 스스로의 개혁은 결국 흔히 자기기만에 빠지게 된다는 사실을 깨닫게 된 것으로 보인다. 만일에 이사야가 히스기야 왕의 개혁(기원전 705년 경)을 지지하지 않았거나 예레미야가 요시야 왕의 개혁(기원전 621년)을 지지하지 않았다면, 그들은 어떤 사람들이었을까?

그러나 개혁이란 조만간 정부기관들에 넘어가 그 근본 원인에까지 이르지 못하고 마음 속—성서에서 '마음'(heart)은 생각이 있는 곳이다—의 인간의 사고방식을 바꾸지 못한다. 오히려 개혁을 통해 인간은 하나님께 순종하고 할 바를 얼마만큼 했다고 스스로 속이게 된다. 개혁은 거짓의 피난처가 될 수 있다. 이사야는 히스기야에게 계약갱신을 포함한 개혁을 '죽음과의 언약'이라 불렀으며(왕하 18장; 대하 29장), 그 속임수에서 이집트와 화친을 선언한 정부기관의 계약과 견줄만한 것이라고 보았다(사 28:14-15). 개혁이란 성격상 인간이 실행하는 것으로서 사람들로 하여금 하나님이 자신들의 노력을 존중해 줄 것이라고 스스로 믿게 만든다. 반대로 변혁(transformation)은 하나님이 인간 속에서 인간을 통해서 실행하신다. 여기에 인간의 개혁 의지에 대한 예언자의 공감과 아울러 깊은 의혹의 눈길이 자리해 있다.

심판과 변혁

위대한 예언자들의 작품을 통해 우리는 예언자의 사상을 분석하는 데 계약소송(covenant lawsuit)이라는 은유가 중요하다는 것을 알게 되었다. 히브리어에 소송절차를 쉽게 보여주는 일정한 양식이 있는데, 예언 문학은 본질적으로 이런 소송절차의 모습으로 되어 있다. 심판을 선언한 일부 예언자들의 작품을 계약소송이라는 은유의 관점에서 살펴보는 것은 매우 유용한 일이다.

예언자는 천상회의로부터 온 메신저 또는 사자(使者)로서 이스라엘의 저잣거리에서 신의 공판 소집을 선포했다. 예언자는 그 공판에서 법정의 핵심 직원이었고, 물론 하나님은 재판관이셨다. 그러나 하나님은 또한 백성을 기소하는 원고(原告)이기도 하시다. 결국 욥이 억울한 고난을 호소한 법정심리의 경우처럼, 하나님은 고소인인 동시에 증인, 재판관, 구원자이셨다(욥 9:15-19, 32-333; 13:13-23; 16:19).

다신론의 대표적인 형태에서 천상회의는 욥기 1장의 사탄과 같은 신적인 고소인, 신적인 증인, 그리고 구원자를 포함한다. 이런 생각은 모든 사람이, 또는 최소한 족장과 같은 위대한 인물은 각각 자신의 개인 수호신을 갖는다는 아주 오래된 개념에 바탕을 두고 있다(욥 33:23; 전 5:5 비교). 이런 옛 다신론의 신들은 유일신화 과정에서 특히 예언자들과 같은 급진주의자들에게 매우 유력한 은유로 등장했다. 예언자들에게 모든 옛 신, 그리고 이스라엘의 주변국이 섬기는 신들은 하나님이 자기 백성과 공판을 할 때 하나님의 심판이 공정하다고 외치는 증인들의 위치로 그 지위가 격하되었다. 하나님만이 홀로 재판관이며 구원자였다.

계약소송이라는 은유의 관점에서 예언자를 연구하는 효과적인 방법은 예언문학에 있는 일곱 가지 서로 다른 진술들을 찾는 일이다. 이 일곱 가지 진술은 예언서에 담긴 산문과 예언자의 시적 예언 및 심판 선언에 들어 있다. 예언자가 이 은유를 위해 일한 것이 아니라, 그 은유가 우리의 예언문학 이해에 도움을 준다. 예언문학이 중요한 물음들과 답들로 이루어진 것이라면—우리는 당연히 그렇게 이해해야 한다—기록되지 않은 질문들에 대한 답들이 어떻게 본문에 기록되었는지를 살피는 일은 본문을 접하면서 올바른 질문을 던지는 데 도움을 준다. 이 모든 것은 지난 수 세대 동안 성서학자들의 연구를 통해서 결실을 맺었다. 이제 우리가 하고자 하는 일은 고대의 은유를 통해 예언문학에 접근하는 방법으로, 현대 학자들이 임의로 첨가한 것이 아니다. 이것은 추론적 해석(inferential exegesis)—본문이 답하고 있는 질문들을 찾음—이며, 예언서 자체로부터 나오는 것이다.

계약소송 은유에 등장하는 일곱 범주는 예언자의 말을 실제로 들은 사람들과 오늘날 예언문학을 연구하는 학자들이 던질 만한 일곱 개의 질문에 대한 답이다. 이 일곱 범주가 예언문학을 전부 설명하지는 않으며, 또 아무도 그렇게 주장하지 않는다. 또는 이 일곱 개의 질문이 예언문학과 관련된 모든 질문에 답하지는 않지만, 예언자들이 당시 사람들에게 무슨 말을 했는지를 살피는 데 매우 도움이 된다. 성서의 문외한이나 비전문가가 예언문학을 처음 대할 때, 방대한 시와 산문은 매우 당혹스럽다. 고대의 문학 편집은 계몽주의 이후 서구 문학의 관례를 따르지 않았다. 만일 쵸서(Chaucer)나 셰익스피어(Shakespeare)가 실제로 (영문학과) 신입생들의 기를 죽였다면, 본문을 배열하고 정리하는 데서 아무런 '논리적' 방식을 따르지 않은 성서의 책들은 오죽하겠는가? 예언자들은 절망적인 상황에서 의미를 찾고 있었다. 도대체 어떻게, 그리고 왜 하나님은 이 모든 외세의 침략을 허락했을까? 우리가 이런 식으로 예언서에 담긴 의미를 추구하는 질문을 하면서, 우리는 당시 예언자들이 물은 질문을 재발견하게 된다.

다음 페이지 표에서, 범주 1은 독자들에게 소개하는 예언자에 관한 모든 진술을 포함한다. 범주 1a는 예언자가 일인칭 화법을 사용해 스스로를 표현하는 자료들을 담고 있으며, 예언자로서의 경험, 특히 예언자로서의 소명을 소개하고, 1b는 그 외에 삼인칭 화법을 통해 기록된 모든 사항을 가리킨다. 이런 정보를 가장 잘 제공하는 예언서가 예레미야서이지만 다른 예언서에도 이런 패턴을 확인할 증거가 충분히 있다. 독자들은 예언자가 일인칭 화법으로 자기를 소개하는 구절

계약소송 전승에 나타난
예언문학의 일곱 가지 주요 범주

예언자의 이야기: 법정 관원
   1a 자서전적 자료   예언자의 소명과 신임장
   1b 전기(傳記) 자료

이스라엘의 이야기: 피고인
   2a 서사시 전통   이스라엘의 소명과
   2b 다른 역사   신임장

⎫ 권위
⎭ 조회

개혁 속의 희망: 중재자로서의 예언자
   3a 백성에게 회개를 촉구
   3b 하나님께 노를 거두시기를 탄원

⎫ 법정
⎭ 자비

심판: 메신저로서의 예언자
   4 기소(起訴)   심판의 이유
   5 판결   심판

변혁 속의 희망
   6 변혁   심판의 목적
   7 회복   이스라엘의 새로운
                          소명과 신임장

⎫ 심판
⎬ 과
⎭ 구원

과 제자나 편집자가 삼인칭 화법을 통해 예언자를 소개하는 자료를 눈여겨 볼 필요가 있다. 이 모든 자료는 여러 가지 이유에서 대단히 중요한데, 바로 여기에서 독자가 예언자의 '소명'에 관한 이야기를 접하고 신의 개입이 예언자의 삶과 사상에 끼친 영향을 배우게 된다. 이것은 예언자나 제자들이 독자에게 내미는 강력한 신임장 역할을 한다. 이들 구절을 찾고 서로 비교하는 가운데, 독자들은 예언자와 그의 신임장에 대한 그림을 그리게 된다. 독자는 "이 사람이 누구냐?" 그가 어떻게 야훼의 이름으로 말할 권리를 갖게 되었는가 하는 물음에 대한 답을 얻게 된다.

범주 2는 이스라엘의 역사와 관련된 자료로서, 예언자가 자신의 말을 뒷받침할 권위의 출처로 삼는 토라 이야기를 포함한다. 이것은 하나님이 과거에 이스라엘이라는 민족을 만들어냈다고 하는 이스라엘의 소명에 관한 이야기다. 범주 1이 예언자는 어떤 인물이며 무슨 권리로 그가 하나님의 이름으로 말하는지를 우리에게 설명한다면, 범주 2는 예언자가 메시지의 실질적 내용을 뒷받침하기 위해 인용하는 권위가 무엇인지, 그 말의 전거를 설명한다. 하나는 예언자의 전기(傳記)를, 다른 하나는 하나님의 백성으로서의 이스라엘의 전기(傳記)를 편집자의 재량에 따라 설명한다. 이스라엘의 이야기는 이미 우리가 살펴본 육경(JEDP)에 기록된 서사시 전통이다. 우리는 여러 예언서에 흩어져 있는 이런 전통을 함께 살펴봄으로써, 어떻게 서사시 전통이 초기 정경으로 인식되어 예언자들의 설교, 강연, 주석에서 권위 있는 출처로 등장하게 되었는지를 깨닫게 된다. 이것은 a) 예언자들이 자신의 권위의 출처를 인용하는 방식과, b) 토라 이야기를 제외한 이스라엘의 과거사에 대한 예언자들의 무관심을 동시에 보여준다.

그러나 계약소송 은유에서 범주 2b가 보여주는 중요한 점은 '정경적인' 또는 권위를 가진 토라 이야기가 예언자들에게 끼쳤던 그 힘을 독자도 엿볼 수 있다는 사실인데, 그 토라 이야기는 우리가 육경의 형성과정을 연구하면서 보았던 그 똑같은 토라 암송이다. 다른 말로 하자면, 예언자들은 하나님의 이름으로 말할 권리를 가졌다고 선포하는 데 그치지 않고, 말하고자 하는 내용에 권위의 출처를 밝혔다. 그것은 계약백성으로서의 이스라엘의 이야기였다. 성서에는 범주 2에 속한 선언들이 많이 있지만, 그 중 대표적인 것은 아래와 같다:

아모스 2:9-11; 3:1-2
호세아 2:14-15; 9:10; 11:1-4; 12:9-13; 13:4-5
미가 6:4-5
이사야 1:21-27; 5:1-7
예레미야 2:2-8; 7:21-26; 31:2-3, 31-34
에스겔 20
이사야 43:1-2; 52:11-12; 54:9-10

예언자들은 임박한 심판을 선포하든지 뒤따른 회복을 선포하든지, 토라 이야기에 근거하여 하나님이 과거에 어떻게 행하셨는지, 또 앞으로 어떻게 행하실지를 보여주었으며, 동시에 이스라엘은 과거에 어떻게 행했는지, 지금 어떻게 행해야 하는지, 그리고 심판의 한복판에서는 어떻게 행해야 하는지를 보여주었다.

범주 3 역시 둘로 나뉜다. 하나는 백성들에게 심판 전에 회개를 촉구하는 예언자의 목소리요, 다른 하나는 하나님께 심판을 거두라고 탄원하는 예언자의 간청이다. 이 두 종류의 간청은 계약소송 은유에서 중재자로서 예언자의 역할을 잘 드러낸다. 범주 3a는 백성들에게 재판관의 자비 앞에 몸을 던져 죄를 고백하고 하나님의 뜻을 따를 것을 맹세하는 회개를 촉구하고 있다. 범주 3b는 백성을 위해 하나님께 관용과 자비를 구하는 예언자의 간청이다. 전통적인 예언자들은 모두 완전한 심판을 통해 철저한 변혁의 신학(theology of radical transformation)을 발전시켰지만, 백성에게 회개를 촉구하고 동시에 하나님께 자비를 구하는 것을 멈출 수 없었다. 이런 것들이 백성을 사랑하고 그들과 일체감을 갖는 예언자들의 인간성을 잘 드러낸다. 예레미야의 소위 고백과 더불어 예언자로서의 소명을 담은 이야기(1; 11-12; 15; 20장)는 자신이 전해야 하는 메시지 앞에서 번민하는 모습을 그린다. 이렇게 범주 3은 백성들이 심판의 역경을 겪어야만 하는 것보다는 오히려 백성들이 회개하거나 하나님이 자비를 베푸실 것을 계속 희망하는 예언자들의 인간성에서 솟구치는 부조리를 보여준다.

범주 4-7은 함께 다루어야만, 이 범주들이 유일신화 과정에 끼친 영향과 중요성을 제대로 이해할 수 있다. 우리가 이를 유일신화 과정(monotheizing process)이라 불러야 하는 이유는 모든 예언자들이 곧 심판하실 하나님이 이스라엘을 계약의 백성으로 삼은 바로 그 똑같은 하나님으로서, 그들에게 준 약속의 선물을 곧 거두어들이고 그 백성의 틀을 전부 허물어뜨림으로써 변혁의 계기를 삼는 하나님이라고 주장했기 때문이다. 철기시대에 사람들은 보통 '자신의 하나님'이 재앙으로부터 보호해 준다고 믿었기 때문에, 변혁의 메시지는 심판인 동시에 소망이었다.

범주 4는 예언자가 저잣거리에서 백성과 정부에 대해 퍼부은 모든 고발을 담고 있다. 이런 고발을 함께 연구할 때 우리는 예언자의 죄에 대한 개념을 엿볼 수 있다. 대체로 예언자가 비난한 대부분의 죄란 우상숭배, 즉 하나님이 준 선물을 하나님보다 더 사랑한 것이었다. 예를 들어, 예레미야는 백성이 땅과 성전을 준 하나님을 믿기보다는 성전을 의지하는 것을 나무랐다(렘 7장, 26장). 구체적으로 예언자는 두 종류의 죄, 곧 제의적인 죄와 윤리적인 죄로 백성을 고발했다. 예를 들면 아모스는 백성들이 가난한 사람들을 정의롭게 대하지 않는 것과 이스라엘이든 이웃 나라든 다른 사람들에게 비인간적으로 대하는 것에 대해 수도 없이 고발했다(암 1-2장). 호세아는 백성의 불의를 정죄하면서 우상숭배와 구체적인 종류의 제의적인 오류도 고발하였다. 그러나 이것은 무엇을 더 강조하느냐 하는 문제일 뿐이었다. 예언자는 본질적으로 백성의 죄의 기저에 우상숭배가 있다고 보았다. 다시 말해서, 백성은 자신이 가진 모든 것이 하나님의 것임을 잊은 것과 은혜를 입은 백성이 어떻게 행동해야 하는지를 잊은 것이다. 범주 4에 초점을 두고서, 또 전체 성서 문맥을 성찰하면서 예언자들을 공부하면 성서에서 중요한 죄의 개념이란 이스라엘이 자신이 가진 모든 것, 이스라엘 자신조차 하나님의 것이라는 사실을 잊어버린 것임을 알게 된다. 이스라엘은 선물과 선물을 주신 이, 창조주와 피조물, 받은 축복과 하나님 사이를 구분하지 못했다. 이것을 구분하지 못했기 때문에 그들은 삶 속에서 무엇인가를 실제로 소유하고 있다고 생각하였고 그래서 가난한 사람들과 소외된 사람들을 불의하게 대했던 것이다.

우리는 성서의 죄를 이런 방식으로 요약할 수 있다. 존재의 질서에는 두 가지가 있다. 하나님과 그 밖의 모든 것, 창조주와 모든 피조물, 이 두 가지다. 죄는 인간이 창조질서 속에서 자신을 포함해서 무엇이든 신으로 여기거나 스스로 충분하다고 생각할 때 생겨난다. 이 죄를 가장 노골적으로 표현한 것은 숭배할 우상을 만드는 것이었다. 우상을 만들 때 사용한 재료는 하나님의 창조의 일부였다(사 44장). 죄는 본질상 하나님과 피조물 사이의 구분 선을 넘는 것이었다. 그 선을 넘는 것이 죄(transgression)였다. 인간이 불멸을 획득할 수 있다고 생각할 때, 또는 자신의 노력으로 신이 될 수 있다고 생각할 때 죄를 짓는 것이다(창 3-11장). 하나님이 이스라엘의 존재와 소유를 주신 분이라는 사실을 잊어버림으로써 하나님을 부인하는 것은 스스로를 신으로 여기는 것이었다. 피조물 속의 어느 세력을 예배하는 것은, 유일하게 주시는 분이요 피조물 속의 모든 세력을 주재하시는 분에게 헌신하는 데서 오는 자유를 상실했음을 뜻하였다. 창세기 1장이 주는 메시지는, 창조질서 속의 무엇인가를 예배하는 것은 그 세력의 노예가 된다는 것이다. 하나님은 창조된 그 어떤 것과도 완전히 다른 존재이시다. 그러나 하나님이 빛, 어둠, 해, 달, 별, 풍부함, 그리고 인간이 신으로 섬기기 쉬운 그 밖의 모든 것을 창조하셨다는 것을 믿는 일은 그러한 것들의 노예가 되지 않고 자유롭다는 뜻이다.

아모스는 이 점에 대해 논지가 뛰어나고 좋은 예를 보여준다. 아모스 1:3-3:2는 기원전 750년에 베델 성소에서 선포한 설교를 기록하고 있다. 아모스는 자신의 경험을 기록으로 남긴 최초의 예언자였다. 그는 설교하기 위해서 유다에 있는 고향 드고아에서 북쪽의 베델로 갔다. 그가 거기서 선포한 설교는 아모스서에 남아 있는 바와 같이 놀랍도록 잘 짜여 있다. 그는 이스라엘의 이웃 나라를 두루 고발하고 각 나라가 이웃 나라 백성에게 비인간적인 짓을 한 것에 대해 하나님의 심판을 선포하는 것으로 시작한다. 일련의 고발과 선고는 같은 표현으로 시작한다. "내가 ...의 서너 가지 죄를 용서하지 않겠다." 이것은 의심할 여지없이 즉시 성소에 모인 사람들의 주의를 *끄는* 수사 기법이다. 그는 먼저 다메섹, 그 다음 해안 도시들인 가사, 아스돗, 아스글론, 그리고 에그론, 북쪽의 두로, 동남쪽의 에돔, 요르단 강 건너편의 암몬과 모압, 그런 다음 자신의 나라인 유다를 차례로 고발하였다. 수사학은 물론 내용도 사람들의 이목을 끌었을 것이다. 아모스가 이웃 나라의 죄를 고발할 때, 특히 미워하는 남쪽 동족인 유다를 포함할 때 사람들은 열심히 듣는다! 아모스는 거기에 있는 사람들이

주의를 기울일 때 수사학적 폭탄을 떨어뜨린다. "나 주가 선고한다. 이스라엘이 지은 서너 가지 죄를, 내가 용서하지 않겠다. 그들이 돈을 받고 의로운 사람을 팔고, 신 한 켤레 값에 빈민을 팔았기 때문이다. 그들은 힘없는 사람들의 머리를 흙먼지 속에 처넣어서 짓밟고, 약한 사람들의 길을 굽게 하였다…" 아모스는 계속해서 목록에 제의적인 죄를 더하지만 폭탄은 목표물에 명중했다. 이스라엘은 이웃 나라들만큼이나 죄가 있고, 이유는 마찬가지다. 이스라엘의 경우는 동족들 가운데서 가난한 사람들과 고통받는 사람들을 학대했다는 것이 다른 이웃 나라들과 달랐다. 아모스는 설교에서 실상 야훼께서 이스라엘 백성이나 다른 백성 할 것 없이 모든 나라를 똑같이 벌하신다고 말한다. 지도자들과 백성은 중요한 절기를 축하하기 위해 성소에 모여 있을 때 타격을 받을 것이라고는 예상하지 못했을 것이다. 그들은 '그들의 하나님'을 위해서 행하는 모든 노력을 주님의 날에 하나님이 알아주실 것이라고 기대했을 것이다.

그러나 더욱 놀라운 것은 이스라엘에 대해 고발하고 선고를 내린 후에 아모스가 한 일이다. 아모스는 연설의 주요 내용을 전달한 후에 '본문' 곧 그런 주장의 기초인 토라 전통을 인용하였다. "그런데도 나는 그들이 보는 앞에서 아모리 사람들을 멸하였다. 아모리 사람들이 비록 백향목처럼 키가 크고 상수리나무처럼 강하였지만, 내가 위로는 그 열매를 없애고 아래로는 그 뿌리를 잘라 버렸다. 내가 바로 너희를 이집트 땅에서 이끌어내어, 사십 년 동안 광야에서 인도하여 아모리 사람의 땅을 차지하게 하였다. 또 너희의 자손 가운데서 예언자가 나오게 하고, 너희의 젊은이들 가운데서 나실 사람이 나오게 하였다. 이스라엘 자손아, 사실이 그러하지 않으냐?" 다시 말해서 아모스는 토라 이야기의 핵심을 인용하기 위해 일인칭으로 계속해서 말했고,

하나님이 여전히 말씀하시는 형식이다. 이렇게 인용한 이유는 하나님이 이스라엘을 위해 하신 모든 좋은 일, 즉 토라 이야기에 있는 하나님의 '의'(righteousness)를 현재의 지도자들이 자신의 백성에게 행하는 잔인한 행동과 대조하기 위한 것이다. 아모스의 고발은 날카롭고 핵심적이다. 이스라엘의 머리가 이집트 땅의 먼지 속에 파묻혔을 때에 야훼는 모세를 보내시고 거기서 데리고 나오게 하셨다. 그러나 이스라엘은 기회가 생기자 자신의 백성에게 파라오처럼 행동하였고 야훼처럼 행동하지 않았다.

미가는 똑같이 강력하다. 그는 토라 이야기(범주 2a)를 전한 후에 하나님의 행동을 회상하면서 무엇을 배워야 하는지를 정확히 보여준다. 그것은 정의를 행하고, 자비를 사랑하고, 하나님과 겸손히 걷는 것이다(미 6:8). 이스라엘은 토라 이야기로부터 하나님과 겸손히 걷는 법을 알았어야만 했다. 하나님은 토라 이야기에서 그렇게 하는 법을 보여주셨기 때문이다. 하나님은 40년 동안이나 광야에서 백성들과 겸손히 걸으셨다.

호세아서에 있는 범주 4는 특별히 많은 것을 보여준다. 우리는 호세아에서 출애굽 이후부터 가나안 이전까지의 모든 광야 유랑시절은 이스라엘이 순종한 때였다는 인상을 강하게 받는다(호 2:14-15). 예레미야(2:2-4)는 호세아와 동의한 듯하지만, 호세아는 이스라엘의 죄가 요르단 강을 건넜을 때, 곧 땅을 선물로 받았을 때 시작되었다고 매우 구체적으로 말한다(호 9:10, 15; 11:12; 13:1-2, 4-6). 이스라엘이 현재 하나님께 어떻게 응답해야 하는지를 알기 위해서는 광야에서 하나님께 어떻게 응답하였는지를 돌아보아야 한다고 주장하는 것처럼 보이는 예언자는 이 두 사람뿐이다. 이와 대조적으로 다른 예언자들은 이스라엘이 땅을 선물로 받기 전부터 광야에서도 죄를 지었다고 말했다.

언뜻 보면 호세아와 예레미야의 견해는 말이 되지 않는 듯하다. 죄를 적합하게 정의하는 것이 지리적 위치에 달려 있다고 주장하는 것이 얼마나 순진한가. 그러나 좀 더 성찰해 보면 호세아의 관찰이 심오하다는 것을 알 수 있다. 호세아가 말한 것과는 반대로, 이스라엘이 후대와 마찬가지로 유랑 기간에도 불순종하고 혼동되고 죄가 많았다고 오경이 전하지만, 호세아의 논점은 여전히 중요하다. 이스라엘은 약속의 땅에 들어가 땅을 선물로 받았을 때 선물과 선물을 주신 이를 혼동하기 시작했고, 전자를 후자보다 더 사랑하기 시작했다. 아마도 이스라엘은 야훼가 일종의 광야 신(desert god)이라고 생각해서 곡식과 가축의 풍요다산을 확보하기 위해 가나안의 바알을 숭배하기 시작했을 것이다(호 2:8). 그러나 호세아는 이것 이상으로 이스라엘이 야훼를 어려울 때에 찾는 것 이외에는, 많은 면에서 야훼를 무시하기 시작했다고 보았다. 야훼는 이스라엘이 토라 이야기를 읊어서 알 만한 그 모든 길을 추구하기를 바랐지만 이스라엘은 그러지 않았다. 이스라엘은 토라의 길을 잊었다(호 4:6과 전반에 걸쳐 나옴). 성서에서 잊는다는 것은 기억한다는 것의 반대어다. 야훼의 길을 기억한다는 것은 토라 이야기를 정기적으로 암송하고 익힐 뿐만 아니라 그것을 청종하고 그것에 따라 사는 것을 의미한다. 야훼를 잊는다는 것은 창조 세력들의 혼돈과 그 혼돈의 신들에게 자신의 생명을 맡기는 것이다.

범주 5는 심판자인 하나님이 범주 4에서 열거하고 설명한 죄에 대해 예언자가 백성에게 선고를 내리는 것을 묘사한다. 다양한 범주를 살펴보면 여기서 가장 인상적인 결과를 볼 수 있다. 곧 예언자들이 차례로 반복해서 판결을 내리기 때문에 거기서 벗어날 수가 없다. 판결은 이스라엘과 유다를 완전히 파괴하는 것이다. 하나님이 예언자를 통해 백성을 그저 위협하시는 것이고 그래서 회개를 촉구하시는 것이라고 생각할 만한 선고도 좀 나온다. 즉 심판이 실제로 벌어지기 전에 먼저 법정에서 선고를 내림으로써 회개를 유도하기 위한 것이 틀림없다고 생각할 수도 있을 것이다.

그러나 예언서를 철저하게 읽으면, 그런 해석을 할 수 없다. 낭독한 심판은 철저했다. 중동 지방의 과장법을 고려한다고 해도 예언자들, 특히 이사야는 빗나간 이스라엘의 엄중한 구원과 변혁이라는 하나님의 심판을 어떻게든 피할 '의로운' 남은 자를 남겨두지 않았다. '백성'으로서의 이스라엘은 변혁되어야 했다. 국가의 모든 기관은 파괴될 것이었다. 아무도 피할 가능성이 없고, 순종을 했기 때문에 구원이 필요 없다고는 아무도 느끼지 못할 것이다. 전체 지배층(body politics)을 향한 하나님의 무서운 심판을 피할 수 있는 폭풍 대피용 지하실이나 방공호가 없고, 하나님으로부터 숨을 곳이 없다(사 2:12-22). 정경화 과정이라는 관점에서 볼 때 훗날 기억되고 다시 읽혀지고 아마도 주해가 붙고 포로기에 '업데이트'된 사람들은 바로 이들 과격한 예언자들이었을 것이다. 두 나라가 없어진 것에 대해 예언자들이 맞았기 때문이 아니라 오직 그들만이 바빌론의 전쟁포로 수용소에 있는 핍절한 백성에게 희망을 주었기 때문이다. 이 예언자들은 전쟁터에서 무슨 일이 일어날지 '예견'했을 뿐 아니라, 예언 메시지를 마음에 새기는 사람들에게 그 재난이 어떻게 희망의 문이 될 수 있는지를 보여주었다(호 2:15). 정경화 과정에서 '참 예언자'의 험악한 메시지는 재난에서 변혁으로 이끈 희망의 문이었다. (유대교 정경에서) 예언 문학의 위치를 열왕기하의 재난 이야기 바로 뒤에 자리매김한 것은 열다섯 개의 역사 이야기─대예언자 셋과 소예언자 열둘─를 앞에서 말한 바와 같이 신명기 29-32장이 분명히 제시한 변혁의 신학의 실례로서 보여주려는 것(to illustrate the theology of transformation)이었다. 이와 반대로, 포로기에 '거짓 예언자'의 메시지를 기억하는 것은 입 속의 흙과 같았을 것이다.

　예언자들은 하나님의 철저한 심판을 보여주기 위해 날카로운 이미지를 사용했다. 그들은 주님의 날을 선포했다. 대중들의 민족주의 신학에서는 주님의 날이 행복한 날이라고 (아마도 제의적인 연례 새해 축제와 연관해서) 이해했고, 거룩한 전쟁의 신 야훼께서 나타나서 더 강한 적군을 제압하고 이스라엘에게 승리를 안겨주실 것이라고 생각했다. 작은 이스라엘을 이끄시어 큰 군대를 이기게 하신다는 거룩한 전사(a holy-warrior)로서의 하나님 개념은 신명기 20:1-9에 잘 묘사되어 있다. 거룩한 전쟁으로 부르는 공식은 요엘 3:9-10에 기록되어 있다. "너희는 모든 민족에게 이렇게 선포하여라. '전쟁을 준비하여라! 용사들을 무장시켜라. 군인들을 모두 소집하여 진군을 개시하여라! 보습을 쳐서 칼을 만들고, 낫을 쳐서 창을 만들어라. 병약한 사람도 용사라고 외치고 나서라.'" 이런 개념은 큰 희망 없이 비참하게 사로잡힌 작은 백성에게 분명 위로와 용기가 되었을 것이다. 하나님은 지휘관이시고 불가항력적인 상황에서도 지지 않으셨다. 분명코 야훼의 날이 있을 것이라고 예언자들은 말했다. 그러나 그 날은 야훼의 백성에 대해 철저히 심판하는 날이 될 것이다. '거짓 예언자'는 상황에 비추어서 메시지를 조정하지 못했을 것이다. 거룩한 전쟁을 편안한 백성에게 선포하는 것은 완전히 거짓일 것이다. 편안한 사람들을 더욱 편안하게 만들어주는 거짓에 불과했기 때문이다.

　참 예언자는 대중적인 개념을 정면으로 맞받아친다. 목자가 양을 치다가 사자가 나타나면 양떼가 아닌 자신을 쫓아오게 만드는 것이 일반적인 양치기 기술이다. 아모스는 마치 이와 같을 것이라고 말한다. 그러나 이 경우에는 목자가 그렇게 하다가 곰을 만날 것이다

(5:19). 목자는 사자를 유인했지만 아마 막다른 곳에 갇히거나, 사자에게 쫓겨 막다른 곳에 갔는데 곰과 마주치게 된다! 바로 그 찰나에 목자는 사냥꾼의 오두막이 눈에 띈다. 살았다! 사자와 곰 사이의 덫을 피하기 위해 사냥꾼은 오두막으로 달려가고 얼른 문을 닫는다. 그가 지친 몸을 벽에 기대어 안도의 숨을 몰아쉬는데 아뿔사, 뱀이 웅크리고 있다가 그를 문다! 주님의 날에 암몬과 길르앗을 더 습격하려고 준비하는 군사 지휘관들은 전혀 기대하거나 믿을 데가 없다(암 6:13-14). 이사야는 하나님의 심판에서 피할 수가 없다는 것을 간명하게 표현한 시를 탁월하게 지었다.

> "그 날은 만군의 주님께서 준비하셨다. 모든 교만한 자와 거만한 자, 모든 오만한 자들이 낮아지는 날이다. 또 그 날은, 높이 치솟은 레바논의 모든 백향목과 바산의 모든 상수리나무와 모든 높은 산과 모든 솟아오른 언덕과 모든 높은 망대와 모든 튼튼한 성벽과 다시스의 모든 배와 탐스러운 모든 조각물이 다 낮아지는 날이다."(사 2:12-16)

다른 말로 하자면 하나님은 절대로 승리를 주지 않으실 뿐만 아니라 백성이 숨을 곳조차 없을 것이다. 하나님은 적군의 우두머리로서 백성을 공격하실 것이기 때문이다. 또는 아모스의 은유에 의하면, 하나님은 백성을 빠져나갈 길이 없는 막다른 덫에 걸리게 하실 것이다.

범주 6은 가장 잔인한 예언 메시지이다. 이것은 예언자가 심판의 목적을 말하는 구절이다. 범주 4가 백성의 죄를 열거하고 임박한 심판(곧 범주 5)의 이유를 제시하는 반면, 범주 6은 심판의 목적을 설명한다. 범주 4는 독자에게 '어떻게'를 말해준다면, 범주 6은 범주 5의 하나님의 심판에 대해 '무엇을 위해서'를 밝혀준다. 범주 6은 심판이 의도적이며 변혁을 위한 것이라고 설명하는 모든 구절이다. 예언자들은 수많은 은유를 사용하여 어떻게 고난이 징벌(punitive)이기도 하며 목적(purposive)이기도 한지를 설명한다. 가장 기본적인 것은 아마도 시련을 통한 단련, 곧 하나님의 단련의 한 형태를 교정을 목적으로 하는 벌이라고 보는 것이다. 그러나 트라우마, 고통, 상실의 빛에서 더 강한 은유가 나왔다. 그 중 하나는 정화(淨化, purgational)다. 이것은 예루살렘의 이사야가 좋아하는 말이다. 그는 침략군이 엄청난 홍수처럼 예루살렘을 휩쓸어 징벌하고 그 모든 거짓말과 잘못을 청소할 것이라고 묘사했다(사 8:7-8; 28:15-19). 이사야가 사용한 또 하나의 정화 은유는 불이 금에서 불순물을 녹여내는 은유이다(사 1:24-25).

이사야는 자신의 메시지에 대해 사람들이 반대하고 과거에 하나님이 보호해 주신 증거로 토라 이야기를 인용할 때, 즉각 하나님이 거룩한 전쟁을 일으키시곤 했다고 말함으로써 그들에 동의한다. 그러나 이번에는 하나님이 적군의 대장으로서 예루살렘을 공격하신다고 말한다(사 28:21). 이것은 아모스가 몇 십 년 전에 베델에서 설교한 것과 같은 논지이다(앞의 논의와 암 3:1-2를 보라). 아모스가 틀렸다는 것을 증명하려고 토라 이야기를 인용한 사람들은 반대로 토라가 바로 심판 메시지에 권위를 주는 근거라는 말을 들어야 했다. 하나님은 정말로 이스라엘을 백성으로 삼으셨지만 계속되는 용서(forgiveness)를 용인(approval)으로 오해할 때 하나님이 끊임없이 용서하실 의무는 없다. 그뿐만 아니라 예언자들은 외국 군대의 침입이라는 재난을 설명해야 했다.

예언자들이 미래에 겪을 역경의 목적을 설명하기 위해 사용한 은유 중 가장 예리한 것은 수술(surgery) 은유이다. 아픔은 하나님이 의

사(physician)로서 백성 전체에게 하시는 수술의 일부라고 설명된다. 절개를 덜 아프게 하는 마취는 없다. 아픔은 그 과정에서 따라오는 것이다. 백성이 선을 넘으려고 하고 스스로가 하나님과는 독립적이라고 생각하는 오래된 성향을 하나님은 수술하시며 치료하신다. 호세아는 이 점을 분명히 말했다. "주님께서 우리를 찢으셨으나 다시 싸매어 주시고, 우리에게 상처를 내셨으나 다시 아물게 하신다"(호 6:1). 예레미야는 특히 하나님이 위대한 의사라는 은유를 썼다. 예레미야는 자기 백성을 다치게 하는 분이 하나님이고, 이스라엘이 상상하는 그 어느 신도 치유할 수 없다고 주장한다. 그리고는 상처의 목적을 밝힌다. "진정 내가 너를 고쳐 주고, 네 상처를 치료하여 주겠다"(렘 30:17). 이것이 성서가 보여주는 유일신화 과정의 일부다. 백성을 다치게 한 바로 그 하나님이 치유하실 것이다. 예언서에서 질병, 상처, 종기, 채찍과 같은 은유는 하나님의 심판을 나타내는 것이지(범주 5) 때로 오해하듯이 백성의 죄(범주 4)를 나타내는 것이 아니다. 백성의 죄가 아니라 침략자 아시리아가 입힌 상처를 묘사하는 이사야 1:5-6과 미가 1:9이 고백 제의의 의미를 다시 부여하는 것을 깨닫는 것이 특히 중요하다. 정점을 이루는 본문인 고난받는 종(suffering servant)도 똑같이 중요한데 여기에 친숙한 표현, 곧 적이 입힌 상처를 하나님이 치유에 사용한다는 개념이 나온다. "그가 찔린 것은 우리의 허물 때문이고, 그가 상처를 받은 것은 우리의 악함 때문이다. 그가 징계를 받음으로써 우리가 평화를 누리고, 그가 매를 맞음으로써 우리의 병이 나았다"(사 53:5).

범주 6은 범주 2에 귀를 기울인다. 곧, 심판(범주 5)이 일어나고 징벌의 광야에서 나올 때 거기서 경험한 하나님의 현현(theophany)에 어떻게 응답할지를 (적어도 호세아와 예레미야에 의하면) 이스라엘은 알 것이다. 즉 이스라엘이 이집트에서 나와 시내 광야로 들어갈 당시의 젊었을 때의 헌신과 응답을 기억함으로써 어떻게 살아야 할 것인지를 알 것이라고 한다(호 2:14; 렘 31:1-2). 달리 말해서 범주 6은 하나님의 목적을 제시하고, 하나님은 심판을 통해 목적을 실행하신다는 것을 보여줄 뿐만 아니라 하나님의 이 심판/구원 행동에 대해 이스라엘이 어떻게 응답해야 하는지도 보여주었다.

무엇보다도 가장 중요한 것은 범주 6의 결과로서, 하나님의 심판이 하나님의 구원을 뜻할 수 있다는 예언자의 믿음이었다. 하나님의 심판 이외에 다른 구원은 없다(no salvation outside God's judgment). 백성에게 회개하라는 간청인 범주 3a는 개혁의 가능성을 나타내는데, 그 요청을 계속해야 하는 것이 예언자의 번민이었다. 예언자들은 변혁보다는 개혁을 선호했다. 그러나 예언자들은 사람들이 심판의 이유(범주 4)와 목적(범주 6)을 받아들일 것이라고 바랄 수 없었기 때문에, 심판이 빠진 회개는 정경에 들어온 예언서들에서 결국 버려졌다.

끝으로 범주 7은 예언자가 변혁된 이스라엘을 전망하는 모든 구절이다. 범주 5, 곧 심판은 욥이 고백한 것처럼 이스라엘도 "주신 분도 주님이시요, 가져 가신 분도 주님이시니, 주의 이름을 찬양할 뿐입니다"(욥 1:21; 2:10과 비교)라고 고백하게 하려는 것이었다. 그러나 범주 7은 하나님이 참으로 주신 분이시오, 이스라엘의 존재와 소유가 모두 하나님의 선물이라고 반드시 고백하게 만들 것이다. 이런 면에서 범주 7은 토라 이야기 구절인 범주 2와 어울린다. 하나님은 심판/구원을 통해 취하셨던 선물을 돌려주시는데 이제는 변혁된 상태의 선물이다. 범주 7의 예언자들이 분명히 말하지는 않았고 아마 당시에는 새 이스라엘이 어떤 형태를 취할지 몰랐겠지만, 이스라엘은 유대교로 다시 만들어질 것이다. 에스겔은 이스라엘과 유다가 하나가 되고 다윗 계열 왕이 다스릴 것이라고 기대하였다(겔 37:15-28). 포로기의 이사야는 새 이스라엘이 하나님께 종인 백성(servant people)이 되고, 백성 전체가 하나님의 새 다윗이 될 것이라고 생각했다(사 55:1-5). 예언자들은 사람들이 심판을 마음 깊이 새긴다면 하나님이 기쁘게 주시고 또 주실 거라고 굳게 믿었다(신명기 30장과 비교하라).

범주 7은 예언서들에서 새로운 광야 경험을 하고 백성이 치유를 받고 변혁된(범주 6) 후에 모든 것이 이전보다 더 크고 더 좋을 것이라고 말하는 모든 장엄한 시들을 포함한다. 호세아는 이것을 간결하게 푼다. "내가 거기에서 포도원을 그에게 되돌려 주고, 아골 평원이 희망의 문이 되게 할 것이다"(호 2:15). 예레미야도 그렇다. "처녀 이스라엘아, 내가 너를 일으켜 세우겠으니, 네가 다시 일어날 것이다"(렘 31:4). 하나님이 이삭이라는 선물을 아브라함의 빈 팔에 돌려주시듯이(창 22:12), 첫 번째 경우(범주 2)와 두 번째 경우(범주 7)에서 주시는 분은 참으로 하나님이시라고 범주 7이 모든 표현을 동원하여 강조한다. 이스라엘에게 맨 처음 '주셨던' 분이 이스라엘에게 다시 주실 것이다. 그러나 토기장이는 진흙을 다시 개어(렘 18:1-12) 다른 형태로 만드실 것이다. 실제로는 초기 유대교가 된다. 이 구절에서 '토기장이'(potter)라는 단어는 창세기에서 쓰인 '만드는 이'(creator)와 같은 단어이다(2:8; 애 4:2와 비교하라). 창세기 22장의 이야기(소위 '아케다')는 적절한 유비이다. 창세기 17-18장이 분명히 보여주듯이 이삭은 어머니 사라가 완경을 지낸 지 오래되었으므로 아이를 갖기에는 너무 늦은 부모에게 하나님이 주신 선물이었다. 아브라함은 외아들 이삭을 사랑하여 하나님의 선물이라는 사실을 잊었지만 곧 깨닫고는 아이를 기꺼이 바치고 하나님께 도로 드리려고 한 것처럼, 이스라엘도 이스라엘과 땅이 하나님의 선물이지 이스라엘의 소유가 아니라는 것을 힘들게 상기해야 했다.

    범주 7에는 아마도 예언의 가장 큰 불합리성이 들어 있는 듯하다. 예레미야와 에스겔은 하나님이 의사(physician)라는 은유를 사용하면서 변혁된 마음 또는 새로운 마음을 가진 이스라엘이라는 변혁된 이스라엘에 대해 말했다. 예레미야는 하나님이 집단 이스라엘의 마음에 직접 토라를 꿰매는 그런 심장수술에 대해 말한다(렘 24:7; 31:33). 에스겔 역시 하나님이 해묵은 돌 심장(old heart of stone)을 제거하고 살 심장(heart of flesh)으로 대체하는 심장이식에 대해 말한다(겔 36:26). 그러나 그런 희망은 결코 실현되지 않았다. 진정한 변혁은 고대 이스라엘과 유다의 잿더미로부터 초기 유대교가 탄생한 데서 생겨났다. 그러나 개인의 마음의 변혁은 결코 일어나지 않았다. 그것은 유대교나 기독교에서 희망으로 남아 있다. 이와 똑같은 불합리한 희망이 예수의 십자가와 부활이 인류를 변혁시킬 것이라는 신약성서에서 표현되고 있다. 그러나 그리스도가 인간의 본성에 변화를 가져온 것에 대한 다양한 표현들에도 불구하고 그런 일은 일어나지 않았다. 일부 개인이 모범적인 삶을 살았다고 말하는 것이 최대한 할 수 있는 말이다. 이스라엘의 기도 속에서 유대교는 이스라엘에 대한 하나님의 심판을 통해 세계가 축복받을 것이라(사 53장)는 희망을 여전히 표현한다. 그리고 기독교는 그리스도 안에서 하나님이 받은 고난을 통해 세계가 축복받을 것이라는 희망을 표현한다.

    유대교나 기독교의 성서일과(lectionaries)에서는 예언자들의 메시지가 가진 온전한 힘이 표현되지 못한다. 성서일과는 각 종교에는 성서 전체 범위를 제시하고, 또 다양한 교단을 통합하여 세계에서 하나로 연합하는 데 유용하다. 좌익 개혁파 (소위 보수적인) 교회는 설교할 본문을 자유롭게 선택하도록 설교자에게 맡기는 것이 전형적이다. 이론적으로는 그렇게 할 때 성령의 인도를 받는다고 한다. 그러나 성서 일과는 전 세계의 교회나 전 세계의 유대교가 상호 연결되고 온전하다는 것을 확정하는 데 필수적인 도구이다. 유대교는 전체 토라(창세기부터 신명기까지)를 읽을 때, 해마다 창조로 시작해서 요르단 강 동편에서 모세의 죽음으로 끝나는 이야기를 강조한다. 반면에 기독교는 전형적으로 성서 이야기를 잘라 기독교 교회력에 맞추었다. 그러나 둘 다 전체 예언 메시지가 주는 충격을 담보하지 못한다. 기독교 성서 일과는 그리스도의 도래를 예언했다고 믿는 구절들을 예언서에서 추정해낸다. 그리고 유대교 성서일과는 예언문학을 읽는 전통적인 하프타라(haftarah) 본문 읽기 방식을 따라, 희망과 회복을 말하는 범주 7의 구절을 일반적으로 추정해낸다. 그러나 이것은 신실한 유대인으로 하여금 세 부분으로 된 타낙(Tanak) 속에서 예언서가 어떻게 잘 배열되어 있는가를 보지 못하게 하는 것이다. 곧 타낙에서 예언서는 열왕기에서 예루살렘의 파괴 이야기가 끝난 직후에 뒤따라 나와서, 한 분 하나님의 손이 역경을 사용하시는 것을 보여준다. 그러나 기독교의 예전에서는 예언자들의 심판이 부끄럽게도 기독교인들이 자신의 죄와 우상을 상기하는 데 사용되지 않고, 하나님이 유대교를 거부하셨고 또한 교회가 이스라엘의 진정한 후예라고 주장하는 데 전형적으로 사용된다. 각 종교의 성서일과는 하나님의 힘으로 구속하지 못할 역경이 없다는 예언자들의 전체 메시지를 일반적으로 불명료하게 만들고, 오늘날 종교개혁 좌파 설교자들은 자신을 감동시키는 성서 본문을 선택하기 때문에 예언서의 전체 메시지가 주는 충격을 파괴한다.

    예언자들이 심판을 통해 그리고 그 심판 안에 있는 희망에 관해 표현한 급진적인 요점은 인간의 삶을 통제하고 관리하려는 인간의 모든 노력을 초월하는 힘이 있다는 점이다. 주시는 분이신 하나님을 믿는 것은 예언자들이 백성에게 행하고 말한 모든 것의 기저에 놓여 있다. 이 믿음 때문에 예언자들은, 듣기에는 너무 끔찍하지만 꼭 말을 해야 했다. 즉 처음에 이스라엘에게 주셨던(이집트의 노예살이로부터 만들어내신) 하나님은 그 선물을 다시 주실 수 있고 주실 것이다. 백성들은 이 말을 듣고 싶지 않았고 '좋으신 하나님'이 구해주실 것이라고 믿었지만, 가장 이해하기 어려웠던 것은 하나님이 이스라엘을 파괴하실 수 있다는 예언자들의 주장이 아니었다. 그들은 신들의 폭발적인 진노에 대해 알았을 것이다. 그리고 고대 여행자들이 볼 수 있을 만큼 고대 도시들의 폐허가 남아 있던 이유는(렘 7:12 참조) 그 불운한 도시들의 신들이 그 시민들에게 화가 났기 때문이라고 히타이트 사람들이 믿었다는 것을 알았을 것이다. 그들은 '그들의 하나님'이 그렇게 하지 않으리라고 정말로 믿었지만, 그런 일이 일어났다는 것을 알았다.

 이것은 고대 이스라엘 사람들이 예언자들이 그런 식으로 말하는 것을 듣고 싶어 했다는 뜻이 아니다. 이와는 반대로, 그 당시와 지금의 대부분의 사람들처럼, 이스라엘 사람들이 발전시킨 신학은 결국 하나님을 길들여진 분으로 보고, 하나님을 '기억'하거나 예배하는 사람들의 이익과 평판을 지켜주며 그들이 번영하게 해줄 의무가 있다고 보는 신학이었다. 예레미야의 친구들은 야훼께서 오래 전에 실로에서 하신 일을 예레미야가 상기시켜 주는 것이 달갑지 않았다. 실로는 엘리의 성소로서 모든 사람이 보도록 폐허가 된 채 남아 있었다. 하나님의 섭리에 대한 어떤 교리는 하나님을 길들이고, 하나님이 창조하신 것을 보존하는 것이 하나님의 본성이라고 주장하기 위한 노력에 불과하다. 섭리 교리는 민족주의적인 제례의 중심에 놓여 있고, 또한 신학 저술들 가운데 가장 선동적이고 영감을 주는 부분은 선택된 민족을 향한 하나님의 사랑과 은혜를 상술하는 부분이다.

대중 신학은 어느 시대든 백성에게 주신 제도를 유지하는 하나님의 힘을 강조한다. 이것은 고대 이스라엘에서도 그랬다. 우리가 살펴본 바와 같이 유다 왕국의 다윗 신학 또는 왕궁신학(royal theology)은 무슨 일이 생겨도 항상 다윗 왕조가 존재하도록 하나님이 특별한 약속을 주셨다고 말할 정도였다. 때때로 하나님의 징벌과 심판을 거칠게 경험하겠지만 항상 살아남을 것이다(삼하 7:14-16). '참 예언자들'이 왕궁신학의 일부를 비난했다고 해서 왕궁신학을 나쁘다고 보아서는 안 된다. 그 보다는 신학적인 차이점이 어디에 있는가를 이해해야 한다. 예루살렘의 예언자 이사야는 왕궁신학자들에게 큰 영향을 주었다. 이사야는 첫째 경전의 심판 예언자였고, 자신의 메시지의 근거로 삼은 고대의 권위 있는 전통(범주 2a)은 모세 이야기가 아니라 다윗 전승이었다(사 1:21-27; 5:1-2; 28:16-17; 29: 1 이하). 그러나 이사야는 예루살렘을 하나님의 손에 의한 역경이 닿을 수 없는 거룩한 도성으로 볼 정도로 극단에 다다른 예루살렘의 신학자들과 갈라섰다. 이것이 바로 고대 이스라엘의 예언 운동을 철저히 구별한 지점이었다. 하나님은 참으로 주시는 분이요 유지하시는 분(sustainer)이다. 그러나 하나님은 철저하고도 궁극적으로 창조하고 재창조하고, 마음대로 찢고 세우는 분이시다. 하나님은 인간 경험에서 상승과 몰락 둘 다의 하나님이시다(삼상 2:5-8; 눅 1:50-53).

예언자들이 파멸의 메시지를 유포하고 하나님의 자유로운 의지를 강조해서 인기를 잃었기 때문에 사람들이 그들을 믿지 않고 듣기 싫어한 것이 아니었다. 예레미야는 인기 있는 예언자인 하나냐와 논쟁하면서, 저주를 예언하는 예언자들이 현재 모든 어려움을 겪는 반면, 번영을 예언하는 예언자들은 예언이 맞는지 기다려 보자는 식이라고 지적하며 아주 오래된 전통을 인용하였다(렘 28:8-9). 이 전통은 정확히 팔레스타인이 세 대륙, 곧 아시아, 아프리카, 유럽 사이의 육로라는 사실에서 나왔고, 전 지역의 대상(隊商) 교차로는 그 지역에서 부상하는 세력에게는 전리품이 되었다. 분명히 예레미야의 저주 메시지는 그를 인기 없게 만들었다. 그는 하나님을 길들이려고 한 공식 신학에 도전했기 때문에 두 번이나 재판을 받았고 자주 옥에 갇혔다.

그러나 정말 믿을 수 없는 것은 심판 안에 있는, 또한 심판을 통한 희망의 메시지였다. 그리고 오늘날도 여전히 믿을 수 없는 메시지라서 그 핵심을 놓치는 주석들이 있다. 사람들은 파멸의 메시지를 들을(hear) 수 있었고 좋아하지 않았다. 그러나 그들이 이해할 수 없었던 것은 그 파멸 속에 이스라엘의 진정한 희망이 있다는 점이었다. 범주 6, 곧 심판 속에 있는 희망에 대한 예언자의 메시지는 사람들에게 말이 되지 않았다. 여전히 집이 있고 안전해 보이는 상황이었기 때문이다. 여기서 예언자는 하나님이 주시는 분(Giver)이며 절대적인 자유로 다시 주시는 분이라는 것을 교리가 분명히 말할 수 있었던 것 이상으로 확실하게 표현하였다. 달리 말해서, 예언자들이 하나님의 자유를 너무 강조한 나머지 그들의 섭리의 교리는 그저 하나님을 창조주와 주시는 분으로 보는 그들의 관점을 상술한 것이었다. 다시 말해서 그들은 어떤 식으로든 하나님의 자유를 제한하는 섭리 교리는 모두 거부하였다.

공식적인 섭리 교리는 가장 나쁘게 말하자면 어떻게 하나님을 조종하거나 통제할 것인지에 대한 규칙들로 변질되었다. 사람들이 하나님을 충분히 즐겁게 하면, 하나님은 그들이 가장 좋아하는 것을 해주실 것이다. 적절한 복종, 성전에서의 많은 희생 제사, 가끔씩 약간의 개혁은 모든 것을 원활하게 할 것이다. 그리고 하나님은 스스로에게 무엇이 좋은지 아신다. 하나님은 당신을 위해 행하는 우리의 노력을 존중해주실 것이다. 결국 하나님은 천상회의에서 유일한 신이 아니기 때문에 평판을 관리하셔야 한다. 이것은 고대 유다에서 공식적 섭리 신학의 풍자일 수 있다. 그러나 이것은 이스라엘의 진정한 희망이 이스라엘에 대한 하나님의 심판 속에 있고 또한 현재 제도들의 몰락 속에 있다는 예언자의 메시지를 듣는 것이 백성에게 얼마나 어려웠는지를 보여준다. 모든 다른 성서적 의미와 마찬가지로, 현재의 독자는 나라를 더 잘 재건하기 위해서는 파괴하는 것이 좋다고 주장하는 그런 가르침에 대해 도덕화하지 말아야 한다. 그것은 좋은 신학이 아니라 인간의 오만이다.

예언자들은 성서가 묘사하는 유일신화 과정의 주요 세력이었다. 하나님께서 변혁을 일으키시는 자유를 예언자들이 거칠게 강조한 것은 하나님이 기원전 6세기의 혹독한 시련 속에서 백성을 새로운 공동체로 다시 만드실 만큼 백성으로부터 충분히 자유로우시다는 것을 보여주었다. 또한 이 새 공동체의 구성원들은 하나님께서 섭리 가운데 주시는 모든 제도로부터 스스로를 자유롭게 할 수 있었다. 정경에 들어오게 된 예언서들에 따르면, 백성의 진짜 희망이자 유일한 희망은 맨 처음에 그들을 존재하게 해주셨고 또한 다시 그들을 존재하게 해주시는 하나님이다. 보통 사람들이 생각할 때 희망이란 자신이 원하는 방식으로 이루어지는 것이다. 그리고 보통 사람들은 그런 식으로 이루어주는 신을 믿는다. 보통 사람들에게는 하나님이 무엇을 행해야 하는가는 질문이 될 수 없다. 그것은 명백하게 하나님은 우리가 하나님께서 옳다고 생각하는 것을 하셔야만 하기 때문이다. 우리는 그저 신뢰하고 복종하고 하나님이 하셔야 할 일을 기도 속에서 말하면 된다. 그리고 많은 희생제물을 드려 하나님을 제 자리에 있도록 유인하면 된다. 이런 믿음은 모든 심판 예언자들이 비난한 것이다. 점잖으신 하나님이 우리에게 새 생명을 주시기 위해서 우리가 죽기를 바라시거나 또 새 제도들을 주시기 위해 옛 제도들을 없애기를 바라신다고는 멀쩡한 사람은 절대 믿지 못할 것이다. 많은 사람들이 생각하는 기도란 우리가 옳다고 생각하는 식으로 만들어주실 것을 하나님께 말하는 것이다. 그러나 현명한 표현이 말하듯이, 응답받지 못한 기도보다 응답받은 기도에는 더 많은 눈물을 쏟아낸 것이다.

고대 이스라엘의 소위 거짓 예언자들의 신학에 대한 최근 연구에 의하면, 그들의 섭리 교리는 심판 예언자들 또는 소위 참 예언자들처럼 고대 토라 전통에 굳게 기반을 두고 있었다. 오늘날 우리는 예언자들을 연구할 때 당시 참 예언자들은 괴짜, 미치광이, 망상에 빠진 것으로 여겨진 반면, 거짓 예언자들은 신앙과 희망의 기둥으로 여겨졌다는 것을 기억해야 한다(렘 29:24-28). 소위 거짓 예언자들은 개인적으로 신실했을 뿐만 아니라, 그들은 토라 이야기를 정확하게 해석하고 있지만, 이사야와 예레미야를 비롯한 다른 예언자들은 잘못 해석하고 있다고 깊이 믿었다. 우리는 거짓 예언자들이 당시 나쁜 사람들이었다고 보아서는 안 된다. 이와는 반대로 우리가 당시에 살았다면, 우리는 보통의 합리적인 사람들로서 대부분의 당시 사람들과 똑같이 그들을 보았을 것이고, 그들과 함께 (참 예언자들에 대해) 격렬하게 폭력을 행사했을 것이다. 나사렛 사람들이 예수가 위로해줄 것이라고 생각했지만, 그러지 않자 그를 죽이려고 했던 것처럼 말이다. 그러나 그들과 반대로 예수는 감히 그들이 좋아하는 구절을 가지고(사 61장) 하나님이 이스라엘 밖의 사람들을 축복하시고(왕하 17장과 왕하 5장을 인용하여), 원수조차도 축복하신다고 설교했다(눅 4:16-30).

해석학적 순환(The Hermeneutic Circle)

항상 그렇듯이 본문을 읽는다는 것은 해석의 문제이다.

해석(hermeneutics)을 뜻하는 '헤르메네이아'(*hermeneia*)는 그리스어로 '이해'를 뜻한다. 성서 본문에 접근하는 사람은 누구나 본문이 무엇인지에 대해 어느 정도 사전(prior) 이해를 갖고 있다. 성서의 경우, 오늘날 성서에 관심을 가진 대부분의 사람들은 유대교든 기독교든 신앙공동체에서 성서를 접한다. 그리고 이미 강조한 바와 같이 진지한 독자는 신앙공동체가 소개한 이해를 한쪽에 제쳐놓고 본문을 비평적으로 읽으려고 시도해야 한다. 여기서 '비평적으로'는 성서에 대해 비판적이라는 말이 아니다. 본문에 대해서 우리가 갖고 있는 사전 이해에 대해 비판적으로 인식하고 또한 본문을 원래의 역사적 맥락에서 이해하려고 해야 한다는 뜻이다. 그렇다면 신학적인 질문은 이것이다. "하나님은 모세나 예레미야나 사도들을 통해 이스라엘에게 (당시에 우리에게) 무엇이라고 말씀하시고 계셨는가?" 성서를 직접 우리 시대를 위한 '성서의 예언'(휴거나 천년왕국 같은)으로 읽는 것 또는 일종의 성서 암호로 읽는 것은 성서를 오용하는 것이며, 또한 예언자들과 사도들의 경험과 당시 그들이 애써 노력한 것을 훼손하는 것이다.

실제로 예언자들 또는 그 어느 성서 저자도 권위로 삼은 토라 이야기에 대한 사전(prior) 이해를 가졌으며, 그 사전 이해를 통해 백성을 위해서 토라 이야기를 상황에 적용했다. 본문을 비평적으로 주석하거나 읽는다는 것은 하나님에 관한 예언자의 관점을 분별하는 것을 뜻하지, 이전의 전통을 분별하는 것을 뜻하지 않는다. 우리가 참 예언자라고 부르는 이들이나 거짓 예언자라고 부르는 이들은 같은 토라 전통을 인용했다. 그들은 과거에 이스라엘을 창조하고 인도하신 하나님의 은혜로우신 행동에 대해 똑같은 '복음 이야기'(gospel story)를 가졌다. 차이가 있다면 거짓 예언자들은 하나님이 백성에게 주신 약속에 매여 있고 백성을 돌볼 의무가 있다는 당시 거의 보편적이고 편만한 해석에 따라 전통을 해석했다는 것이다. 그들의 사전 이해는 하나님이 국가 또는 부족의 신이라는 것이었다. 그들의 전쟁신은 그들이 얼마나 편안히 살고 또한 얼마나 죄를 지었든지 간에 그들을 위해 싸울 것이다(신 20장). 그들은 전통이 이스라엘과 이스라엘의 제도들의 연속성을 뒷받침한다고 굳게 믿었다. 그들은 하나님이 자신들을 필요로 하신다고 굳게 믿었다.

이와는 반대로 참 예언자들은 전통을 해석하면서 하나님이 이스라엘과 이스라엘의 제도들을 심판하거나 구원하실 때 더욱 자유로운 분이고, 심판에서든 구원에서든 하나님을 점차적으로 국제적인 분이라고 이해하였다. 왜 '점차적으로'인가? 성서는 유일신화의 문서(monotheizing literature)다. 정말로 유일신적이지는 않다. 절대 그렇지 않다. 그러나 성서를 비평적으로 읽는 것은, 다시 말해서 성서를, 특히 토라를 성서 형성사의 빛에서 읽는 것은 실상 하나님을 이해하는 데서 다신교에서 유일신교로 이행하는 과정을 묘사하는 일이다. 야훼는 분명히 지역 신(local deity)의 이름으로, 아마도 시내산에 있던 폭풍신(a storm god)의 이름으로 시작했을 것이다. 이 과정은 지역 신에 대한 부족의 관점으로부터, 초기 시절에 이스라엘의 지파동맹에서 국가 신(a national god)이 필요하게 되어 지파들의 관점이 융합하는 것으로 바뀌었을 것이다. 당시에 그렇게 한 동기는 아마도 본질상 정치적인 것, 곧 지파들이 협동할 필요가 있었기 때문이었을 것이다. (신 중심적 관점으로는 그것이 이상하지 않았을 것이다. 곧 하나님은 사람들의 생각을 다시 형성하기 위해 사람들의 사회적이며 정치적인 욕구들을 사용하셨고 사용하신다.)

학자들은 예언자들이 국제적 지혜를 구체적으로 야훼에 관한 이스라엘의 전통과 결합했다고 주장해왔다. 이 운동은 세 단계, 즉 다신교(polytheism)-택일신교(henotheism)-유일신교(monotheism)라는 세 단계로 일어났다는 것이다. 우리가 지금 아는 것에 덧붙여 최신 정보가 생기면 그런 관점에 대해 더 말해야 할 것이다. 성서 초기의 많은 층(layers)은 순전히 다신교적이다. 그리스인들과 로마인들에게는 만신전(pantheon of gods)이 있었다. 네로는 모든 신들이 한 신전에 모여 자신의 지역과 정책을 지지한다고 주장하기 위해 로마에 만신전을 지었다. 다신교란 한 무리의 신이 인간의 사랑을 받으려고 서로 경쟁하고 질투하고 화를 내며 서로 싸우고 또한 종종 인간을 볼모나 노리개 취급을 하는 것을 의미한다.

다신교는 보통 인간의 삶에서 이해할 수 없는 많은 것을 설명하는 데 도움이 된다. 다신교는 한 분 하나님을 믿는(다고 생각한) 사람들이 다루어야 하는 신정론(theodicy)이라는 큰 문제, 곧 어떻게 선한 신이 악을 허락하는가 하는 문제를 회피했다. 다신교는 이 질문을 주머니 속에 넣어두고 있었다! 다신교에는 악을 설명하기 위해 시험하는 사탄이나 교활한 악마가 필요 없다. 신들 사이의 질투, 경쟁, 대항은 악의 존재를 아주 잘 설명했다. 오늘날 다신교가 여전히 대중 기독교 사상 속에서 상당히 많이, 그리고 유대교 사상 속에서 적지 않게 만연한 데서 볼 수 있듯이 다신교를 버리는 것은 어렵다. 무슬림의 신은 악한 반면에 기독교의 신은 선하다는 최근의 외침은 계급 다신교(a rank polytheism)이다. 오늘날 유일신교를 믿는다고 고백하는 대부분의 사람들은 그것을 택일신교의 방식으로 해석한다. 우리 하나님이 참 하나님이라는 것이다. 각 종교는 하나님에 관한 자기네 관점이 옳다고 말하고 생각한다. 이 또한 다신교이다. 이것은 성서의 기본적인 교의, 즉 하나님은 불가해하다는 가르침에 위배된다. 하나님을 올바로 이해하고 있다고 말하는 사람은 다신교적이다. 각 종교에는 하나의 신이 있는데 우리 신이 참 신이라는 식이기 때문이다. 이것은 하나님의 이름을 헛되이 부르는 것을 금하는 네 번째 계명을 범하는 것이다(출 20:7; 신 5:11). 하나님에 관한 특정한 관점을 지지하기 위해서 모든 신 중 한 분 하나님의 권위를 주장하는 것은 그 이름을 헛되이 부르는 것이다. 예언자들은 우상과 싸우면서 이스라엘과 하나님 사이에 종종 거리를 두려고 했다. 그리고 포로기 이전의 심판 예언자 중 마지막 예언자인 예레미야는 이 점을 간명하게 표현한다. "내가 가까운 곳의 하나님이며, 먼 곳의 하나님은 아닌 줄 아느냐? 나 주의 말이다"(렘 23:23). 먼 곳의 하나님? 이것은 받아들이기 어렵다. 예레미야가 처음 포로로 잡혀간 사람들에게 다음과 같은 조언을 적은 편지를 사람들이 받아들이기 어려웠던 것처럼 말이다. "너희는, 내가 사로잡혀 가게 한 그 성읍이 평안을 누리도록 노력하고, 그 성읍이 번영하도록 나 주에게 기도하여라. 그 성읍이 평안해야, 너희도 평안할 것이기 때문이다"(렘 29:7). 포로로 잡혀간 사람들은 예레미야가 머물던 예루살렘에 남은 사람들에게 그를 체포하여 그러한 '불경'(blasphemy)을 저지른 것에 대해 차꼬를 채우라고 요구했다.

불경은 흔히 백성과 지도자들이 생각한 것보다 하나님이 크시다고 주장한 예언자들에 대한 죄명이었다. 예언자들의 가장 일관성 있는 메시지 중 하나는 하나님이 신학의 상자 안에 갇힐 수 없다는 것이었다. 인간이 하나님을 길들였다고 생각하는 것이 하나님의 이름을 헛되이 부르는 것이다. 그러나 사람들은 예언자들의 관점에 너무 놀라서 그것을 불경이라고 불렀다. 아마도 예수도 비슷한 이유로 같은 죄목을 얻은 듯하다(눅 4:28-29). 불경의 진정한 정의는 그 반대이다. 즉 하나님을 어떤 신조나 사고방식 속에 가두어 놓는 것이 불경이다. 예레미야가 보여주었듯이 유일신화 과정은 때로 개인적으로 경험하는 고통스런 일이었다.

이 과정은 예언자 시대 이후 거의 2500년 후에도 끝나지 않았다. 초대교회의 역사가들은 기독교가 생겨난 후 처음 400년 동안에 기독교의 여러 양태 안에서, 바울, 베드로, 야고보, 유대주의자들 또는 헬라주의자들 어느 누구의 전통 안에서든, 모두 두 가지 교의에 동의했는데 그것은 유일신교(monotheism)와 대체론(supersessionism)이었다고 말한다. 다시 말해서 모든 초기 기독교인은 한 분 하나님을 믿었고 이 한 분 하나님이 고대 이스라엘을 계승하도록 랍비 유대교가 아니라 그리스도의 교회를 선택하셨다고 믿었다. 모든 기독교인 집단이 두 경전이 들어 있는 성서를 가진 주된 이유는 모든 기독교 계통 집단이 기독교 성서 안에 첫째 경전을 마르시온(Marcion)과 같은 사람들이 한 것처럼 폐기하지 않고 간직했기 때문이다. 초기 기독교인들이 첫째 경전을 간직하지 않았다면 그 두 가지를 잃었을 것이다. 이것은 아마도 모든 기독교 교리 중에서 어느 기독교 집단이나 세대에 설명하기가 가장 어려운 교리인 삼위일체를 신학적으로 '삼위일체의 하나님'(a triune God)으로 설명해야 했던 주요 이유였다. 평신도들은 서구 기독교의 서열 개인주의 때문에 하늘에 세 분의 신이 있고 지상의 해악을 다루는 네 번째의 신 악마가 있다는 생각에 빠지게 되므로 계속 교육을 시키는 것이 아주 중요했다. 유대교에도 비슷한 문제가 있다. 유대인에게는 '야훼 우리의 하나님'(야훼 엘로헤누)과 같은 표현이 유대인의 하나님을 뜻하는 것으로 받아들이는데, 세상은 정말로 그 하나님을 이해하지 못한다. 유대교 기도들은 유대인의 하나님 또는 이스라엘의 하나님으로서의 하나님에게 초점을 둔다. "오 야훼, 신들 가운데서 당신과 같은 분이 어디에 있겠습니까?"(출 15:11. 많은 기도에 이 표현이 나온다.) 이 말은 많은 유대인들에게는 기독교나 무슬림의 하나님과 대비해서 자신들의 하나님이라는 뜻이다. 그리고 무슬림은 자신들만이 순수한 '유일신교'를 갖고 있다고 생각하고, 기독교나 유대교의 하나님과 대비해서 알라가 참 하나님이라고 생각한다. 아니다. 유일신교는 인간의 경험 속에서 아직 성취되지 않았다. 이것은 인간이 씨름해야 하는 가장 어려운 개념일 것이다. 그러나 성서가 시작한 유일신화 과정이, 우리 모두에게도 아프고 혼란스런 일이 되겠지만, 재개될 수 있다는 희망이 있다. 유일신론은 인간의 가장 탁월한 사고에 도전하며, 또한 악의 문제를 통렬한 방식으로 제기한다.

소위 거짓 예언자를 포함하는 공식 신학자들, 현자들, 사제들은 이스라엘을 이집트 노예살이에서 데리고 나오시고 광야를 지나는 동안 인도하시고 약속의 땅을 주신 하나님께서 그 땅에서도 그들이 잘 지내게 해주실 것이라고 굳게 믿었다. 그들에게 이것은 선택하신 백성을 지켜주시는 하나님의 힘을 믿는 신앙이 충분한가의 문제였을 것이다. 이스라엘을 만드실 만큼 강하신 하나님은 또한 지켜주실 만큼 강하시다. 하나님은 졸지도 않고 주무시지도 않고 참으로 계약을 지키는 분이시다. 우리는 거짓 예언자들이 악한 사람들이거나 망상에 빠져 있었다고 여기는 것으로는 성서의 거짓 예언 현상을 이해할 수 없다. 성서에 기록된 그들의 메시지는 때로 우리가 가진 최고의 사상과도 같다.

이와는 대조적으로 심판 예언자들은 이스라엘을 이집트 노예살이에서 데리고 나오시고 광야를 지나는 동안 인도하시고 약속의 땅을 주신 하나님이 이스라엘을 그 땅 밖으로 나오게도 하신다고 믿었다.

당시와 이후에 그들의 메시지는 검토되고 반복되고 재인용되면서 유일신화 과정은 물론 정경 과정의 주요 단계가 되었다. 심판 예언자들이 당시에 백성에게 도전한 것은, 이집트에서 그들을 데리고 나오신 하나님이 그들의 죄에 대한 벌을 주어 정의를 실천하고 또 그들을 새로운 무엇인가로 변화시키기 위해서 팔레스타인 밖으로 (포로로) 끌고 나가실 수도 있다는 것을 정말로 믿으라는 것이었다. 이스라엘은 본질적으로 불성실하고 참되지 않고 누릴 자격이 없었다. 그러나 하나님은 약속에 성실하시고 참되셨다. 이스라엘은 존재하겠지만, 주시는 분이신 하나님과 하나님이 주신 땅을 포함해서 여러 선물 사이를 분별할 줄 아는 변혁된 이스라엘이 존재할 것이다(사 1:27).

달리 말해서 심판 예언자들은 한 분 하나님과 자유를 너무 강조해서 범주 6과 범주 7, 곧 변혁과 회복, 심판 속의 희망을 선포하게 되었다. 애초에 이스라엘을 주신 하나님이 다시 이스라엘을 주실 것이라고 확신했기 때문이다. 이삭을 사라의 불임 자궁 속에 주신 하나님(창 17-18장)이 제단 옆의 이삭을 대신 아버지의 품에 안겨주실 수 있었고 그렇게 하셨다(창 22장). 심판과 다시 주시는 것은 예측 불허한 역사의 변천 속에 일어나는 일반적인 몰락과 상승이 아니었고, 진짜 십자가 부활 경험(겔 36-37장) 또는 변혁이었다. 새로운 이스라엘은 자신이 갖게 될 모든 제도, 또한 하나님이 은혜 가운데 주실 모든 제도에 매이지 않고 자유로울 정도로 하나님의 절대적인 자유에 의식적으로 참여함으로써 더욱 가까이 하나님의 이미지를 반영할 것이다.

우리는 예언자들이 불연속성이라는 가치의 선구자였다고만 생각해서는 안 된다. 그렇게 하면 인간 역사 속에 있는 종말 예언자들이나 자기 집단 사람들만 '들려 올라간다'(rapture)고 설교하는 휴거 신봉자들과 별반 차이가 없게 만드는 것이다. 거짓 예언자들과 참 예언자들을 대조할 때 전자는 연속성을 강조하고 후자는 불연속성을 강조한다고 한다. 이것 또한 요점을 놓치는 것이다. 이들 간의 차이는 하나님에 관한 관점의 차이, 곧 당시 토라 이야기를 다시 읽을 때 해석의 문제였고, 또한 하나님이 당시에 무엇을 하고 계신가의 문제였다. 참 예언자들은 연속성과 불연속성이라는 질문을 넘어서 그 질문 배후에 있었다. 예언자들이 이스라엘에 대해 가진 예리한 질문은 그들이 하나님의 선물 없이 광야로 다시 쫓겨나게 될 때(범주 5) 하나님의 절대 주권과 자유를 확언할 수 있을 것인가, 뿐만 아니라 궁핍을 경험한 후에 새롭게 된 선물(범주 7) 가운데서 하나님의 절대 주권과 자유를 확언할 수 있을 것인가 하는 질문이기도 했다. 흩어지고 순례하는 백성조차 모종의 제도를 가지고 움직인다. 요점은 그들이 어떤 미래를 갖게 되든지 주시는 분과 선물 사이를 구별할 수 있으리라는 것이다. 새로운 종류의 이스라엘(범주 7), 곧 유대교로 회복되고 재정비되지만 지도자들과 백성은 마음의 변혁(범주 6)이 일어나지 않으면 쉽게 다시 죄를 짓기 시작할 것이다.

참 이스라엘은 심판을 받고 구원을 받은 '야훼를 아는' 공동체이고, 그 목적과 사명은 인간의 진정한 희망이 모든 인간의 노력을 초월하는 힘에 달려 있다는 것을 다른 이들에게 알려주는 것이다. 하버드 대학교 교수였던 고 스티븐 제이 굴드(Stephen Jay Gould)와 같은 현대의 일부 과학자들은 창조의 목적을 부인하고, '우연'(chance) 또는 '운'(fortune)을 주장한다. 그들은 '행운의 여신'의 성소 앞에 실상 무릎을 꿇는 것이지만 개의치 않는 듯하다. 참 예언자들에게는 이런 초월적인 힘이 역사 안에서 그리고 역사를 통해서 인간을 혼돈과 우연의 절망, 또는 다신교로부터 자유롭게 하기 위해 일한다. 그리고 하나님의 선물을 하나님으로 만드는 일과 거짓 주장, 약속, 애정, 변덕에 굴복하는 것으로부터 자유롭게 하기 위해 일한다. 예레미야는 마음에 할례를 행하라고 사람들에게 호소했다(범주 3 - 백성에게 호소; 렘 4:4). 그래서 모세도 신명기 설교에서 마음에 할례를 행하고 더 이상 고집을 부리지 말라고 백성에게 호소했다(신 10:16). 그러나 신명기 29-32장에 있는 신학 요약은 바빌론 포로 중에 기록되었는데, 하나님께서 역경을 통하여 그들과 자손의 마음에 할례를 행하실 것이라고 한다. 그래서 그들이 온 마음과 영혼을 다해 하나님을 사랑할 것이고 한 백성으로 살 것이다(신 30:8). 하나님이 행하시는 수술은 그 어떤 예언 설교도 하지 못한 결과를 낳을 것이다. 예언자들이 역경 속에 있는 하나님의 의도를 주장한 것은 쉐마(Shema)와 공명한다. 참 이스라엘의 정의(定義)가 온 마음과 영혼과 모든 소유 또는 '힘'을 다해 하나님을 사랑하는 백성이라는 것을 확언하는 것을 볼 때 그러하다. 심판과 구원이라는 두 가지 목적을 가진 역경은 참으로 하나님의 백성이 될 그런 백성을 낳을 것이다.

기원전 6세기에 나라가 망하기 수 세기 전에 이미 정경 예언자들은 이처럼 고통스럽고 이상한 생각을 했고 백성에게 예언했다. 그랬기 때문에 이 예언을 아는 사람들이 있었고, 그들은 맨 처음 그들을 지으신 하나님이 그들을 고쳐 만들고 계신다는 것(합 1:11-12)을 역경 속에서 확언할 수 있는 (옛 토라 전통에 직접 기초하여 포로 이전에 준비된) 남은 자들(remnants)이었다. '앗아가시는 것'은 새 이스라엘이 새롭게 창조되는 것이었고, 새 이스라엘의 생각 과정은 토라의 생각일 것이고(렘 31:31-34), 그 마음과 영혼은 토라의 생각일 것이었다(겔 36:26-27). 그 백성은 하나님의 새로운 다윗(사 42:1-4; 55:1-5)이고, 이 왕은 인간의 희망을 보여주는 증거일 것이다. 이것이 결코 일어나지 않았고 또한 회복 후에도 인간들이 여전히 매우 인간적인 상태로 남아 있었다는 점은 그 이후로 반복과 재인용의 정경과정에서 계속 표현한 그 희망을 감소시키지 않았고, 또한 지금도 그 희망을 감소시키지 않는다. 그것은 앞으로의 고난과 괴로움 한 가운데서 희망의 메시지가 될 것이다. 예언자들에게는 인간의 희망이 현실의 근원, 곧 한 분 하나님에게 달려 있고, 또한 하나님의 새로운 선물들이 아니라 마침내 하나님을 예배할 인간의 능력에 달려 있다.

해석학적 삼각형

성서 본문의 모든 독자는 사전 이해(해석)를 가지고 성서에 접근한다. 이런 점, 곧 해석학적 순환(hermeneutic circle)이라고 부르는 것 때문에 어느 해석도 완전히 중립적일 수 없다. 이것은 순환적 사고(circular thinking) 형태이다. 계몽주의 전에 교회와 회당은 이 점을 충분히 알고 있었고, 그래서 랍비 유대교와 기독교 동방정교회와 가톨릭은 교도권(magisteria) 또는 가르침을 발전시켰다. 이것은 각 종교가 사람들로 하여금 성서를 일정한 방식으로 이해하도록 돕고 양의 무리를 각자의 우리로 인도하기 위해서였다. 중세기에 유대교는 라쉬(Rashi), 이븐 에즈라(Ibn Ezra), 람반(Ramban), 라닥(Radaq)과 같은 가장 존경받는 중세 주석가들의 주석을 토라 본문의 주변 여백에 적어 성서를 연구하는 판본을 만들었다. 그런 토라를 랍비 성서 또는 후마쉬(Humash)라고 부른다. 이것은 랍비들이 '토라 주위의 담장'(세욕 라-토라, seyog la-Torah)이라고 부르는 것의 일부가 되었다. 랍비 유대교는 또한 할라카(halakic) 미드라쉬와 하가다(haggadic) 미드라쉬를 발전시켰다. 유대교는 폐쇄된 공동체 안에서 번성했는데 교인들이 고대의 성서를 이해하도록 도울 뿐 아니라 공동체 안에서 지속되는 삶에 적용하도록 돕기 위해서 이를 발전시킨 것이다.

초대 기독교 '교부들'은 특히 기독교인이 첫째 정경이 잠재적인 복음서였다는 것을 논증하는 데 중요하다고 생각되는 성서 구절에 대한 유대교의 해석에 대비하여 비슷한 순환(circles)을 발전시켰다. 둘째 정경은 이미 바울서신, 야고보서와 요한서신, 목회서신에서 이 원을 만들었다. 이 원들은 유대교의 이해만이 아니라 예수와 예수 운동에 대한 잘못된 이해에 대처하는 데 필수적이었다.

유대교와 기독교의 지도자들은 오랜 세월 동안 본문에 있는 (본문이 고대에 천 년 이상 동안 집성되었기 때문에 생긴) 변칙(anomaly)과 불일치에 대해 알고 있었고, 각 종교가 자신의 방식으로 '적합하게' 해석해주지 않으면 사람들이 혼동할 것이라고 생각했다. 성만찬을 축하하는 미사는 항상 (모든 교구를 위한 공동 성서일과를 사용하는) 성서 본문을 포함하고, 각 교구의 사제가 본문에 대해 붙인 논평 또는 설교를 포함한다. 교권은 성서일과를 통해 어떤 성서구절을 미사 때에 크게 읽을지 통제하였고, 개별 사제들은 설교를 통해 교인의 삶에 설교가 어떻게 적용될지 통제하였다. 우리가 예상할 수 있듯이 성서와 성서일과에 대한 유대교와 기독교의 다양한 교도권 또는 순환(circles)은 주석과 설교를 지배하게 되었다.

이 사실과 더불어 다른 문제들은 르네상스가 서구와 중앙 유럽에 종교개혁을 가져다주었을 때 '공공연히 드러나게' 되었다. 르네상스의 영향으로 점점 글을 읽을 줄 알게 된 사회를 위해 성서를 번역하려는 초기의 노력은 교권의 격렬한 반대에 부딪혔고, 14세기의 존 위클리프(John Wycliffe)와 16세기의 윌리엄 틴데일(William Tyndale) 같은 사람들은 처형을 당했다. 16세기의 마르틴 루터(Martin Luther)와 존 칼빈(John Calvin)은 그런 종교개혁 중 가장 영향력 있는 일을 유발하였다. 루터는 상당 부분 성공하였는데 그 이유는 북유럽의 군주들이 로마와 문제가 있었기 때문이다. 루터는 교권이 성서를 해석하는 방식에 대해 너무 염려를 하였고 또 교권이 성서를 오용하고 있다고 느껴서 사람들이 각자의 언어로 성서를 읽게 해야겠다고 굳게 결심했다. 그는 여러 방식으로 교회에 도전을 했는데 가장 중요한 것은 사람들이 성서를 스스로 읽을 수 있도록 독일어로 성서를 번역하기로 결정한 것이다. 이 일은 당시에 여러 이유에서 가능하였다. 르네상스(애당초 종교개혁의 원인)는 더욱 더 많은 평신도들이 글을 읽을 수 있게 해서 많은 유럽 사람들이 성서를 스스로 읽을 수 있었고, 인쇄기가 유럽에서 막 발명되었고, 지중해와 중동의 매우 발달된 이슬람 문화가 인쇄기를 활용하는 데 필수적인 종이를 발명했다.

　루터는 1517년에 둘째 경전을 번역하는 데 별 어려움이 없었다. 유명한 인문주의자인 에라스무스(Erasmus)가 모아 놓은(collate) 본문이 있었기 때문이다. 그러나 루터는 1519년에 첫째 경전을 번역하기 위해 본문을 정립하려고 했을 때 문제를 깨닫기 시작했다. 서로 일치하는 성서 사본(manuscripts)이 없었고, 에르푸르트(Erfurt)에서 그가 가진 히브리 사본 및 고대 사본들, 특히 교회가 항상 사용했던 그리스어 역본과 그리스어 역본의 고대 라틴 역본에 이독(異讀, variant)이 많았다. 그는 번역하기 위해서 가장 좋다고 생각하는 본문 해석(readings)을 선택하기 위해 '본문비평의 해석학'(그가 추구한 목적에 근거한 선택 원칙)을 만들어야 했다. 루터는 논쟁의 원칙(Res et Augumentum)이라는 해석 원칙을 만들었다. 간단하게 말하자면 이것은 그와 동료들이 '예수 그리스도의 복음'을 가장 가깝게 가리키는 해석을 항상 택한 것을 뜻한다. 이것은 분명 편향적인 작업이었다. 그는 본문이 복음을 대망하게 하려고 히브리어 단어에서 모음부호를 바꾸기도 했다. 그리고 필요하고 목적에 맞다면 모호한 사본(아마도 이전 시기의 서기관이 자신의 공동체를 위해 도입한)에서는 단일한 해석을 선택했다.

루터는 교회가 가르쳐온 해석학적 순환(hermeneutic circle)을 의식적으로 거부하고 있었다. 그는 새로운 해석학적 순환을 만들었는데, 이것은 애당초 종교개혁을 낳게 한 것으로서 상당히 개인적으로 읽은 성서(특히 바울 서신) 해석에서 나온 이해였다. 본문비평에 대한 루터의 해석은, 4세기 후반에 제롬이 베들레헴에서 갖고 있던 히브리어 사본을 불가타 라틴어로 번역할 때 번역에 대한 제롬의 해석과 달랐다. 루터는 결정적이고 친숙한 구절을 번역할 때 당시까지 교회의 첫째 경전이었던 그리스어 칠십인역(또는 그것의 고대 라틴어역)을 그대로 따라야 한다는 제약을 가끔씩 느꼈다. 실제 히브리어는 많은 부분에서 더 친숙한 칠십인역과 상당히 달랐고, 이것은 신실한 기독교인들과 새로운 개신교인들에게 너무 이상할 것이기 때문이다.

이 모든 것은 성서본문을 읽는 모든 독자가 모종의 해석학적 순환에 갇혀 있다는 것을 말하려는 것이다. 각 사람은 특정 교회 전통 또는 회당에서 배운 것을 본문에 가져갈 것이다. 성서 또는 성서 속의 중요한 구절을 전통적으로 이해하는 것에서 벗어나려는 노력 자체가 그 구절을 해석하기 위한 새로운 교도권 또는 가르침을 만들었다. 원래의 것에 더 가까울수록 실제 변칙과 불일치가 더 많았기 때문이다. 개인들은 그들이 해석한 방식으로 해석하는 집단의 일부가 되는 것을 선호할 것이다. 이런 방식으로 종교개혁은 개신교의 본문 해석에서 많은 종류(brands)를 낳았다. 르네상스와 그 후의 종교개혁은 개인의 가치와 책임(교회의 가치와 책임 대신에)에 초점을 두었다. 수많은 개신교 집단이 성서에서 중요하다고 생각한 것에 대한 상이한 이해를 중심으로 생겨났고, 그래서 개신교에 수백 개의 '교단'이 생겨났다.

종교개혁의 좌파 교회들은 개인의 신앙에 더욱 더 초점을 두는 특징을 지녔다. 종교개혁 좌파 교회들은 (오늘날 '복음적인' 또는 '근본적인'이라고 부른다) 구원이 교회에 있다는 수백 년 된 신념을 부인했고, 대신에 각 개인이 '기독교인'이 될 것인지 아닌지를 결정해야 한다고 주장했다. 그래서 그들은 세례식의 의미를 교회 속으로 입교하는 것으로부터 개인이 개별적인 기독교인이 되는 것으로 바꾸었다. 회당과 동방정교회와 가톨릭교회는 현재까지도 가족 수를 계수하는 것에 비해, 좌파 교회는 교회 안의 가족 수를 계수하지 않고 교회 안의 개인이라는 의미로 멤버십을 계수하기 시작했다. 개인이 이성적으로 사고할 연령에 도달할 때까지 세례를 주지 않았고 개인이 스스로 결정을 내릴 수 있었다. 종교개혁 이전의 모든 교회는 전통적으로 가족 내에서 유아세례를 주었고, 우파 또는 중도의 종교개혁운동(영국국교회, 루터교, 장로교, 감리교)은 여전히 그렇게 한다. 각 집단은 성서를 각자의 방식으로 읽었고 수많은 이해가 나왔다. 각자 성서가 본질적으로 무엇인지에 대한 해석학을 발전시켰다.

 루터는 그러한 혼란을 의도하거나 예상하지 않았지만 그런 일이 벌어졌다. 그가 로마가톨릭 교도권으로부터 성서 자체로 권위를 이동시키려 했던 의도는 실제로 이루어졌다. 현재의 매우 독립적인 (교단의 제약이 없는) '공동체 교회'(community churches)를 포함하는 좌파 개신교 교회들은 성서의 진의가 무엇인지 그리고 각자 무엇을 주요 입장으로 삼아야 하는지를 결정하기 시작했다. 루터는 성서만 권위를 갖는다는 '오직 성서로만'(*sola scriptura*)이라는 개념을 생각했다. 그러나 그것은 각 좌파 개신교 집단(오늘날 그들은 스스로를 보수적이라고 부른다)이 성서만을 권위로 갖게 되었기 때문에 혼돈을 가중시켰다. 그런데 성서는 불일치와 변칙으로 가득 차 있어서 (고대에 약 천

년 동안 편찬되었기 때문에) 각 교단은 성서를 '정확하게' 읽는다고 확신할 수 있었다. 그러나 20세기 중반에 에큐메니컬운동이 벌어질 때까지 그들 사이에 대화를 통한 제약은 없었다. 그러한 집단은 중요한 구절에 대한 특정한 해석학적 순환을 뒷받침하기 위해 성서가 전적으로 조화롭다고 큰 소리로 주장한다. 성서 전체가 조화롭다는 주장은 정치적인 책략이다. 어떤 이들은 자신의 해석만이 정확하다고 주장한다. 이것은 종파적 사고의 으뜸 표시이다. 그러한 집단은 성서 일과를 전혀 사용하지 않는다. 대신 목사나 설교자가 원하는 아무 구절, 보통은 설교자에게 익숙한 구절을 택해 설교한다. 이런 성서 구절은 정경 속의 정경이 되고, 목사가 굳건하게 통제하는 더 높은 해석학적 순환에 들어맞게 된다.

성서의 사상가들이 당시에 청중에게 무엇을 말했는지 알고 싶어 하는 오늘날의 학생은 어떻게 이 해석학적 순환을 깰 수 있을까? 성서를 '문자적으로' 읽는 것을 선택할 수는 없다. 언어가 낯설고 성서가 가진 외국 문화의 수사학과 번역의 변동 때문이다. 현대의 영어 번역을 문자적이고도 정직하게 읽는다면 그것은 순전히 혼돈일 것이다. 본문을 문자적으로 읽는다고 주장하는 것 또한 특정 구절을 특정하게 이해해야 한다는 권위를 주장하려는 정치적 책략이다. 그러나 르네상스와 계몽주의의 원칙에 기초하여 발전된 200년 된 역사비평 방법이 낳은 최상의 결과를 사용하여 성서를 진지하게 읽는 것은 가능하다.

19세기 말엽에 장로교의 이단 재판들은 신학교 교수들이 웨스트민스터 고백(장로교의 주요 교도권)이라는 프리즘을 통해 성서를 가르쳐야 하는가 아니면 역사적이고 비평적인 방법을 가지고 가르쳐야 하는가의 문제를 중심으로 벌어졌다. 옛 학파(Old School)는 웨스트민스터 고백을 통해서만 성서를 가르쳐야 한다고 주장했다. 반면에 새 학파(New School)는 고대의 원래 메시지가 무엇이었는지 식별하기 위해서 역사비평 방법을 가지고 가르쳐야 한다고 주장했다. 이런 불일치는 1832년에 장로교가 분열하는 원인이 되었다. '보수주의자들'은 자신들만이 옳다고 생각했고 성서를 계몽주의 방식으로 읽는 것을 이단으로 치부했다. 그러나 1925년 스콥스 재판(Scopes Trial) 즈음에 이르러서는, 곧 장로교의 이단 재판들 후 불과 40년이 지나지 않아, 대부분의 미국 장로교 신학교가 성서를 역사비평 방법을 가지고 가르치고 있었고 일부 옛 학파의 신학교들도 마찬가지였다.

보수적인 복음주의는 1975년에 제리 폴웰(Jerry Falwell)의 도덕적 다수파(Moral Majority)와 더불어 다시 살아났다. 그래서 새 신학교들이 생겨나 성서비평에 저항하고 자신의 특정 해석학적 순환을 보호하려고 했다. 이런 학교들에서는 성서 본문을 계몽주의적 방법으로 읽도록 진보시킨 일이 상당부분 물거품이 되었다. 성서가 전적으로 조화롭다는 주장과 성서의 '문자적' 읽기에 대한 주장이 지난 30년 동안에 다시 등장했다. 19세기의 세대주의(dispensationalism)도 성서를 문자적으로 읽는 것이 본문을 읽는 유일한 길이라는 주장과 더불어 되살아났다. 그러나 이 모든 것은 성서를 남용하는 것으로서 19세기 말의 '근본주의'처럼 제 갈 길을 달려갈 것이다.

성서를 읽는 계몽주의적 방법이란 무엇인가? 해석학적 삼각형(hermeneutic triangle)이 무엇인가? 무엇보다도 먼저 이 방법은 청동기 시대부터 그리스-로마시대까지 고대 중동에 대해 알려진 시간의 틀 안에서 정직하게 성서를 읽는 것이다. 역사적으로 이 시대들에 대해 알려진 것은 그 시대 다른 민족의 비교문학에 대한 언어학적 연구와 성서 밖의 자료에 대한 고고학적 연구에서 유래한다. 소위 보수주의자들은 이스라엘이나 사도들이 성서를 쓸 때 다른 민족들에게서 어떤 본문을 빌려왔을까봐 불안해했다. 그들은 하나님이 성서 저자들에게 직접 계시하신 형식을 옹호할 필요를 느꼈다. 그들은 성서를 그 시대의 여느 다른 문학처럼 연구하면 신앙이 위협을 받고 교회가 해를 입을 것이라고 느꼈다. 그들은 본문을 비평적으로 연구하는 사람들이 성서가 계시한 권위를 부인한다고 생각했다. 보수주의자들은 이런 면에서 정직하지 않아도 상관없는 듯했다. 그들의 관점만이 성서가 거룩하다는 견해를 보존한다고 느꼈기 때문이다.

이와는 반대로 어떤 일이 일어났는가 하면, 성서의 사상가들과 저자들이 당시에 실제로 말했고 쓴 것에 대해 성서를 계몽주의적 방법으로 연구하는 일이 엄청난 흥분을 불러일으켰다. 성서의 사상가들과 저자들이 당시에 그들 자신의 백성과 고투한 것이 비평 방법을 통해 정직하고 솔직하게 드러나자 그들은 신앙을 모범적으로 증거하는 이들로 여겨졌다. 본문을 정직하게 읽는 것은 본문에 있는 불일치와 변칙을 솔직히 인정하고 또한 원래의 역사적이고 문학적인 맥락 속에서 그 본문들을 설명하는 것을 의미했다. 성서를 비평적으로 읽는 것은 독자가 근본주의나 세대주의와 같은 특정 해석학적 순환을 본문에 가져가는 것에 대해 비판적이라는 뜻이다. 그것은 성서에 대해 비판적이라는 뜻이 아니다. 성서가 그 자신의 시대로부터 스스로의 생각을 말하게 하는 것이라는 뜻이다. 그것은 성서가 건드릴 수 없는 우상이나 신성한 '코드'(code)인 양 성서를 예배하는 위험으로부터의 자유를 뜻하기도 했다. 실상 그 이전의 해석학적 원 밖에서 비평적 읽기를 한 결과는 너무 흥분되는 것이어서, 우리 중 일부는 계몽주의가 적절한 때에 주신 하나님의 선물이었고, 실상 지속적인 유일신화 과정의 일부였다고 믿는다. 성서를 정직하고 진지하게 그 자체로 읽으면,

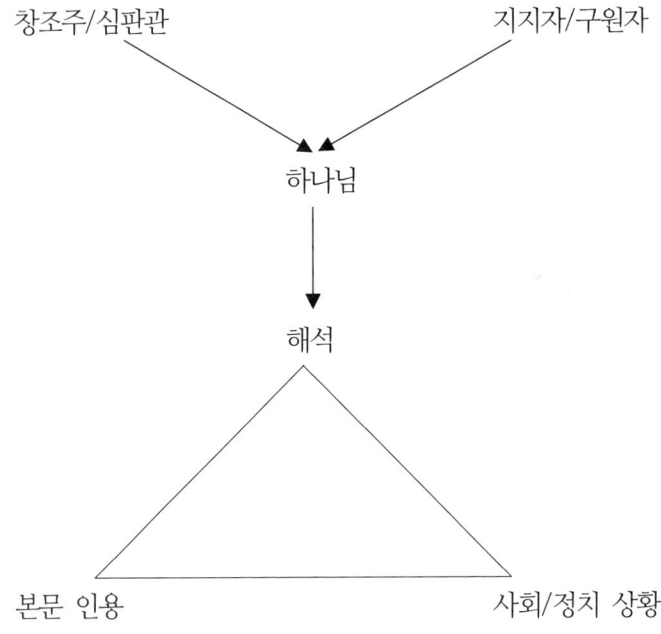

성서를 더 이상 우상이 아니라 오늘날의 신앙을 위한 풍부한 자원이라고 보도록 하기 때문이다.

   성서를 정직하게 읽는 것은 또한 당시의 비슷한 문학과 비교하고 또한 성서 저자들이 자신의 논점을 펼치기 위해 이웃의 사고를 어떻게 사용하였는지를 식별하는 것을 뜻한다. 성서 저자들은 종종 고대 중동의 창조 및 홍수 이야기와 같은 전승들을 사용하고 다시 고쳐서 썼다. 그렇게 함으로써 다른 민족은 틀렸다는 것을 보여주고, 이스라엘로 하여금 하나님이 진실로 누구이고 이스라엘이 누구인지를 이해하도록 돕는 방식으로 만들었다. 해석학적 삼각형에는 세 가지 결정적인 요소가 있다. 그 모든 문학적 깊이를 가진 본문, 본문의 역사적인 맥락, 성서의 특정 고대 저자가 하나님에 대한 가진 이해가 그것이다.

실상 우리는 성서를 세 개의 에이치(h), 곧 정직(honesty), 겸손(humility), 유머(humor)를 가지고 읽어야 한다. 성서를 정직하게 읽는 것은 독자가 본문에 가져가는 것에 대해 비판적이라는 뜻이고 그래서 독자가 전에 배운 해석학적 순환을 깨뜨리려고 시도하는 것을 뜻한다. 그것은 성서 본문 자체의 고대 문화적 상황 속에서 성서 본문을 연구함으로써 원래 의도한 것을 추구하며 읽는 것을 뜻한다. 성서를 그 자체의 관점에서 읽는 것을 의미한다.

성서를 겸손하게 읽는다는 것은 성서 본문을 처음 읽을 때 도덕화하는 것을 거부하고, 성서 이야기들 속의 다른 인물들과 동일시하고 다른 관점에서 듣는다는 것을 의미한다. 예를 들면 창세기의 요셉 이야기를 읽을 때 우리는 때로 동생을 노예로 팔고서 나중에 동생이 이집트에서 성공하자 동생의 혜택을 본 형들과 우리 자신을 동일시할 수 있다. 그들은 가나안의 기근 때문에 이집트로 내려갔고 동생의 도움을 받게 되면서 하나님이 그들이 행한 악을 선으로 바꾸셨다는 것을 깨닫는다(창 50:20). 그러한 해석을 도덕화하면 이렇게 말하고 싶은 유혹을 받는다. "자, 그러면 형제 몇 명을 더 노예로 팝시다!" 성서 속의 많은 이야기를 다시 읽으면서 그 요점을 찾을 수 있다. 특히 복음서를 다시 읽으면서 그렇게 할 수 있다. 도덕화는 기독교인이 예수의 가르침을 읽으면서 예수와 동일시하게 하고 당시의 바리새인들과 여타 종교 지도자들을 업신여기게 한다. 그것은 오늘날 우리가 동의하지 않는 '악당들'에게 예수가 한 마디 해주기를 바라면서 예수의 말씀을 듣는 확실한 방식이다. 겸손하게 읽는다는 것은 바리새인들 속에서 우리 안의 악당을 보고, 예수가 우리 자신을 직접 꾸짖는 것으로 기꺼이 받아들이는 것이다. 도덕화는 자신이 '예수와 함께' 한다고 여기고 옛날 그 바리새인들보다 스스로 의롭다고 생각하여 은혜 속에서 성장하지 않는 것을 뜻한다. 겸손하게 읽는다는 것은 예언자들과 예수의 말을 들은 사람들을 자신에게 반추하여 보는 것이다. 바울이 로마인들에게 "은혜를 더하게 하려고, 여전히 죄 가운데 머물러 있어야 하겠습니까?"라고 물었을 때 그는 유일신화 과정의 여정에서 바로 이 점에 이르렀다. 그의 대답은 분명히 '아니다'였다(롬 6:1).

성서를 유머를 가지고 읽는 것은 성서를 읽을 때마다 매번 하나님을 좀 더 진지하게 대하고 우리 자신을 좀 덜 진지하게 대한다는 뜻이다. 어떤 본문을 읽든지 먼저 그 본문에서 하나님이 우리 같은 사람들에게 하시는 일에 관해 말하는 것을 찾아보는 것을 뜻한다. 또한 성서의 한 대목에서 먼저 온갖 종류의 사람들을 대하시는 하나님의 은혜를 분별하고, 그런 다음 우리가 그 죄인들과 얼마나 비슷한가를 생각하며 미소짓고, 또 스스로 회개할 필요가 있음을 깨닫는 것을 뜻한다. 성서를 유머를 가지고 읽는 것은 독자들에서는 많은 겸손을 촉구하고 하나님 편에 있는 은혜에 대해서는 많은 놀라움을 깨닫게 한다.

정체성과 정경

바빌론 포로라고 하는 트라우마 경험과 민족이 해체되는 한복판에서 이스라엘이 정체성을 찾을 필요성이 있어서 문학 활동이 만발했고 그 결과 토라와 예언서를 형성한 정경 과정의 여러 측면들이 확실히 자리잡게 된 초기 단계를 맞이했다. 그래서 기원전 6세기 말에,

확실히 5세기 중엽까지는, 율법과 예언서의 핵심이라고 할 만한 것이 식별할 수 있는 형태를 갖게 되었다. 사제(P) 집단은 아마도 여호수아를 토라의 마지막 형태에 넣지 않고 오늘날 우리가 전기 예언서라고 부르는 이차 자료에 넣기로 결정하였을 것이다. 에스라가 바빌론에서 예루살렘으로 가져온 토라(느 8장)는 특히 바빌론에 머물기로 결정한 사람들(대부분이 머물렀다)에게는 본질적으로 희망의 토라였다. 전기 예언서(또는 전기 역사서)는 땅에 대한 약속을 실현한 여호수아서로 시작해서 옛 JE 역사에 대한 신명기적인 편집을 거쳐 사무엘 상하와 거의 순전히 신명기적 역사서인 열왕기 상하까지 계속된다. 창세기에서 시작한 이야기는 솔로몬 시대에 땅과 백성에 대한 약속이 찬란하게 실현된 데서(왕상 10장) 정점을 이루지만, 고대 이스라엘과 유다가 땅을 우상화했기 때문에 땅을 잃어버리는 것으로 끝마친다.

오경과 초기 예언자들에 덧붙여서, 기원전 6세기 말에 이르러서는 '이름 있는 예언자들'(name prophets)의 책들도 초기에 원시적으로 수집되어 있었다. '정경'이라는 말의 두 가지 의미, 즉 내용의 권위와 불변성을 염두에 두고서, 우리는 6세기 말에는 창세기부터 열왕기까지 거의 변동이 없게 된 편집물(complex)과 최근 수집된 예언서들의 역동적 특징 사이를 주의해서 구별해야 한다. 정경은 정체성이나 권위의 문제가 생겨났기 때문에 형성되기 시작하고, 또한 정체성 문제가 대체로 해결된 후에는 정경의 내용이 불변하거나 일정하게 된다. 유대인들이 페르시아제국 전역에 흩어진 포로기와 포로기 이후에 그들은 자신들이 누구이고 외국 문화 속에서 어떻게 살아야 하는지 알아야 했고, 그것은 백성으로서의 생존과 연속성에 본질적인 문제였다. 기원전 518년에 예루살렘에 작은 두 번째 성전을 건축한 것이 도움은 되었지만, 그들이 극적으로 변하면서도 자신이 누구인지를 계속 상기시키고 그래서 그들이 어디에 있든지 정체성을 잃지 않도록 한 것은 토라 이야기였다. 성서는 본질적으로 '구전 문학'이었기 때문에, 다시 말해서 공동체에서 주기적으로 암송되었기 때문에 휴대할 수 있었고, 또한 파괴할 수 없는 것이었다. 암기할 필요가 있는 사람들이 성서를 종종 암기했지만, 공동체에서 성서를 낭송함으로써 항상 접할 수 있었다. 정경과정에서는 개별 책들 또는 두루마리들을 다른 공동체들 혹은 후대의 공동체들과 공유하기도 했는데, 그들 다른 공동체들은 자신들의 상황에 맞추어 덧칠을 하거나 각색을 했다. 이것은 예루살렘이 로마에게 망한 후 기원후 1세기 후반과 2세기 초반에 정경이 완전히 안정되기 전까지, 즉 유대인 공동체들이 중심적 권위가 없이 흩어져 있던 초대 유대교 시기에는 정경과정이 의심할 여지 없이 복합적 과정(multiple track)이었다는 것을 뜻한다.

초기 유대교 정경의 내용이 처음에는 더 이상 존재하지 않는 옛 정체성(이스라엘과 유다)에서 새 정체성(유대교)으로 넘어간 것이었다. 초기의 유대 정경은 족장들이 받은 약속들이 포로기 이전에 성취되었다가 (포로기를 거치면서) 그 제도들이 사라졌음에도 불구하고 초기 유대교를 위해 그 약속을 간직하였다. '남은 자' 개념은 심판을 피한 사람들이 아니라, 심판을 마음에 새기고 변혁된 유대교가 된 사람들을 가리킨다(사 51:7; 신 30). 기독교의 둘째 경전의 경우에 정경은 70년에 예루살렘과 성전이 파괴되고 또한 그리스도를 따르는 이들이 유대교 분파로서 그 본성과 정체성이 심각하게 문제가 되었을 때 형성되기 시작했다. 기독교 정경은 마르시온(Marcion)파의 도전에 맞선 정체성 문제가 대부분 해결되었을 때 안정되기 시작했다. 실제로 그 어느 정경도 기독교의 모든 분파들에서 완전히 일정하지는 않았다.

기원전 6세기 말까지 대 예언서가 완전히 또는 일정하게 수집되지는 않았지만, 포로기의 트라우마 속에서 대 예언서들이 원시적으로나마 수집될 필요가 있었고 흩어진 유대인 공동체들이 수집하기 시작한 것이 분명하다.

우리가 바빌론에 있는 유다 출신 전쟁포로이며, 예루살렘과 성전이 파괴되었다는 소식이 도착한 후인 기원전 586년에 그발(Chebar) 강가에 있는 전쟁포로수용소에 에스겔과 함께 있다고 상상해보자(겔 33:21). 우리는 놀라고 충격에 휩싸여 어떻게 반응해야 할지 모른다. 간수들은 우리를 꾸짖고, 돌아갈 곳이 없는 우리를 잔인하게 조롱하며 야훼의 노래를 부르라고 요구한다. 그러나 우리는 이 시점에서 노래할 마음이 없다. "낯선 땅에서 우리가 어떻게 야훼의 노래를 부를 수 있을까?"(시 137:4). 나를 실망시킨 신을 그 신의 땅이 아닌 곳에 있는 내가 어떻게 찬양할 수 있을까?(겔 33:17). 시 137편은 예레미야가 포로들에게 보낸 편지에 대한 답장이었다고 볼 수 있다. 예레미야는 편지에서 바빌론에 정착하고 집을 짓고 포도원을 가꾸고 딸, 아들을 결혼시키고 바빌론을 위해 야훼께 기도하라고 조언하였다. 바빌론이 잘 되어야 그들에게도 좋기 때문이다(렘 29:4-9). 그들은 이 말에 낙담하였다. 살아있는 동안 예루살렘을 두 번 다시 못 볼 것임을 뜻했기 때문이다(29:24-28). 그러나 그것은 또한 야훼도 포로로 끌려갔다는 것, 또는 더 그럴듯하게는, 그들이 있는 곳에는 어디든 야훼가 계시다는 것을 의미하였다. 이것은 유일신화 과정에서 또 하나의 커다란 진일보였다.

야훼가 예루살렘을 구하실 수 있고 또한 구하실 것이라는 당시의 대중 신학을 믿고 있던 대부분의 유다 사람들이 이렇게 반응하였을 것이다. 포로기의 이사야가 말하듯이, 많은 포로들은 바빌론의 여러 제의, 특히 마르둑 제의에 동화되었다(사 46장). 결국 증거는 충분했다.

그렇지 않은가? 그런 모든 문제를 적합하게 해결하는 신들의 산에서 마르둑이 전투에서 이기지 않았는가? 고향땅에서 하나냐처럼 '거짓 예언자'를 믿었던 사람들은(렘 28:2-4) 이러한 곤경에 대해 전혀 준비되지 않았다. 그들의 옛 정체성은 깨어졌고 그래서 새 정체성을 추구하게 되었다. 바빌론의 신들을 믿음으로써 새 정체성을 찾을 것인가(사 46:12)?

에스겔 33:10에는 매우 노골적인 장면이 들어 있다. 어떤 장로들은 놀라고 충격에 휩싸여서 에스겔에게 와서 물었다. "우리가 어떻게 살까요?" 이제 우리가 무엇으로 살까요? 이제 우리의 정체성은 무엇인가요? 출애굽기 33장에 의하면, 모세는 야훼께 이와 비슷한 질문을 했고, 야훼께서 "백성과 함께 가실 것이라"는 대답을 받았다(33:14-16). 에스겔의 대답은 자세하게는 나와 있지 않지만 그럼에도 분명하다. 이스라엘, 곧 새로운 이스라엘이 하나님의 심판으로 산다는 것이다. 그런 다음 조금씩 우리 중 몇 사람이 아마도 밤에 모닥불 주변에서 회상하기 시작했다. 고국에서 때때로 우리가 미쳤다고 말한 고독한 사람들이 있었고, 그들은 이런 일이 일어날 것이라고 정확하게 말하였다. 그들은 지금 어디에 있을까? 분명히 에스겔이 있다. 그러나 바로 며칠 전 항상 아모스에 대해 말하던 그 친구, 우리가 비웃던 그 친구를 이 주변에서 보지 않았나? 그는 자신을 제자라고 불렀다. 이제 우리는 그를 데려다가 아모스가 말한 것을 암송하라고 하고, 그것이 오늘 우리에게 말하는 바가 무엇인지 귀를 기울이자. 그리고 호세아가 있었고, 미가, 이사야, 예레미야 등이 있었다. 그들이 옳았고 우리가 틀렸던 듯하다. 그들의 말을 지금 듣고, 그들이 오늘 우리에게 의미하는 바가 무엇인지 귀를 기울이자.

그들의 후계자들과 제자들이 저녁마다 그들의 말을 반복할 때 우리가 귀를 기울이는데, 어떤 말은 거의 200년이나 되었지만 우리는 새로운 귀로 듣는다. 우리가 번영했을 때 일축했던 말을 지금은 들을 귀가 있다. 그 때는 들을 수 없던 것을 이제 우리가 어려움에 처해 있으면서 분명하게 듣는다. 그 특정한 예언자들이 말했던 모든 말을 뛰어 넘어 그들이 한목소리로 말했던 것은 당시에 우리가 가장 거부한 것이었다. 그것은 바로 하나님이 파괴와 변혁을 주관하신다는 말이었다(범주 5와 6). 그들은 야훼께서 바빌론의 신들과 시리우스(Sirius) 산이나 자폰(Zaphon) 산 또는 그 어디서든 싸우지 않았다고 확실히 말했다. 전투와는 아무 상관이 없었다. 놀랍게도, 평화롭던 시절에 암울한 최후를 말한 똑같은 예언이 지금은 혼돈과 엉망 상태에서 정체성을 찾는 데 유일한 희망처럼 들린다는 것이다. 즉 그들에게 땅과 도시와 성전을 주셨던 이스라엘의 똑같은 하나님이 그들을 내치신 것이지, 다른 어느 경쟁자 신이 그런 게 아니라는 말이다. 그분은 아침 별들이 함께 노래했을 때도 하나님이셨고 별이 하늘에서 우리 주위로 떨어진 듯 했을 때에도 하나님이셨다는 말이다. 그분은 죽지 않으셨다. 그분은 잠들지도 않으셨다. 그분은 여행을 떠나지도 않으셨다(왕상 18:27의 바알과 비교하라). 그 미친 사람들이 예전에 말했던 것이 실제로 모두 일어났기 때문에 그 말이 지금 우리에게 유일한 희망을 준다. 이 모든 것은 옛 이스라엘로부터 새 이스라엘이 출현하는 계획의 일부였다. 예레미야가 옳았다. 곧 하나님은 토기장이처럼 진흙으로 빚다가 부수고는 새롭게 토기를 만드셨다(렘 18장). 하나님은 옛 것을 내버리지 않으셨다.

그래서 예언자들의 위대한 이름이 붙은 '정경'이 형성되기 시작했고 이들 예언서는 후대에서야 최종적으로 닫히게 되었을 것이다. 에스겔을 정경에 포함할 것인가에 대해서는 의문의 여지가 있었다. 토라의 주요 진술(출 34:7)을 반박하는 듯했기 때문이다(겔 18장). 토라는 말하기를, 하나님이 조상의 죄를 후손 삼, 사대까지도 내려가게 하신다고 한다. 에스겔은 포로들에게 희망을 주고 싶어했다. 포로들은 유대인이라는 새 정체성을 간직하고 살면 조상들의 죄에 대한 대가를 계속 치러야 할 것이라고 염려했다. 어떻게 이런 위협과 더불어 살아남을 수 있겠는가? 에스겔은 새로운 상황에 대해 길게 설명을 한다. 각 세대는 자신의 죄에 대해서만 책임이 있을 뿐, 이전 세대들의 죄에 대해서는 책임이 없다. 출애굽기 34장은 포로 중의 새 이스라엘로서 변화된 정체성 때문에 새로운 의미를 부여받게 되었다. 과거는 깨끗이 청산되었고 희망이 생겼다. 이사야의 전통과 예레미야와 그들이 겪은 처형과 부활을 기억하기 위해 간직할 필요가 있는 다른 책들에 계속 추가분이 덧붙여졌다. 새로운 상황 속에서 생겨난 문제들을 다룬, 보다 작은 책들이 더 첨가되었다. 이런 과정은 예언의 영이 그쳤다는 생각이 만연하게 될 때까지 이어졌다. 적어도 많은 유대 공동체들이 그랬으며, 이것은 70년 이후에 생겨난 랍비 유대교의 중심 논조였다. 모든 공동체가 그랬던 것은 아니다. 이와는 반대로 쿰란 분파와 기독교 분파는 하나님이 계속해서 자신의 백성에게 진리를 계시하신다고 믿었다. 계시 또는 예언이 바리새파나 랍비 유대교에게는 끊겼는지 몰라도 그들에게는 끊기지 않았다. 첫 번째 분명한 증거는 기원전 190년경 예수 벤 시라(Jesus Ben Sira)다. 벤 시라는 닫혀진 예언서로 세 개의 '대' 예언서와 열 두 개의 '소' 예언서를 든다(시락 48:22-49:12).

어떤 저녁에는 포로기 이전의 오래된 다음 이야기를 읽을 때 새롭고 신선한 의미를 느꼈을 것이다. "우리 조상은 유랑하는 아람인이었습니다…"(신 26:5 이하). 야곱이 그랬던 것처럼 우리가 유랑하고 길을 잃은 것은 새로운 시작이지 끝이 아니다(겔 33:24 참조). 이러한 숙고와 성찰을 통해서 오경의 대부분을 이루고 우리 현대인들이 J, E, D라고 부르는 옛 전통들은 기억되고 개작되고 새로운 상관성을 보여주기 위해 주해가 붙었다. 그리고 포로기 동안에 이 모든 것을 검토하고 오늘 우리에게 의미가 통하게 만든 사제들 집단이 발전했다. 그래서 토라와 예언서가 그 형태를 갖추기 시작했다. 정경 과정은 에스라 시대 이후에 후대의 책들이 이제 생겨난 정경에 더해지는 식이었다. 그러나 에스라 시대 이전에 작성되었다고 생각된 것들만 더해졌다.

유대교 경전의 세 번째 부분인 성문서도 훨씬 후대에 같은 과정을 거쳐 생겨났을 것이다. (50쪽에 있는 정경의 목록을 다시 보라). 기원후 70년 이후, 그리고 제2 성전이 파괴된 후에 기독교들인 사이에서 같은 종류의 문학 활동이 만발했다. 또한 새로운 상황에서 새 정체성을 찾아야 했던 랍비 유대교인들 사이에서도 토라와 예언서와 다른 작품들, 곧 시편과 유대 경전의 셋째 부분이 될 여타 문학을 검토함으로써 똑같은 과정이 일어났다.

우리는 로마가 70년에 예루살렘을 파괴한 후에 일어난 핵심 논의 사항에 대한 기록을 물려받지 못했다. 그러나 야파(Jaffa) 남쪽의 야브네(Yavneh) 또는 얌니아(Jamnia)라는 해변 도시에서 70년 직후에 일종의 정상회담(summit meeting)이 있었다는 충분한 증거가 있다. 그 때 결정한 것의 중의 하나가 셋째 부분, 곧 성문서에 무엇을 넣을 것인가 하는 문제였다는 견해가 오랫동안 있었다. 그러나 아마도 그렇지는 않았을 것이다. 그와는 반대로 그 때 논의한 것은 예루살렘과 성전이 두 번째로 파괴된 이 둘째 재난에서 어떤 종류의 유대교가 살아남겠는가 하는 문제였다. 랍비 유대교(rabbinic Judaism)는 토라를 지키는 모든 방식을 포함할 만큼 충분히 넓다고 결정했다. 그리고 후대의 미쉬나와 탈무드는 바로 그런 경우에 대한 충분한 증거가 된다. 곧 탈무드와 다양한 할라카와 하가다 미드라쉬는 대답보다는 질문이 훨씬 더 많은 논의와 논쟁의 요약이고, 미드라쉬조차 전적으로 속박하지는 않는다. 토라라고 하는 넓은 개념은 더욱 더 넓어지고 있었다. 유대인들은 처한 상황에 따라 최대한 토라의 삶을 살 것이었다. 대부분의 유대인들은 다양한 관습과 관례를 자유롭고 개방적으로 행할 수 있는 폐쇄된 공동체에 살고 싶어 했고, 그래서 그리스-로마 세계가 아닌 유대인들만이 사는 게토가 생겨나기 시작했다.

그리고 결정적 타격을 받게 되었다. 132-135년에 바 코흐바 반란(Bar Kochba Revolt)이라고 하는 로마에 대항하는 또 하나의 반란이 일어났다. 유명한 랍비 아키바(Akiva)는 바 코흐바가 하나님이 유대인들을 로마의 멍에에서 해방시키기 위해 보낸 메시야라는 주장을 분명히 지지했다. 그러나 그 반란은 실패했다. 이번에는 로마가 예루살렘을 완전히 파괴하였고, 그 땅에 소금을 뿌렸고, 거기에 라틴 명칭을 붙였다! 아키바는 틀렸지만 그렇다고 그의 명성에 때가 묻지는 않았다. 이럴 즈음에 이르러, 모든 유대인은 어떤 죄나 실수를 저질렀든지 간에 회개할 수 있고 또한 하나님이 그를 회복하실 것이라는 확고한 믿음이 유대교 안에 발달되었다. 이미 역대기하 33장에서 므낫세 왕(옛 유다왕국의 악한 왕)은 회개한 후에 개인적으로 회복되었다. 므낫세가 회개의 기도를 했다는 구절(33:12-13)은 그 기도 내용을 포함하지 않는다. 후대의 랍비시대 이전에 '므낫세의 기도'라는 시가 나왔고, 모든 기독교 경전은 아니지만 일부 경전에 포함되었다. 그 시의 신학은 모든 유대인은 죄가 얼마나 크든지 간에 회개할 기회가 있고, 회복될 것이라는 점을 분명히 한다. 바 코흐바를 메시아라고 지지한 랍비 아키바는 실수하기는 했지만, 회개와 회복의 또 다른 예를 유대교에 제공하였다. 아키바는 생존했던 랍비 중에서 가장 위대한 랍비라고 존경을 받았기 때문이었다.

그 시기는 유대교를 재형성하는 데 결정적인 때였다. 초기 유대교는 다원주의(pluralism)와 다양성을 특징으로 하였는데, 한편으로는 크리스천 유대교(Christian Judaism)에 길을 열어주었고 다른 한편으로는 랍비 유대교(rabbinic Judaism)에 길을 열어주었다. 기독교는 결국 너무 헬라화되어서 유대교의 울타리를 아예 떠났다. 초기 유대교는 얼마나 다양했던지 간에 성전이 있었지만, 랍비 유대교에는 성전이 없었다. 그러나 성전은 마치 여전히 서 있기라도 하듯이 폐쇄된 공동체 안에서 성전의 달력에 따라 계속 살아 있었다. 유대교가 오늘날에도 여전히 성전의 달력에 따라 살아가듯이 말이다.

토라와 예언서는 마지막으로 형성된 모습에서 알 수 있듯이 모두 하나님과 이스라엘 사이의 계약관계와 연관이 있고, 이스라엘의 정체성과 생활양식이라는 최우선적인 질문과 연관이 있다. 고대 자료를 담고 있는 토라의 형태는 그 범위가 전적으로 가나안 정복 이전까지의 역사이기 때문에 디아스포라 유대교를 합법화하였고 권위를 주었다. 토라를 다섯 권으로 편집하고 형성한 바빌론의 유력한 유대인 공동체는 자신들이 이스라엘 땅 밖에서도 유대인들로 살 수 있다는 것을 알고자 하였다. 이스라엘 땅과 재건된 예루살렘과 성전은 생존하기 위해서 토라의 지지가 필요하였다. 이 공동체는, 역시 바빌론에서 형성된 탈무드가 마무리될 때까지 세계에서 가장 크고 가장 영향력 있는 공동체였다. 랍비 유대교의 공식 탈무드는 예루살렘 탈무드(*Yerushalmi* 또는 그 땅의 탈무드)가 아니라 바빌론 탈무드(*Bavli*)이다.

포로기 이전 역사의 나머지는 기독교 정경에서는 '역사서'이지만 유대교 정경에서는 초기 예언서인데, 포로기 이전 시대에 옛 민족 이스라엘과 유다의 곤경을 이해하는 데 기초를 놓은 '미친 사람들'(madmen)을 강조했다. 그래서 토라와 예언서 전체(Torah and Haftarah)는 미래에 예배할 세대가 해마다 부분 또는 전체를 암송할 제의 자료(cultic material)라고 볼 수 있다. 그리고 미래에 직면해야 할 위기들이 얼마나 파괴적이든지 간에 그들은 항상 토라와 예언서 안에서 자신들의 본성과 정체성에 관한 실마리를 찾을 수 있었다.

토라와 예언서에 다양한 관점들이 들어 있는 것은 어느 시대에든 유대인들의 필요에 맞출 수 있는 풍부한 개요(compendium)였으며 지금도 그렇다. 그 안에는 미래 세대가 어떤 도전을 겪든지 그 도전을 극복하는 데 필요한 하나님에 대한 관점이나 이스라엘에 대한 관점을 찾아볼 수 있다. 그 안에서 하나님은 한 본문에서는 무시무시하고 접근할 수 없는 분이고, 다른 본문에서는 소박하고 친밀한 분이다. 이것은 창세기 1-2장이 보여주는 바와 같다. 한 부분에서 하나님은 백성을 보호하신 옛적의 전사 하나님(warrior God)으로 나오고, 다른 부분에서 하나님은 다른 백성이 자신의 백성을 공격하게 하여 심판하신 국제적인 하나님으로 나온다. 어떤 부분에서 하나님은 중동의 여기저기를 여행하는 수호신으로 나오고, 다른 부분에서는 지방의 신으로 나오고, 또 다른 부분에서는 성전을 발등상으로 삼은 높은 신으로 나온다. 한 부분에서 이스라엘은 많은 나라 중의 한 보통 나라로서 자신의 종교나 야웨와의 계약을 가나안 정복과 경계 확장을 편리하게 합법화시키는 데 쓴다. 다른 부분에서 이스라엘은 사제들의 왕국이며 땅이 없는 거룩한 백성이고, 또 다른 부분에서는 예언자들의 백성이고(민 11:29) 나라가 없어져서 흩어진 공동체로서만 존재하고 이 백성을 통해 하나님이 세계를 축복하시는 그런 백성이다.

3장

성문서

성문서의 형성

성문서는 토라와 예언서만큼이나 다양하나, 그 다양성의 모습은 좀 다르다. 토라와 예언서가 우리가 앞에서 다룬 모든 이유로 제의에서 암송되었고 암송되고 있는 반면에, 성문서에는 제의적인 자료와 제의적이지 않은 자료가 들어 있다. 곧 제의적 암송을 위해 보존된 문학이자 연구하기 위한 문학인 것이다.

시편은 성문서의 핵심이고 성서에서 가장 오래된 시편 중 일부를 포함한다. 시편은 랍비 전통(b. Baba Bathra 14b)과 랍비 성서에서는 성문서 중 첫 번째인 반면에, 오늘날 히브리성서의 가장 좋은 본문이 기초하고 있는 위대하고 고전적인 티베리아 마소라(Tiberian Masora) 사본에서는 시편이 역대기 뒤에 두 번째로 나온다. 시편에는 시문학의 여러 장르가 들어 있다. 애가, 기도, 찬양노래, 감사노래, 시온노래, 제왕시(royal psalms), 제의들(liturgies), 지혜시, 토라시 등이다. 제왕시는 아마도 포로기 이전 시대에 여러 제의 기능에서 사용되었을 것이다. 즉 왕이 즉위할 때나 왕이 해마다 시험을 받고 재확인을 받아 다시 즉위할 때(시 118편), 왕이 약혼하거나 결혼할 때(시 45편), 왕과 백성이 용기를 얻고 포위에 항거하여 왕이 하나님의 아들이라는 것을 기억할 때(시 2편)에 쓰였을 것이다. 많은 시편을 다윗 이외의 시인들이 지었다고 하는데, 다윗도 꽤 많은 시를 지었다고 여겨졌다. 나중에 헬라 시대에는 다윗이 모든 시편을 지었다는 믿음이 생겨났다. 더 이상 왕이 없던 포로기와 포로기 이후의 초기 유대교 시절에는 어떤 개인이라도 과거 왕의 상황이 아닌 자신의 상황을 염두에 두고 제왕시를 읽을 수 있었다. 초기 유대교에서는 어디서든 모든 유대인이 가진 개인의 가치와 책임을 독려했고 강조했고 퍼뜨렸다. 유대인은 그 시대에 매우 다른 문화들 속에 널리 퍼져 살면서 그렇게 하였다. 쿰란 11동굴에서 나온 1세기 중엽의 방대한 시편 두루마리(사해 두루마리)는 다윗의 시편이라고 제시한다. 이 두루마리에는 다윗이 4,050편의 시와 노래를 지었다고 주장하는 산문도 들어 있다. 이 두루마리는 다윗이 어렸을 때 하나님이 그를 이스라엘의 왕으로 선택하신 것을 축하하는 151편으로 마친다. 그런 다음 포로기와 포로기 이후 시대에 제왕시는 실제 본문을 바꾸지 않은 채 어느 유대인이든 자신의 경험을 가지고 암송할 수 있는 시로 새로이 받아들여졌다. 고전적인 마소라 사본의 배열처럼 정확히 언제 시편이 150개의 시로 정해졌는지는 확실치 않다. 초기 유대교의 다양하고 흩어진 공동체마다 시편의 수집물이 서로 다르게 있었던 듯하다. 시편은 정해진 절기에만 암송하는 책이 아니었다. 시편은 유대인이 예배할 때 일 년 내내 사용하는 책이었다. 로마가 성전을 파괴한 후에 '말의 영감'(verbal inspiration)이라는 새 개념이 나와서 성서 본문을 안정시킬 필요가 생길 때까지 시편은 상당히 다양했던 듯하다.

    시편은 말하자면 성서의 심장에 놓여 있다. 정통 유대교 예배에서는 한번 예배할 때 준수하는 절기나 금식에 따라 여러 시편을 읽는다.

정통 기독교, 로마가톨릭, 영국성공회 또는 루터교의 모든 예배는 여러 시편을 읽거나 영창을 한다. 기독교에는 둘째 경전에 시편을 덧붙이는 성서도 있다. 어떤 기독교 찬송들은 시편을 그대로 따서 만들었다. 사람들은 왠지 '좋아하는 시편'이 있어야 하는 것처럼 느낀다. 시편은 초기 유대교와 초기 교회의 찬송가였다. 이것은 이해할 만하다. 많은 사람들에게 음악은 땅과 하늘의 연결점이다. 음악은 일면 수학의 신비를 가리키고 또 달리 보면 영의 신비를 가리킨다. 천체물리학에서 '끈 이론'(string theory)은 1차원적인 끈이 모든 미립자에게 절대 필요하다는 것을 볼 때 높은 수학이 어떻게 해서 신학이 되는지를 관찰하게 하였다. '끈 이론'에서 이론은 철학이 된다. 어떤 물리학자는 세계가 "음조를 맞춘 우주적인 현의 교향악"이라고 말했다. 그리스인들은 '천체의 조화'(harmonia ton ouranon)에 대해 말했다. 사람들은 초월에 대한 의심을 없애는 음악의 능력에 대해서 개인적인 간증을 많이 한다. 최근 이론에 의하면 창조에는 적어도 열 개의 차원이 있는데, 인간은 창조의 세 차원만을 '볼' 수 있다. 초월은 물리학의 한 차원이 되었다. 하나님의 존재에 관한 세속적인 깊은 의구심은 이쯔학 펄만(Itzhak Perlman)이 모짜르트를 연주하는 것이나 마이라 히스(Myra Hess)가 바하를 연주하는 것을 들으면 사라진다. 그런 수준으로 음악을 연주할 수 있다는 것은 우리 대부분이 전혀 갖지 못한 초월적인 재능을 잘 훈련한 것이라고 말하는 것 이외에는 달리 설명할 수 없다.

"예언자들과 시편과 여타 작품들이 예언한 법과 말씀으로 지식과 경건이 증진되고 완전하게 될 수 있다."는 필로(Philo)의 논평은 "모세의 법과 예언자와 시편"(눅 24:4처럼) 및 우리가 아는 바와 같은 '성문서' 사이의 본질적인 차이를 이해하는 데 도움이 된다. 이 둘 사이의 차이를 엄격하게 구별할 수는 없겠지만, 필로의 논평은 "법, 예언자, 시편"을 초기 유대교의 제의 예배 때 직접 암송한 전통으로 생각하고 그리고 다른 저작물은 주로 교훈적이고 교육적인 것으로서 공공 예배에서는 쓰지 않았던 것이라고 생각하게 한다는 점에서 도움이 된다.

유대교 경전의 성문서 안에는 역사서인 역대기 상하, 에스라, 느헤미야가 들어있다. 또한 초기의 편견 문제를 여러 가지 방식으로 다루는 단편 비유인 룻과 에스더, 아름다운 사랑 노래이자 결혼식 음악인 아가, 애가에 들어있는 예루살렘의 멸망에 대한 슬프고 비극적인 비가, 율법과 예언서에 있는 최고 성서신학의 다른 측면을 다루는 욥기의 극적인 시와 코헬렛(전도서)의 교훈적인 시, 그리고 끝으로 외국 문화 속에서 살면서 신앙의 어려운 싸움 가운데서 신실하라고 독려하기 위해 만든 (그리스어 추가분이 붙은) 다니엘의 이야기 등도 있다. 유대교 경전에서 다니엘을 성문서 안에 넣은 것은 외국 땅에서 사는 유대인들에게 영감을 주라고 제시한 반면에, 기독교 정경에서 다니엘을 예언서 안에 넣은 것은 그리스도를 예시하라고 제시한 것이다. 이것은 네 부분으로 된 기독교 정경에서 모든 예언서를 마지막 부분에 둔 것과 같은 이유이다.

지혜

지혜의 사상과 어휘는 성서에 스며있다. 창세기의 요셉 이야기는 현자들의 표현으로 가득 차 있다. 그리고 기원전 10세기 후반의 저작인 삼하 9장-왕상 2장의 소위 등극(Accession) 문서는 아마도 원래 궁전의 현자 집단에서 나왔을 것이다. 우리가 지혜를 이 책의 뒷부분에서 다루는데, 그렇다고 해서 지혜 사상이 이스라엘 문학에서 구전이든 저술이든 늦게 생겨났다고 생각해서는 안 된다. 우리는 이미 예언 사상에서 지혜를 다루었다. 성문서의 일부 작품, 특히 일부 시편은 아주 이른 시기에 나왔을 것이다. 일부 시편은 지혜 사상을 담고 있다.

특히 정경으로서의 토라에 초점을 두는 책에서 성서 사상의 매체로서 지혜를 강조하는 것이 중요하다. 과거에 성서를 공부하는 사람들이 성서 사상에서 지혜의 역할을 간과했기 때문이다. 20세기 중반의 성서신학 운동은 토라 이야기나 구약성서의 '복음'(하나님 이야기) 속에 있는 하나님의 강하신 행동을 너무 많이 강조했다. 그래서 성서를 이해하는 데서 지혜에 충분히 주의를 기울이지 않았다. 놀랍게도 성서학과 신학에서는 역사만이 계시의 매체라고 하는 동의가 있었다. 뛰어난 독일 신학자들은 '역사로서의 계시'(Offenbarung als Geschichte) 또는 '계시로서의 역사'(Geschichte als Offenbarung)에 대해 말했다. 포스트모던 사상은 누구의 역사적 설명이고 또한 누구의 계시 이해인가에 관한 질문을 했다.

많은 동의가 있을 때 종종 학계에서 벌어지는 일은 반작용이 나오는 것이다. "성서 속의 지혜는 어떠한가?"라는 질문이 나오기 시작했다. 앞에서 우리는 정경 예언자들에 대해 다루면서 예언자들과 현자들의 주요 차이는 예언자들이 이스라엘로 하여금 진정한 본질과 자기 이해에 대한 질문에 직면하게 한 것이고, 현자들은 이스라엘이 순종할 수 있도록 길을 찾았고 그래서 이스라엘이 지속적인 제도들 안에서 연속성과 번영을 위해서 더 현명하게 행동할 수 있도록 했다는 것이다.

우리는 어떻게 토라가 발달했고 또한 고대 이스라엘에서 예언자의 역할이 무엇이었는지를 논의하는 데 상당한 지면을 할애했다. 그러나 무엇이 지혜인가? 오늘날의 사회에서 철학이 기능하는 방식으로 기능한 이 수천 년 전의 개념에 대해 우리 현대인들은 어떻게 생각해야 하는가? 우리는 문학형식에 담긴 오경이 어떻게 법적인 문서 이상의 이야기인가를 살펴보았다. 법은 이야기의 과정 속에 깊이 박혀 있어서 권위를 갖는다. 우리가 토라라고 부른 그 이야기는 가나안에 정착하게 하고 이스라엘의 제도들을 세우게 한 고대 이스라엘의 기원과 여정을 여러 자료를 통해 설명한다. 우리는 예언자들이 초기에 구두로 암송했던 것과 같은 이야기를 예언 메시지의 권위로 삼았던 것을 살펴보았다. 그리고 토라와 예언서 대부분에는 지혜 사상이 스며들어 있다.

그러나 지혜는 한 문화 현상이었고, 이것은 성서에서 지혜가 가진 두드러진 위치를 파악하기 위해 이해할 필요가 있는 것이다. 토라 이야기가 국가라는 범위를 가진 반면에, 지혜는 국제적인 차원을 가졌다고 볼 수 있다. 토라 이야기는 하나님이 이스라엘의 조상을 택하신 것을 다루고 또한 하나님이 특정한 백성과 맺은 계약 관계를 설명한다. 이와는 대조적으로 지혜는 국가라는 경계가 없고 어느 민족에게나 적용될 수 있다. 처음 공부하는 학생은 지혜가 인간의 일상적인 경험에서 일반적으로 나온 것이라고 생각할 수 있다. 이를테면 아이를 낳고 기르고, 생활을 위해 작물을 기르고 목축을 하는 일에 관한 지혜 말이다. 지혜는 개인의 공통 경험에 초점을 두었다. 지혜는 방해받지 않고 경계를 넘는다. 지혜는 모든 백성의 이야기를 말해줄 수 있다. 지혜는 보통 사람들 또는 특별한 사람들의 번영과 가난에 관한 경험을 다룬다. 지혜는 또한 어느 문화나 기풍 안에 있는 삶의 수수께끼를 다룬다.

지혜는 부부관계, 친구관계 등 모든 종류의 인간관계를 다룬다.

지혜는 삶과 죽음의 문제를 다룬다. 또한 삶의 불평등성과 죽음의 평등성을 다룬다. 지혜는 죽음에 대해 고찰하면서 개인에게 죽음이 어떤 의미인가를 생각한다. 죽음은 삶이 민주적인 것보다 훨씬 더 민주적이다. 모든 인간은 죽는다. 그리고 죽을 때는 웅장한 무덤이나 피라미드라고 해도 무덤 이상의 아무 차이 없이 흙에 묻힌다. 무덤의 차이는 죽은 자를 기억하는 사람들에게만 중요할 뿐, 죽은 자에게는 중요하지 않다. 모든 사람이 죽음을 겪는다는 의미에서 민주적이다. 젊은 이들은 무시하지만 나이든 이들은 이 점에 대해 명상하고 성찰한다.

"왕자와 빈자가 함께 죽어 눕는다."는 면에서 죽음은 민주적이다. 잴 수 없을 만큼 부자인데다가 경건하였던 욥은 잿더미 위에서 울부짖는다(욥 3:11-19).

> 어찌하여 내가 모태에서 죽지 않았던가? 어찌하여 어머니 배에서 나오는 그 순간에 숨이 끊어지지 않았던가?
> 어찌하여 나를 무릎으로 받았으며, 어찌하여 어머니가 나를 품에 안고 젖을 물렸던가? 그렇게만 하지 않았더라도, 지금쯤은 내가 편히 누워서 잠들어 쉬고 있을 텐데. 지금은 폐허가 된 성읍이지만, 한때 그 성읍을 세우던 세상의 왕들과 고관들과 함께 잠들어 있을 텐데.
> 금과 은으로 집을 가득 채운 그 통치자들과 함께 잠들어 있을 텐데. 낙태된 핏덩이처럼, 살아 있지도 않을 텐데. 햇빛도 못 본 핏덩이처럼 되었을 텐데!
> 그 곳은 악한 사람들도 더 이상 소란을 피우지 못하고, 삶에 지친 사람들도 쉴 수 있는 곳인데.
> 그 곳은 갇힌 사람들도 함께 평화를 누리고, 노예를 부리는 감독

관의 소리도 들리지 않는 곳인데.
그 곳은 낮은 자와 높은 자의 구별이 없고, 종까지도 주인에게서 자유를 얻는 곳인데!

죽음은 두 가지 의미에서 민주적이다. 곧 모든 인간은 예외 없이 죽고, 죽음에서 모든 사람은 완전히 평등하다. 마르틴 루터 킹의 무덤에 새겨진 흑인영가가 있다. "결국 자유로와, 결국 자유로와, 전능하신 하나님께 감사하라, 나는 결국 자유롭게 되었다." 대부분의 노예에게 죽음은 그들이 아는 유일한 자유였다.

하나님은 지혜사상에서 국제적이고 보편적이시다. 창세기의 첫 열한 장은 어떤 의미로든 유대교나 기독교가 아니다. 이 장들은 하나님을 보편적으로 생각하는 최고의 본보기들이다. 온 세상을 창조할 때, 인간의 반역을 다룰 때, 온 땅을 파괴한 큰 홍수나 하늘에 닿으려고 탑을 세우려는 인간의 노력에 대해 성찰할 때 그러하다. 그런 이야기들은 인간과 하나님의 관계에 관한 중요한 요점을 말한다. 곧 이 둘은 존재의 격이 완전히 다르다. 하나님은 불멸하고 인간은 유한하다. 인간은 죽고 하나님은 죽지 않으신다. 창세기 11장의 맨 끝에 가서야 이스라엘의 조상 이야기가 시작된다. 그들은 아랍인의 조상이기도 하였다. 그러나 그 전까지 창세기 1-11장은 그들과는 무관하고 지혜사상과 모든 인간의 공통경험으로 가득 차 있다.

지혜는 인간 사이의 정의와 불의 문제를 다룬다. 사무엘하에는 왕궁의 고문 또는 현자들이 왕이 잘못했을 때 어떻게 다루는지를 보여주는 두 이야기가 들어 있다. 왕은 나라의 대법원장이었고 결정을 내릴 때 지혜사상을 활용했다. 두 여자가 서로 한 아이의 엄마라고 주장하는 상황에서 솔로몬이 행동한 방식도 그러하다(왕상 3:16-28). 신명기 역사가는 솔로몬의 지혜가 하나님의 선물이었다고 밝힌다(왕상 3:10-12, 29-34). 솔로몬의 지혜는 "초목과 짐승과 새와 파충류와 물고기에 관한 지식"과 연관이 있었다. 그는 3000개의 잠언과 수많은 노래를 지었다(왕상 4:32). 그러나 신명기 역사가는 말하기를 솔로몬의 지혜에는 야훼를 그토록 불쾌하게 만든 외국 제의와 문화의 영향에서 벗어나는 법을 포함하지 않았다고 말한다(왕상 11:1-10). 지혜는 토라 이야기가 요구하는 것과 토라의 권위를 준수하는 문제에 관해서는 제한이 있었던 듯하다.

다윗 또한 솔로몬만큼은 아니지만 지혜에 관한 명성을 누렸다. 사무엘 상하는 다윗의 지혜를 강조하지 않지만 적어도 한 구절이 '하나님의 천사와 같은' 다윗의 지혜를 칭송한다(삼하 14:17). 다윗은 훨씬 나중에야 지혜와 분별력이 있다는 말이 나오고, '예언의 영으로' 시편을 지었다는 말이 나온다(사해 시편두루마리 column 27). 다윗 왕궁에 있던 두 현자의 지혜를 보여주는 이야기가 둘이 있다. 하나는 남자이고, 다른 하나는 여자이다. 첫 번째 이야기에서 다윗은 왕으로서 한 나라의 대법원장으로 앉아 있지만 나단이 부자와 가난한 사람의 이야기를 가지고 왕에게 따져 묻는다. 부자는 가축이 많았던 반면, 가난한 사람은 어린 암양 한 마리밖에 없었고, 이 양은 가족과도 같았다. 그런데 부자는 손님을 대접하기 위해서 가난한 사람의 어린 양을 빼앗아갔다. 다윗은 거의 즉각 이 이야기에 반응하면서 이야기 속의 그 부자를 죽여야 한다고 정죄했다. 그러자 나단은 다윗에게 "당신이 바로 그 사람입니다."라고 말했다(삼하 12:1-7). 다윗이 가난한 사람을 위해 정의를 행해야 한다고 즉각 반응한 것은 아마 이스라엘이 이집트에서 노예로 있었던 경험을 담은 토라 이야기에 기초한 것이지 다윗이 가진 큰 지혜에 기초한 것은 아니었을 것이다.

두 번째 이야기는 다윗에 관한 것이다. 다윗의 아들 압살롬은 이복형제인 암논이 자신의 동생인 다말의 온전함을 범하였기 때문에 그를 살해했고, 그래서 심판관인 다윗이 압살롬을 추방했다(삼하 13:1-14). 다윗은 압살롬에게 귀양을 보내는 벌을 내렸다. 압살롬은 5년 정도 그렇게 지냈다. 다윗의 친한 친구이자 군대 장군인 요압은 잘생긴 압살롬이 백성들에게 인기가 있는 것을 알았다. 그리고 다윗의 부성적인 마음이 쫓겨나 있는 압살롬에게 향해 있다는 것도 알았지만 이 상황을 다룰만한 지혜가 없었다. 요압은 나단처럼 '드고아의 현명한 여자'와 '가상의 법정 소송'을 짰다. 다윗은 나단의 비유처럼 드고아의 여자 이야기가 자신이 결정을 내려야 하는 실제 소송이라고 생각했다. 그래서 다윗은 법정에 앉았고, 여자는 판단해달라고 자신의 상황을 말했다. 여자는 여러 날을 애통하며 지낸 것처럼 혼미해서 왕 앞에 엎드려 소리쳤다. "왕이시여, 구해주소서!"(호쉬아, 하멜렉). 이 말은 왕의 목전에 있을 때 쓰는 공식(formula)이었다. (이 동사는 왕이 하나님을 하늘의 심판관이라고 부를 때 해마다 같은 공식을 사용한 시 118:25의 동사와 같고, 그리스어로 기독교 예전의 '호산나'가 되었다.) 다윗은 드고아 여자의 호소에 또 다른 법정 표현인 "네 송사가 무엇이냐?"라고 대응하였다. 여자는 과부인 자신에게 두 아들이 있는데 어느 날 둘이 들에서 싸우다가 하나가 다른 하나를 죽였고 그래서 자신에게는 살인자인 아들 하나만 남았다고 말했다. 여자의 가족은 살인자를 죽여야 한다고 주장했지만 이것은 고인이 된 남편의 유일한 자손을 죽이는 것이었다. "그들은 저에게 남아 있는 불씨마저도 꺼버려서, 제 남편이 이 땅에 이름도 자손도 남기지 못하게 하려고 합니다"(삼하 14:7). 다윗은 이 송사를 판단할 지혜가 없었고 여자에게 집에 가서 판결을 기다리라고 말했다. 그러나 여자는 왕에게 끈덕지게 졸라서 결국 다윗은 "주님께서 확실히 살아 계심을 두고 맹세하지만, 네 아들의 머리카락 하나도 땅에 떨어지지 않게 하겠다."라고 말했다 (14:11). 그러자 여자는 더 간청하며 말했다. "압살롬을 여기로 데려오시지요?" 여자는 다윗의 실제 경우와 가상의 경우가 유사한 것, 압살롬이 복수하려고 형제를 죽인 것을 용서하지 않는 그 유사성을 가지고 계속 밀어붙였다. 다윗은 요압이 그 책략을 짠 것이냐고 물었다. 여자는 그렇다고 했고 다윗은 요압을 "하나님의 천사와 같은 지혜"라고 칭찬했다. 그런 다음 다윗은 요압을 보내서 압살롬을 데려오라고 했다. 그런데 또 다른 이야기를 보면 요압 자신은 또 다른 현자인 아벨의 지혜로운 여자의 도움을 받아야 했다(삼하 20장).

성서 언어에서 지혜를 나타내는 단어는 여성형이다. 그리고 그보다 더한 것은 지혜가 잠언 8장, 9장, 14장처럼 여자로 의인화된 점이다. 초기 유대문학에서 지혜는 창조 때 하나님과 함께 있었다고 생각되었고 창조의 건축가라고 여겨졌다(외경인 '솔로몬의 지혜'를 보라). 지혜는 하나님의 동무였고, 대중의 생각 속에서 하나님의 배우자라고 여겨진 이쉬타르(Ishtar) 또는 아스다롯(Ashtarte)의 자리를 차지하고 있었다. 알렉산더가 지중해와 서아시아 전역에 그리스 문화를 퍼뜨린 결과로 유대교가 헬라화되어서 유대인들이 그리스어를 말하기 시작했을 때, 그리스 전통의 소피아(지혜)는 셈족 세계의 호크마(지혜)와 융합되었다. 초기 기독교의 일부 전통은 헬라화된 유대교의 궁극적인 예가 되는데, 소피아를 하나님의 창조 동역자로 환영하였다. 그리스어로 '성령'은 중성이지만 셈어로 영은 여성이고 일부 기독교 사상에서는 여성 소피아 전통과 융합되었다. 하나님의 여성적인 측면은 항상 어떤 식으로든, 특히 대중의 생각 속에서 표현되었다. 고고학자들은 많은 토기 여신상을 발굴하였다. 학자들은 거의 최근까지도 이들을 가나안의 여신상이라고 생각하였다. 그러나 고고학은 고대 이스라엘의 대중 종교에서 야훼는 초창기 시대부터 후대에 이르도록(렘 44장을 보라) 배우자를 가졌다는 것을 보여주었다. 유대교가 포로기 동안에 생겨났을 때, 이 배우자는 지혜 사상 속에서 표현되었다. 성서에서 한 분 하나님은 남성과 여성 모두이거나, 둘 다 아니다.

이것은 충분히 이해할 만한 일이다. 성서에서 지혜 사상에 대해 생각하는 가장 좋은 방법 중 하나는 삶 속에서 여성의 경험에 대해 생각하는 것이기 때문이다. 모든 부족의 여성은 다른 여성들이 자신들과 똑같이 신체적인 경험을 한다는 것을 안다. 배란, 월경, 수태, 임신, 사산, 출산, 수유, 이유(離乳), 양육, 남자들 돌보기 등에 관한 여성의 경험은 보편적이다. 어느 부족 또는 집단에 속했느냐는 문제가 되지 않는다. 모든 여성은 생명을 주고 생명의 위험을 겪는 경험을 하며, 사춘기에 여성의 보편성을 깨닫기 시작한다. 이것은 소년이나 남성이 남성성을 깨닫는 것보다 훨씬 더 그렇다. 협력이 여성의 특성인 반면, 소년은 쉽게 경쟁적인 방식으로 사회화된다. 물론 모든 남자나 모든 여자가 그렇다고 말할 수는 없다. 여성 독재자는 남성 독재자만큼이나 경쟁적이고 비협동적일 수 있다. 그래도 젠더의 차이가 있는 한, 여성은 인간의 삶에서 중대한 역할들에 대한 관점을 제공한다. 가부장세 사회에서도 출산, 자녀 양육, 양모 짜기, 식사 준비, 남자들 챙기기는 여성의 공통 지혜이다(잠 31장). 거의 모든 문화에서 남자는 도시와 국가에 관한 책임을 맡는 반면, 여성은 집, 가정, 남자들 돌보기, 자녀 출산과 양육의 책임을 맡는다. 이것은 인간 경험의 생명 예술이다. 여성은 종종 생존의 문제를 담당한다. 지파나 백성의 연속성을 제공하는 관습과 법을 어긴 여성의 이야기가 성서에 많이 나온다는 것이 놀랍다. 창세기 38장의 다말 이야기가 특징적인 예이다.

지혜는 사람들 사이의 사회 정의 문제에 대해 윤리적인 관심을 갖는다. 지혜는 부와 가난, 정의와 불의의 문제, 곧 어떻게 하면 삶이 모든 사람을 위해 잘 돌아갈까에 대한 관점을 제공한다. 지혜는 심지어 의와 최고 의 사이의 균형, 곧 전도서의 한 주제인 하나와 다른 하나 사이의 일종의 중용(mediocritas aurea)을 추구하기도 한다.

> 헛된 세월을 사는 동안에, 나는 두 가지를 다 보았다. 의롭게 살다가 망하는 의인이 있는가 하면, 악한 채로 오래 사는 악인도 있더라. 그러니 너무 의롭게 살지도 말고, 너무 슬기롭게 살지도 말아라. 왜 스스로를 망치려 하는가?(전 7:15-16)

지혜로운 사람 또는 현자는 남성적인 것을 균형 잡을 수 있는 여성적인 관점에 도달했거나 그런 관점을 가진 사람이다. 성서에 있는 대부분의 법은 고대 중동의 다른 나라 사람들의 법에도 나온다. 독재자가 아니라 법의 지배를 받는 것, 곧 유대교의 천재성은 모든 민족들에게도 마찬가지이다. 지혜는 하나님을 국제적으로 보고 또한 모든 사람에게 보편적이면서 분명 위대한 예언자들과 신명기가 유일신화 과정에서 가졌던 관점을 제공하였다.

"그런데 어디서 지혜를 찾을 수 있을까?"(욥 28:12). 지혜에 관한 가장 초기의 사상에 의하면 지혜는 하나님과 마찬가지로 창조되지 않았고, 종종 하나님으로부터 독립적인 듯하다. 그러나 이스라엘과 특히 유대교는 하나님을 모든 지혜의 근원으로 보았다. "주님을 경외하는 것이 지혜요, 악을 멀리하는 것이 슬기다"(욥 28:28). 지혜와 여성이 하나님의 일부로 여겨진 것처럼 하나님은 지혜의 근원이 되었다. 지혜는 야훼의 특성이 되었고 지혜는 하나님의 것이었다. 포로기 이전의 '참 예언자들'은 하나님이 원하는 사람을 자유로이 심판하시고 축복하시는 분이고, 모든 이들의 한 분 하나님이라고 하는 관점을 어떻게 해서 갖게 되었는지에 대한 질문이 필수적으로 생겨났다. 예를 들면 어떻게 아모스는 출애굽과 광야유랑과 가나안 입성에 관한 토라 이야기의 하나님이 자신의 백성을 자유로이 심판하신다고 말할 수 있을까? 반면에 '거짓 예언자들'은 하나님이 자신의 약속에 충실하고 무슨 일이 있어도 백성을 돌보실 것이라고 주장했다. '참 예언자들'은 어려움 가운데서 다시 읽혀지고 암송되고 정경에 들어가게 되었는데, 이들은 하나님이 자신의 약속에 충실하시지만 백성을 벌하실 것이고 어떤 고난을 겪게 해서든 그들을 변화시키실 것이라고 주장했다. 이 두 예언자의 결정적인 차이는, 참 예언자는 유일신화의 해석으로 전통을 다시 읽었고, 그 약속 안에서 하나님의 자유를 주장하였고, 하나님이 우주의 창조주이시면서 국가의 구속자이시기도 하다고 주장하였다. 아모스는 고향인 드고아의 현자들에게서 그러한 전통 이해 또는 해석학을 배워서 하나님을 국제적인 용어로 생각했을 수 있다.

예언자들에게 하나님은 실재(reality)였던 반면, 지혜는 현실주의(realism)를 강조했다. 하나님을 불쾌하게 하지 않고 하나님의 은총 안에 살려면 어떻게 살아야 할까? 성서의 지혜는 때로 하나님 아래서 살아가는 삶의 기술을 뜻하므로 혼란은 제어하고 안정은 높인다. "너무 악하게 살지도 말고, 너무 슬기롭게 살지도 말아라. 왜 스스로를 망치려 하는가?"(전 7:17). 지혜는 한 문제의 양면을 본다. 의라고 할지라도 그렇다. 십자군이 선보다 악을 더 행할 수 있다. 범죄를 근절하는 것이 악인에게 정의를 행하는 것보다 무고한 사람에게 불의를 더 행할 수 있다. 다른 나라 사람들에게 민주주의를 강압적으로 전하는 것은 통치에 혼돈을 야기할 수 있다. 지혜는 신중하고 사려 깊다.

지혜는 성찰을 한다. 혁명과 십자군은 예전의 사회 구조를 수직적으로 그대로 둔 채 억압자와 억압당하는 자의 역할만 바꿀 수 있다. 진화, 곧 안정성의 틀 안에서의 변화가 더 지속될 수 있다. 이러한 것이 지혜의 생각이다.

둘 다 필요하다. 즉 백성들에게 하나님이 그들의 의지와 소망의 심판관이심을 상기해주는 예언자도 필요하고, 복종하며 신중하라고 조언하는 현자도 필요하다. 예언자는 계약의 문제를 제기하고 공동체의 진정한 정체성이 어디에 있는지 스스로 묻게 만든다. 예언자는 다른 모든 논쟁을 날려버리는 그 한 질문을 하기 위해서 연속성과 비연속성의 우선성과 가치에 대한 모든 논쟁을 자른다. 참 예언자는 특정한 행동을 해서 세력을 되찾는 계기를 만들기 위한 정치적인 비난 연설은 하지 않는다. 이와는 반대로 참 예언자는 모든 정책과 프로그램의 밑둥을 잘라버리는 정체성과 생활양식이라는 궁극적인 문제를 제기한다. 참 예언자는 전체 공동체에 이 문제를 제기하고, 아무도 편들지 않고 모든 당파와 분파에 도전한다. 이것은 예언자를 차꼬와 구덩이와 교수대로 보내게 할 것이다(렘 20장; 26장; 33장; 눅 4장; 22-23장 및 평행 본문). 예언자는 한 세력이 다른 세력에 대항하게 만들지 않는다. 예언자는 존재하는 모든 권세들(롬 8:38; 13:1)을 초월하여 그 위에 계신 분의 이름으로 모든 권세들에 도전한다.

이와는 대조적으로 현자들은 정치가라고 부를 수 있다. 이들은 어느 주어진 상황 또는 문제가 가진 힘의 구조를 철저히 조사하고 그 안에서 현실적으로 실행 가능한 것을 평가하는 사람들이다. 예언자들이 메시지의 권위를 토라 이야기에 둔 반면, 현자들은 토라 이야기를 뒤집어 세밀히 조사할 때를 제외하고는 전혀 언급하지 않았다. 그들의 권위는 지혜의 하나님이었다. 그들은 한 문제의 양면을 보았고 무엇이 가능하고 최상인지에 대해 현실적인 평가를 내리려고 했다. 그들에게는 이스라엘 또는 공동체가 생존해야 한다는 것이 당연했다. 그들은 연속성을 전제로 하였다. 그들은 권세자들을 다루었고, 여러 선택을 솔직하게 평가했다. 예언자는 진정한 힘이 역사 영역을 초월하여 존재하고 또 역사 영역 안에서 계속 일하고 있다는 신념을 가지고 문제를 제기했다. 현자는 인간이 하나님이 주신 지혜의 빛 속에서 문제를 해결하기를 하나님이 기대하신다는 가정을 가지고 삶을 평가했다. 하나님 경외는 지혜의 시작이었지만 모든 것에 답을 주지는 않았다. 각 상황은 그 자체로 평가받아야 했다. 상황을 분별하는 것은 성서에서 중요한 요소이고 또한 정경 과정의 결정적인 부분이었다.

욥기

욥기는 어떤 기준으로 보아도 놀라운 업적을 보이는 시(詩)이다. 욥기는 지혜 사상의 최고라고 할 만한 부분을 포함하면서도, 하나님과 인간의 관계에 관한 예언 사상과 전통 사상의 최고라고 할 만한 부분에 대해서도 고찰한다. 그렇긴 하지만 이스라엘이나 유다를 배경으로 하지는 않는다. 욥기는 의도적으로 국제적인 모습을 띤다. 양식비평의 관점에서 보면 욥기는 그리스 비극의 문학양식에 가깝다. 어떤 학자들은 이러한 기원에 대해 논쟁을 벌였다. 하나님과 이스라엘의 관계에 관한 포로기 이전의 옛 사상은 포로기 이전에 국가가 겪은 어려움 때문에 큰 도전을 받았다. 욥기가 이 점에 대해 솔직하고 열린 자세로 탐구한다는 것이 가장 주목할 만하다. 욥기에는 특별히 유대적인 특징이 없지만 포로기 이전의 신학이 새로운 상황에 얼마나 적용될 수 있는가, 어떻게 적용될 수 있는가를 탐구했다.

최근의 학자들은 현재의 욥기 형태(후대의 상황에 맞춘 일부를 제외하고)를 기원전 6세기 후반, 곧 에스겔서의 주요 부분과 포로기 이사야의 예언 사이쯤으로 잡는다. 욥기는 창세기와 포로기 이사야의 최종 편집을 포함하여 유대문학이 나온 후의 초기 유대문학처럼 당시에 유다 출신자들이 자신들의 청동기시대 유산에 대해 가진 강한 관심을 보여준다. 한 백성이 더 이상 정치적으로 자립하지(자신의 땅에서 자유롭게 사는 상태) 않고 해외에 흩어지게 되었을 때 일부 사람들은 창세기의 족장들이 살았던 바로 그 메소포타미아에 정착하였고, 이들은 자신들의 초기 역사에 대해 말해주는 전승들에 관심을 갖게 되었다. 이런 일반 원칙은 토라 이야기를 어느 범위로 할지 최종적으로 결정하는 데 작용하였다. 이것은 모두 정치적 자립 이전의 것이다. 즉 토라의 범위는 여호수아서가 가나안에서의 정착 전승을 다루기 이전 시점에서 이스라엘의 기원 이야기를 멈추는 것으로 결정되었다.

바빌론 포로기의 유다 출신자들은 창세기의 전승들에 나오는 바와 같이 이스라엘이 메소포타미아로부터 기원한 것에 대해 자연스레 관심을 가졌다. 이것은 청동기시대 전승들이 유다를 떠나온 포로들 사이에서 생겨났다는 말이 아니라, 신명기 이전의 옛 전승들 중에서 이제 그들에게 가장 의미 있는 것이 무엇인지를 선택하는 데 포로 경험이 중요했다는 말이다. 아브라함, 이삭, 야곱에 관한 옛날 이야기와 그들이 어떻게 메소포타미아에서 가나안까지 이주하였는가는 포로들이 가진 희망의 기반을 제공하였다. 그들이 외국 땅에서 경험한 것은 창세기 이야기에 비추어 볼 때 이야기의 끝이 아니라 새로운 시작으로 볼 수 있었다. 이와 똑같은 경험이, 피하기 어려운 후대의 위기들 속에서 성서 속에 있는 많은 부분을 선택할 때 작용하였다.

그래서 욥기는 청동기, 곧 족장들의 시대에 관심을 가진 6세기의 르네상스를 반영한다. 욥기는 고풍스레 만든 작품이다. '욥'이라는 이름은 성서의 다른 곳에서는 청동기시대의 다른 이름들(겔 14:14)과 더불어 에스겔 14장에만 나온다. 에스겔은 포로기 신학자 중 처음으로 이런 식으로 생각하기 시작했다. 욥기는 메소포타미아 사상 밖의 내용을 다루기는 하지만, 저자 또는 편집자는 분명히 청동기시대를 그 역사적 배경으로 설정한다.

우리는 위에서 "우리가 어떻게 살아야 할까요?"라는 질문을 특히 에스겔을 살펴보면서 다룬 바 있다. 에스겔은 이 핵심 질문에 직면했을 때 바빌론의 그발 강가에서 전쟁포로수용소에 있었다. 유다에서 온 많은 사람들과 함께 있으면서 예루살렘이 파괴되었다는 끔찍한 소식을 방금 들었다. 그것은 생각할 수도 없는 일이었다. 에스겔에게 온 사람들은 낙담하였으나 회개하였다. 에스겔의 답변은 예언자 신학과 아주 비슷하면서도 새 강조점을 갖는다. 그는 세대의 책임을 강조했다. 그의 세대는 조상의 죄에 대해 더 갚지 않을 것이다(출 34:6-7에도 불구하고). 에스겔의 초기 동시대인인 예레미야는 부모와 조부모의 죄로 심판을 받지 않을 것이라는 생각을 도입했다(렘 31:29). 그것은 개인의 책임이라는 사상으로 아직 온전히 발달되지 않았지만, 초기 유대교의 중심이 될 방향으로 움직이고 있었다. 그런 사고방식은 아주 오래 전에 메소포타미아에 살던 족장들이 이스라엘이 어떤 백성이 될 것인가에 대해 개인으로서 책임이 있다고 족장들을 보기 시작했다는 것을 뜻하였다. 옛 청동기시대의 족장 전승들에 대한 관점이 변한 것이다. 이것은 둘째 기독교 경전이 그리스도가 1세기에 이스라엘의 책임을 감당하고 성취했다고 주장하는 것과 같다.

그래서 욥기는 그런 종류의 사상도 반영하고, 그 안에서 우리는 포로를 겪은 이스라엘의 번뇌를 깊이 다룬 시나리오를 접하게 된다.

의로운 사람이 아주 적은 죄를 졌는데 잿더미 위에 곤궁하게 앉아 부스럼을 옹기 조각으로 긁고 있다. 그 기간 동안에 이스라엘이 물은 질문은 욥이 시(詩)에서 물은 질문과 같다. 기원전 6세기의 문학은 그러한 질문에 답하려는 시도로만 이해될 수 있기 때문에 그러한 질문이 있었다는 것을 알 수 있다. 무슨 일이 일어났을까? 왜? 삶은 이제 무슨 유익이 있을 것인가? 이스라엘은 이제 무엇인가? 이 백성이 하나님의 보호를 합당하게 받을 자격이 없다면 그럼 뭐란 말인가? 그리고 하나님은? 오 나의 하나님, 하나님은 누구신가? 하나님이 약속을 지킬 것이라고 기대할 수 있을까? 어떤 학자들은 이것이 욥기와 창세기가 다루는 전반적인 질문이라고 본다. 하나님은 어떤 종류의 하나님인가? 우리는 하나님이 필요한데 우리를 돕기 위해 역사에 개입하지 않으신다면 더 이상은 전혀 개입하지 않으시는 것인가? 하나님은 죽으셨나?(합 1:12). 하나님은 우리가 생각한 것보다 더 상관이 없고 더 멀고 더 동떨어져 있고 더 초월해 계신가?

어떤 이들은 욥기를 쓴 시인이 하나님을 양육자나 후원자가 아니라 창조자 또는 백성의 내재적 심판자라고 강조하고 싶어 했다고 본다. 이스라엘의 역사 신앙, 특히 출애굽과 시내산에 관한 모세의 오경 전승 속에 발달된 신앙은 예언자들이 철기시대에 저항했던 방식으로 6세기 이스라엘의 경험 속에서 신화화되었다. 이 과정은 족장들에 관한 청동기시대의 전승들에 대한 관심의 르네상스와 함께 일어났다.

이러한 관점은 욥기의 시인이 사실 최상의 예언자 신학의 이면을 보여준다는 견해, 즉 다른 근거를 통해서 얻게 된 견해를 더욱 강조한다. 욥과 세 친구의 말을 자세히 연구하면, 신명기 역사가와 포로기 이전 시대 말기의 예언자들이 표현한 바와 같이 모세의 신학 사상 가운데 가장 정교한 부분이 드러난다. 실상 자세히 연구하면, 때로 진부한 말을 하는 것처럼 보이는 욥의 '친구들'의 주장들은 포로기 이전의 예언자들과 신명기 신학 가운데 최상의 부분을 반영한다. 다만 과거의 사상가들과 달리 개인에게 적용하였다. 친구들의 말 속에 있는 욥기의 시인은 보다 초월적인 하나님을 제시하면서 욥의 반대자들의 입에 조악한 주장을 담아둔다. 이 주장들은 예언자들이 계약 백성 전체에게 말했을 때는 효과가 있었지만, 어려움 속에 있는 개인에게 말할 때는 공허하게 들렸다.

욥기 3-31장은 당시에 이미 일어난 일과 온 백성이 겪은 재난이 무슨 의미가 있는지에 관해 계속되었던 고뇌의 깊이를 반영한다. 욥기의 저자는 이스라엘이 하나님의 심판 속에서 살았고 그 존재를 유지했다는 기본적인 예언자 신학을 진지하게 다루었다. 그러나 욥기의 저자는 거기에 당시에 발달하고 있던 사상을 보탰다. 즉 '이스라엘'이라는 개념이 개인의 책임과 관련해서 점차적으로 발달하고 있었다(렘 31: 29; 겔 18장; 합 2:4-5). 그는 그런 예언자 사상이 그늘을 드리운 곳이 어디인가를 변증법적으로 보여주려고 했다. 달리 말해서 욥기의 시인은 욥의 경우를 개인 대 하나님(예언 심판 및 이스라엘의 구원하시는 하나님)으로 제시하는 데서 속이지 않았다. 우리는 욥기의 시인이 욥과 친구들 사이에 제시한 논쟁이 포로기의 독자들과 청중의 번뇌에 깊이 도달했다는 것을 알 수 있다.

간단히 말해서, 욥의 주장은 이스라엘이 하나님의 심판으로 존재한다는 모세와 예언자의 관점을 유지하기 어렵다는 것이었다. 즉 이스라엘이라는 개념에 그렇게 많은 책임이 있을 때, 곧 이스라엘이라는 말이 암시하는 생활양식과 확신이 개인에게, 이 경우에 경건하면서도 부유한 욥에게 주어질 때 그 관점은 어렵다는 것이다(욥 1장과 29장). 욥은 네 번의 재난을 계속해서 겪고서는 한 주간의 침묵에 들어갔다(렘 28:12; 42:7을 보라). 욥은 예레미야의 말을 따서(렘 20:14-18) 자신의 생명을 저주하고 예레미야가 한 것보다 훨씬 더 그 옛날 모세와 예언자의 관점을 의문시한다(예레미야와 다른 것은 아니다. 렘 12:1; 15:18을 보라). 하나님은 이스라엘에게 주신 것을 취하고 앗아가실 수 있다고 말할 수 있다. 이스라엘이 주신 분을 잊고 도시와 성전과 같은 선물을 주신 분을 잊고 그것들을 우상으로 만드는 경향이 있었기 때문이다(욥 2:10). 그러나 그 관점을 개인에게 단순히 이전하는 것, 특히 자신의 책임을 매우 진지하게 여기는 개인에게 이전하는 것은 또 다른 문제이다. 달리 말해서 신명기 27-28장을 개인에게 그리 쉽게 적용할 수 없었고, 또한 포로기 이전의 예언 메시지를 이해하는 데 도움을 준 계약소송 은유도 실제로 개인에게 적용할 수 없었다.

욥은 부당하게 고난을 받은 의인으로 나온다. 젊었을 때의 죄를 부인하지 않는 욥은 그가 겪은 재난에 해당할 정도로 죄를 짓지 않았다고 용감하게 항의한다(욥 13:26). 예언자 하박국은 비록 여러 재난이 맹습하기 전에 이스라엘이 겪는 곤궁에 대해 말하기는 하지만, 욥의 질문을 아주 잘 풀어놓았다.

> 주님께서는 눈이 맑으시므로 악을 보시고 참지 못하시며,
> 패역을 보고 그냥 계시지 못하시는 분입니다.
> 그런데 어찌하여 배신자들을 보고만 계십니까?
> 악한 민족이 착한 백성을 삼키어도 조용히만 계십니까?(합 1:13).

의인들이 분명히 고난을 받고 또한 하나님의 침묵이 귀머거리로 만들 정도로 하나님의 정의가 요원한 것처럼 보일 때, 예레미야나 에스겔이 한 것처럼, 도대체 사람이 하나님의 심판으로 산다고 과연 어느

누가 말할 수 있을까?

예레미야는 예언자로서 하나님의 회의(council of God)에 서 있었다고 주장했고(렘 15:19; 23:22), 욥이 내내 주장한 것이라고는 예레미야처럼 그 회의에서 하나님 앞에 서서 자신에 대한 기소를 듣고 대답을 해달라는 것이었다(욥 13:16-28; 31:35). 욥은 일찍이 행복한 시절에 하나님을 가까이 느꼈고 천상회의가 자기 집에서 열린 것을 기억한다고 주장했다(29:4). 욥기의 시인은 포로기까지의 성서 사상 가운데 최고 부분을 가져다 그것을 완전히 뒤집는다. 시편 8편에는 놀라움과 경외심으로 하나님께 물은 익숙한 질문이 있다. "사람이 무엇이기에 주님께서 이렇게까지 돌보아 주십니까?" 그러나 욥기에서는 그 질문이 "사람이 무엇이라고 주님께서 그를 대단하게 여기십니까? 어찌하여 사람에게 마음을 두십니까?"(욥 7:17)와 "어찌하여 주님께서 나를 피하십니까? 어찌하여 주님께서 나를 원수로 여기십니까?"(욥 13:24)로 바뀐다. 토라와 예언서와 시편의 본문을 알고서 욥기 본문을 읽은 히브리인들은 하나님이 이스라엘의 삶 속에 개입하시는 것에 관한 성서 사상의 최고 부분이 어떻게 그 이면을 드러내는지 스스로 살펴볼 수 있었다. 욥은 욥기에서 가장 통렬한 질문들 가운데 하나를 가지고 하나님께 묻는다. "당신께서 날리는 나뭇잎을 위협하거나 지푸라기를 쫓으시렵니까?"(욥 13:25). '위협하다'라는 말은 하나님을 거룩한 전사(holy warrior)라고 찬양할 때 하나님에 대해 쓰이고(욥 20:1), '쫓다'라는 말은 하나님이 이방 나라들을 심판한다고 말할 때 하나님에 대해 쓰인다(렘 29:18).

욥기가 제시하는 통렬한 질문은 이스라엘 백성이 흩어진 상황에서, 이스라엘의 하나님에 대한 모세와 예언자의 신학에 대해 어떻게 대할 것인가 하는 질문이다. 즉 계약의 책임이 개인에게로 넘어가,

개인이 어디에 있든지 주로 그 개인이 계약의 책임을 지는 상황에서 말이다. 예언자들은 정확히 신아시리아 제국과 신바빌로니아 제국이 공격적으로 확장하며 민족들의 흥망성쇠에 관한 역사의 한 페이지를 장식하던 때에 등장했다. 예언자의 대답들을 디아스포라에서 개인의 가치와 책임이라는 새 상황에 적용하는 것은 잘못이었다. 욥이 제시하는 대답은 디아스포라 속의 새 이스라엘의 신학, 곧 신생 유대교는 하나님을 역사의 주(Lord of history)로 강조하기보다는 하나님의 초월(God's transcendence)을 강조해야 한다는 것이다. 하나님은 역사에 개입하여 백성과 나라를 심판하는 분이라기보다 주로 창조주 하나님으로 보아야 한다. 하나님의 계약 이름인 야훼는 폭풍 속 연설(38-41장) 이전에는 욥기에 나오지 않는다. 이 연설은 하나님의 창조적 특성들이 너무 크게 부각되어 하나님의 섭리나 정의에 관한 모든 질문들을 침묵시켜버린다. 신정론, 혹은 하나님의 방식을 인간에게 정당화시키는 것은 이슈가 아니었다. 오히려 유대교는 하나님 개념이 바뀌는 것을 경험하기 시작했다. 하나님은 더욱 더 초월적으로 되었다. 결국 바리새파 랍비 유대교는 예언 또는 하나님의 계시와 역사 속의 개입이 에스라-느헤미야 시대, 곧 욥기가 기록된 지 한 세기 후에 그쳤다고 선언할 것이었다. 모든 유대인 집단들이 이 해법에 동의하지는 않았다. 포로기의 이사야나 쿰란 사람들, 크리스천 유대인 운동은 이에 동의하지 않았고, 하나님이 여전히 현재의 역사 속에 관여하신다고 주장했다. 그러나 어떤 이들은 동의했고 욥이 선도했다. 하나님이라는 이름을 크게 발음하는 것이 곧 금지되었고, 그 대신 '주'라는 단어의 모음이 사용되었다. 하나님이 이브와 아담에게 동산을 돌보게 하신 옛(야훼 문서 저자의) 창조 이야기(창 2장) 외에, 하나님은 초월적이고 말로 표현할 수 없다는 포로기 이후의 새 관점이 생겨났다(창 1장).

한 가지 흥미로운 점은 욥의 친구들이 계약신학을 상당히 많이 표현하는 욥기 부분(3-31장)에는 야훼라는 이름이 결코 나오지 않는다는 점이다. 반면에 창조신학이 가장 분명하게 표현된 부분에서는 (38-41장) 야훼라는 이름이 쓰인다! 이처럼 역설로 보이는 것이 실제로 하나님의 이미지를 초월적이라고 다시 묘사하는 과정의 일부이다. 포로기의 이사야(사 40-55장)는 하나님의 이름을 이렇게 도치시켜서 사용하는 것에 반대했고, 야훼가 창조주이시며 동시에 역사의 주님이시며 하나님의 두 측면을 한 가지 빛으로 보아야 한다고 내내 주장했다. 그러나 욥기의 시인은 이미 자신의 논점을 밝혔고, 그렇게 함으로써 옛 토라 이야기의 귀한 전제들을 개인에게 적용하는 것에 대해 정직하게 의문을 제기한 많은 사람들을 대신해서 말했다. 이런 일은 포로기의 이사야가 살았던 포로라는 곤경 속에서 심판 예언자들의 메시지의 가치를 재발견한 것과 나란히 벌어진 듯하다. 욥기의 시인으로서는 하나님을 창조주 하나님이게 하든가, 즉 약간 멀리 동떨어져 계시게 하든가, 또는 역사와 자연의 변동에 대해 인간들에게 해명하지 않으며 그 모든 것을 신학자들에게 설명할 책임을 지지 않는다. 또한 친구들이 그렇게 했다고 욥이 비난한 바와 같이 '하나님을 위한 송사'를 하지 않는 것이 낫다(욥 13:8). 동시에 어떤 이들은 포로기 이전 예언자들의 심판 메시지들을 검토하고 그 안에서 하나님이 여전히 백성을 원하신다는 희망을 발견하고 있었고, 또 어떤 이들은 그 메시지를 가지고 개인의 가치와 책임이 전적으로 새로운 상황 속에서 무엇을 의미하는지 알아내려고 애쓰고 있었다.

창조주가 욥에게 격렬하게 질문을 퍼부은 후에 욥은 자신이 정말로 하나님을 이해하지 못했다고 회개하고 고백했다(욥 42:1-6). "주님이 어떤 분이시라는 것을 지금까지는 제가 귀로만 들었습니다. 그러나 이제는 제가 제 눈으로 주님을 봅니다." 욥은 신명기와 예언서와 같은 포로기 이전의 전승들을 암송할 때 하나님에 대해 들었었다. 그러나 이제는 하나님이 하나님이시고 인류에게 해명할 책임이 없다는 것을 더 분명히 본다. 놀랍게도 하나님은 욥의 고백에 대해 욥이 아니라 친구들에게 답하신다. "내가 너와 네 두 친구에게 분노한 것은 너희가 나를 두고 말을 할 때에 내 종 욥처럼 옳게 말하지 못하였기 때문이다"(욥 42:7). 하나님의 이 수수께끼 같은 반응은 우리가 해석학적 삼각형으로 종종 다루려고 했던 요점, 곧 진지한 성서 연구에 대한 원칙을 가리키는 것으로 보아야 한다. 그런 구절의 역사적 맥락을 진지하게 생각해야 한다. 이스라엘과 유다의 초기 역사에서 하나님의 강한 행동을 설명하는 데 효과가 있었던 것이 이제 개인의 가치와 책임이라는 새로운 상황에는 단순하게 적용될 수 없다. 옛 것은 새로운 중요성을 가져야 하고 새로운 상황에 조화되어야 한다. 그런 것이 정경과정이다. 이전 예언자의 사상 속에서 '하나님에 관해 옳았던 것'은 포로기와 포로기 이후 시대에 개인의 책임에 적용될 수는 없었다.

역대기

'역대기'라고 부르는 두 권의 책은 대부분 기원전 4세기 초엽에 작성되었다. 바빌론에 살았던 토라의 편집자 에스라가 역대기의 저자일 수 있다. 역대기는 사무엘 상하, 열왕기 상하, '왕들의 미드라쉬'라고 하는 자료, 역대기 지은이가 인용하지만 달리 알려진 바가 없는 20개의 고대 작품, 그리고 그 자신의 별도 문서를 자료로 삼았다. 역대기 저자는 오경의 사제문서(P)처럼 족보에 상당한 관심을 가졌다. 그의 논제는 포로기 이후에 유대교(post-exilic Judaism)가 된 포로기 이전의 유다(pre-exilic Judah)가 옛 이스라엘이 아니라 참 이스라엘이라는 것이다. 그리고 그 연속성의 핵심이 예루살렘 성전과 제의 속에서 표현되었다는 것이다.

역대기는 사무엘 상하와 열왕기 상하에 들어 있는 초기의 많은 이야기를 포로기 이후 시기에 유대교의 새로운 역사 맥락에서 다시 서술한다. 이런 점에서 다윗의 이미지가 사무엘 삼하에 나오는 다윗과 다르다는 것은 시사하는 바가 크다. 즉 초기의 작품들에서 전사(warrior), 민첩한 정치인, 사랑하는 아버지, 호색한, 초기의 어리석은 재판관 등의 모습이 다윗을 '교회'의 머리요 메시아 희망에 대한 보증이라고 묘사하는 것 뒤로 사라졌다. 역대기는 유대교를 살아있는 믿음의 공동체로 보았고, 국가의 제의로 여기지 않았다. 히브리성서에서는 에스라-느헤미야가 한 권의 책이며, 역대기 상하와 한 단위를 이룬다. 이 네 책은 실제로 하나였다. 이 네 책은 서로 매우 비슷해서 저자가 한 명이었고 같은 목적을 가졌다고 가정할 수 있다. 에스라-느헤미야의 주요 관심은 에스라가 바빌론에서 가져온 토라의 주권(왕의 주권이 아니라)과 결합한 새 예루살렘 성전에서의 올바른 제의였다. 역대기의 주요 관심은 아담부터 역대기 저자의 시대까지 하나님의 뜻과 백성의 통치의 상징인 제2 성전까지 이르는 역사에 정확한 계보를 세우는 것이었다.

역대기는 아홉 장에 걸쳐서 족보와 성전 제사장과 여러 일꾼의 목록을 나열한 후에 10장에서 이스라엘 역사를 블레셋의 위협에 대한 사울과 다윗의 대응으로부터 시작한다. 그리고 이것이 모든 반대 상황에도 불구하고 하나님의 목적을 가지고 자신이 성전 구내에 서있는 순간과 장소까지 인도하였다고 보았다. 그러나 그는 에스라-느헤미야서를 역대기하의 뒤에 단순히 붙일 수 없었다. 왜? 두 가지 이유 때문이었다. 하나는 역대기가 열왕기처럼 포로로 마친다는 점이다. 기원전 6세기의 어려운 상황은 결코 일련의 역사 중 하나라고 볼 수 없었다. 역대기 역사가가 생각할 때 신명기 역사가의 생각처럼 도기장이 곧 창조주가 옛 그릇을 깨는 것(렘 18장)은 완전히 깨는 것, 박살내는 것이었다. 그러나 역대기하의 끝에서처럼 열왕기하의 끝에는 혼돈의 한 가운데에서 희미하게나마 광선이 비춘다는 점도 똑같이 중요하다.

열왕기하의 끝에서 여호야긴 왕은 약 쉰다섯 살로서 여전히 포로였지만 느부갓네살의 후계자인 바빌로니아의 에빌므로닥 왕에게서 왕의 식탁에서 정기적으로 식사하고 국가의 연금을 받으라는 초대를 받는다(왕하 25:27-30; 삼하 9:1-8을 보라). 그러나 역대기의 끝은 예루살렘과 성전의 참담한 파괴와 포로를 비통하게 묘사한 후에, 세계의 새로운 통치자인 페르시아의 고레스 왕이 바빌로니아의 마지막 왕 나보니두스를 정복하고 등극하는 것으로 묘사한다. 고레스는 자신이 비용을 지원할 테니까 예루살렘 성전을 재건하라고 반포한다(대하 36:22-23). 그러나 에빌므로닥이 여호야긴에게 준 연금은 언급하지 않는다. 그릇을 깬 것은 예언자들이 주장한 바와 같이 심판이자 변혁의 매체가 되었다. 신명기 역사가는 열왕기하, 학개와 스가랴서(다윗의 후손인 스룹바벨이 왕이 될 것이라고 믿었다)에서 다윗왕조의 회생을 희망한 반면, 역대기 사가는 이를 성전의 부활로 변화시킨다. 역대기 사가에게 새 이스라엘은 그것이 팔레스타인 안에서든 밖에서든, 또 다른 국가 제의가 아니라 제사장들이 다스리는 유대교, 곧 "제사장들과 거룩한 백성의 왕국"(출 19:6)이었다.

그래서 역대기 사가는 열왕기하가 말하는 희망의 서광보다 한 걸음 더 나아간 표현으로 결론을 내렸다. 그러나 에스라-느헤미야에서는 또 하나의 메시지, 곧 토라를 특별히 강조하는 것도 중요하였다. 성전과 토라를 분리해서 다루면서도 동시에 그 둘을 연속으로 두어 초기 유대교의 영구적인 특징으로 만든 이가 바로 역대기 사가였다. 기원후 70년 이후에는 후대 유대교가 랍비들의 재형성 과정을 통해 기록된 토라 또는 구전 토라만이 유대교의 진짜 정체성이 될 것이다. 반면에 로마에 의해 파괴된 성전은 다윗 왕조를 기억하고 그 회생을 희망하는 것이 될 것이다. 그러나 역대기 사가가 이해한 바와 같이 초기 유대교의 성격과 정체성은 분명하였고, 역대기 사가는 역대기의 성전 역사와 에스라-느헤미야의 토라를 능숙하게 분리하면서도 결합하였다. 히브리성서의 티베리아 마소라 사본이 성문서 안에 역대기를 맨 앞에 두고 에스라-느헤미야를 맨 뒤에 자리잡게 했다는 점은 탈무드와 전통적인 랍비 성서들이 성문서 끝에 에스라, 느헤미야, 역대기 순으로 두는 것보다 실제로 더 논리적이다. 역대기는 사제들이 지배하는 초기 유대교에서 개인의 가치와 책임이라는 정체성을 강조하기 위해 '새로운 역사'를 수립한다. 반면 에스라-느헤미야는 성문서 끝에서 유대교를 위한 토라의 중심성을 강조한다.

다섯 '두루마리'

교회의 첫째 경전과는 달리, 히브리성서에는 '다섯 두루마리'가 타낙(Tanak)의 셋째 부분인 성문서 안에 함께 묶여 있다. 이들은 룻기, 아가, 전도서, 애가, 에스더서이고 모두 단편이다. 이들은 축제일과 금식일에 읽는다. 애가는 성전의 파괴를 기억하는 금식일 티샤베아브(Tisha'beAv, 보통 양력 8월에 들어 있다)에 읽는다. 에스더는 물론 부림절에 읽고, 아가는 유월절에, 룻기는 오순절 또는 칠칠절에, 전도서는 숙곳(Sukkot) 또는 장막절에 읽는다. 이와는 달리 초대교회는 룻기를 사사기 다음에, 애가는 예레미야 다음에, 전도서와 아가는 시와 지혜 부분에, 그리고 에스더는 역사서 부분의 에스라-느헤미야 다음에 배치했다. 에스라-느헤미야는 전통적인 랍비 성서의 순서에서는 역대기 바로 앞에 나온다. (그러나 오늘날 히브리성서의 본문이 된 고전적인 티베리아 히브리어 마소라 사본에서는 맨 뒤에 나온다). 히브리어를 읽을 줄 아는 모든 유대인은 늦은 겨울의 부림절(2월에 열리는 일종의 할로윈) 축제 때 에스더서를 읽는다. 모든 유대 가정은 작은 에스더 메길라(*megillah*, 두루마리)를 갖고 있다. 사실 그것을 '두루마리'(the *megillah*)라고 부른다. 유대교는 이 다섯 두루마리를 모두 제의적 용도로 읽지만, 그렇다고 해서 달력이 정하는 절기 이외에는 별도로 읽거나 연구하지 않는다는 뜻은 아니다.

룻기와 에스더서는 짧은 이야기이고 그 작성 연대를 정하기가 매우 어렵다. 룻기의 주제는 룻이 이방 출신이라는 점과 다윗의 조상이라는 점을 강조하는 것과 더불어, 기원전 5세기에 이방 아내들을 내보내라고 예루살렘 사람들을 강요한 에스라의 배타적인 정책에 대해 반박한다. 이런 점을 미루어 그 연대를 추정해볼 수 있다. 작성 연대가 어떻든지 간에 룻기는 분명히 에스라의 칙령에 반대하고 있다. 그러나 룻기의 주제는 또 다른 차원에 놓여 있다. 룻기는 신학적인 요점을 가르칠 수 있는 사랑스런 비유이다. 즉 고난과 시험을 견디도록 하신 하나님이 결국 앗아가셨던 것보다 두 여주인공인 나오미와 룻을 더 많이 회복시켜주신다는 것이다. 이런 점에서 룻기는 욥기의 끝에서 욥을 회복시켜준 이야기와 같이 옛날 예언자의 신앙을 개인화하는 지혜의 경향을 보여준다.

에스더서 역시 짧은 이야기이다. 에스더서는 지혜 사상의 논조를 내포하기는 하나 룻기와는 사뭇 다르다. 에스더서는 인류가 일찍이 문학적인 카타르시스를 통해서 종교적이며 윤리적인 편견 문제를 다루고자 시도한 작업 중 하나이고, 이 작업은 대단히 성공적이었다. 단편소설인 에스더서의 주제는 메대와 페르시아의 법이 폐지될 수 없다는 이상하고 의심스런 개념만큼이나 편견이 비합리적이라는 것이다. 그러한 편견이 존재하는 곳에서는 어느 문화에서든지 정상적인 법 수단이나 다른 어떤 수단으로도 편견을 제거할 수 없다. 에스더서가 제시하는 해결책은 사회 편견 문제만큼이나 비합리적이다. 이야기는 실상 페르시아(비 셈족) 사람들이 유다 출신자들의 집단살해를 바라고 실제로 그렇게 할 수 있다는 사실에 관해 아무것도 할 수 없다고 말한다. 이럴 경우에는 어떤 수단 또는 다른 수단으로(더 4:14) 그 편견 배후에 유다 출신자들을 돕는 권위가 있으리라고 희망할 도리밖에 없다. 그래서 이 흥미진진한 이야기의 절정은 애초에 유다 출신자들을 학살하라는 칙령을 내린 순진하고 멍청한 왕의 질투, 곧 또 하나의 비합리적인 감정에 달려 있다. 하만이 에스더의 침대 옆에서 무릎을 꿇고 자비를 청하고 있을 때 왕은 기별 없이 에스더 왕비의 방에 갑작스레 들른다. 왕은 하만이 에스더를 유혹한다고 생각한다. 왕은 애초의 비합리적인 칙령을 무효로 하지 못한 채 그저 유다 출신자들이 자기 백성인 페르시아 사람들을 학살해도 좋다는 칙령을 내린다. 이 해결책의 비합리성은 오늘날까지도 유대인들 사이의 관습으로 전해 온다. 사람들은 부림절에 에스더서를 읽으면서 에스더의 삼촌인 모르드개와 순진하지만 멍청한 아하수에로 왕의 악한 수상인 하만을 분간하지 못할 때까지 술을 마실 수 있다.

아가(또는 솔로몬의 노래 또는 그 노래)와 애가는 상반되는 목적을 지닌 시 모음집이다. 애가는 기원전 6세기 초, 성전 파괴 직후에 작성된 같은 종류의 시를 모은 것이다. 아마 한 시인이 모두 지은 것은 아닐 것이다. 이 시들은 기원전 6세기 후반에 현재의 형태로 묶였는데 아마도 첫 성전을 기억하기 위한 초기 표현으로서 이 시들을 모았을 것이다. 이와는 대조적으로 아가는 저작 시기가 서로 다른 수많은 사랑과 결혼식 노래를 담고 있다. 이 시들은 현재의 형태와 비슷하게 헬라시대 초기에 약혼식과 결혼식 때 음악을 제공하기 위한 목적으로 수집되었다. 일부 연애시(love poems)는 아마도 대담하게 에로틱한 행동에서 나온 듯하나, 이 시들이 다양하게 표현하는 성(sex)은 하나님이 인간에게 주신 선물이고 향유해야 하는 것이라는 성서의 기본 입장을 보여준다. 성은 하나님의 선물이고 책임적으로 향유해야 한다. 나중에 회당과 교회가 아가서를 하나님과 유대교 사이의 사랑 또는 하나님과 교회 사이의 사랑으로 알레고리적으로 해석한 것은 유대인들과 기독교인들의 자유를 증언하는 것으로서, 이것은 경건한 기독교인이나 유대인이 성에 관해 혼동하는 것에 대해 인간의 관능을 하나님이 주신 것으로 보는 것과 마찬가지 자유인 것이다.

잠언은 지혜 자료를 비중 있게 모은 것이다. 잠언은 폭넓은 연대 배경을 가지며 간결한 경구로부터 긴 은유까지 다양하다. 지혜사상의 영향은 이스라엘과 유대교 역사를 망라해서 퍼져 있었지만, 일부 유대인 집단들이 예언은 이미 멈추었다고 생각한 후에, 지혜로써 하나님의 뜻과 계시를 광범위하게 표현하기 위해 두드러지게 되었다. 그래서 가장 이른 시기부터 있었던 이 영구적인 신학 유형이 페르시아시대와 프톨레마이오스시대 동안 조용하고 긴 역사를 보내면서 유대교의 단일하고 널리 퍼진 유형이 되었다. 지혜 자료에는 예언자들의 급진적인 신학이 없다. 지혜는 디아스포라에 적합한 스타일이었는데, 디아스포라에서 생존과 정체성에 관한 깊은 관심들이 사라지게 되고 수많은 작은 공동체들 속에서 어떻게 개인들이 하나님도 자신도 정치 지도자들도 불쾌하게 만들지 않는 삶을 살 것인가 하는 질문을 하게 되었을 때 지혜는 이에 적합한 유형이었다. 이런 종류의 지혜는 귀중한 인간 경험이 주는 깊은 성찰을 평범한 삶 속에 도입하고자 하였다.

지혜문학의 한 부분인 욥기와 전도서('설교자')는 고대 이스라엘의 신앙, 특히 신명기와 예언서에서 물려받은 가장 위대한 사상을 취해서 각자 자기 방식으로 그것을 뒤집어 새로운 상황에서 문제의 다른 면을 본다는 점에서 서로 비슷하다. 사람들은 종종 지혜사상이 도덕적으로 단순하다고 한다. 이 단순함이란 인간이 시련과 잘못을 여러 세대 동안 경험하고 걸러낸 것을 관찰하고 순응함으로써 인생의 문제를 푸는 것이다. 그러나 욥기와 전도서는 지혜를 그렇게 제한적으로 보는 관점에 반대한다. 세계문학의 이 두 거장은 진정한 지혜가 '건설적인 비평'과 '삶의 정치'만이 아니라, 최대 관심사인 질문들과 대답들의 '또 다른 쪽'도 가장 예리하게 탐구할 수 있다는 것을 보여준다.

욥기와 전도서는 우리가 앞서 다룬 바와 같이 율법과 예언서에 대한 철저한 지식 없이는 읽을 수 없다. 이 두 책은 후대 세대들이 앞 세대들의 해결책을 새로운 상황에 응용하지 않고서 막무가내로 계속 적용한 데서 나오는 많은 문제들을 다룬다. 이들은 물려받은 신앙과 권위가 새 시대에 맞는지를 묻는다. 이 두 책이 정경에 들어 있다는 사실 자체가 성서가 제시하는 신앙이 검토를 거쳤다는 증거이다. 모든 거짓 버팀목과 희망이 없어졌을 때, 일찍이 이스라엘이 역경의 불구덩이 속에서 자신들의 정체성과 의미에 대해 맹렬히 묻고 검토하면서 만들어진 것은, 그와 비슷한 사건들이 디아스포라로 흩어져 사는 개인들에게 일어났을 때, 이 두 책 속에서 치밀하게 검토되었다.

욥은 실상 자신이 예레미야 사상과 완전히 같다고 말했다. 그러나 욥이 개인으로서 바닥까지 내려갔을 때 예레미야의 고백과는 달리 하나님이 고난 중에 있는 자신과 가까이 하신다고 느끼지 못했다. 욥은 하나님이 굉장히 놀라우시고 이해할 수 없다고만 느꼈다. 전도서는 한발 더 나아가서 역사를 오랫동안 성찰하면 목적을 얻기는커녕 한 세대 또 한 세대가 올 때마다 의미 없이 반복될 뿐이라고 말했다. 위대하시고 자비로우신 하나님은 인류가 이렇게 반복해서 바쁘게 지내도록 두셨다. 하나님은 하나님이고, 충분히 옳으시고, 그 점에 대해 실수가 없으시지만, 하나님의 하나님 되심이 과거의 정경을 암송하는 데서 나온다고 가정할 수는 없다. 잠언이 성서 사상에서 가장 위대한 지혜를 요약한 진수라고 본다면, 전도서는 위대한 예언자들의 번민이 낳은 가장 값비싼 진주도 뒤집어 조사할 수 있다고 주장한다는 면에서 잠언을 넘어선다.

욥기와 전도서를 주의 깊게 연구하면, 하나님의 자유와 주권이 그 어떤 신조나 교리를 뛰어넘으며, 실제로 이 세대 또는 저 세대에 맞는 하나님의 말씀이 무엇인지를 구성하려는 모든 노력 위에 있다는 압도적인 느낌을 받는다. 이 두 책은 하나님이 계약궤(언약궤) 속에 계시지 않는다는 사실을 우리에게 갑작스레 상기시킨다. 마찬가지로 모든 세대를 위한 하나님의 뜻이 계약궤 속에 열 가지 계명으로 축약되어 들어 있지 않다는 것도 기억하게 한다. 옛 이야기를 통해 분명히 알 수 있는 것은 계약궤가 종종 이스라엘보다 앞서 3일간의 여정을 행했다는 점이다. 즉 하나님의 임재에 대한 상징은 과거 속에서는 완전하게 찾아낼 수 없고, 자기이해와 정체성이 그처럼 변하는 기간들 동안에 찾을 수 있다는 것이다. 하나님의 임재는 알려지지 않은 미래라고 하는 영역에서 담대하게 확증해야 한다. 성서는 항상 변하는 상황에서 읽고 다시 읽어야 그 지혜를 탐구할 수 있으며 새 시대에 그 깊이를 잴 수 있다.

다른 한편으로 가장 늦게 작성된 다니엘서는 우리가 무명인(nobody)으로 지내겠다고 결정하거나 현재 압도적으로 강한 세력에게 굴복한다면 미래를 용감하게 맞이하지 못하는 것이라고 경고한다. 사자굴 속에 완전히 홀로 있거나 활활 타는 용광로 속에 있어도, 창조 때에 인류에게 자유를 주시고 모든 지나가는 폭정 위에 군림하시는 한 분 하나님의 뜻에 맞추어 살기로 결정하는 것이 미래를 용감하게 맞이하는 것이다.

성서가 왜 이처럼 오래 지속되었는가? 교회와 회당이 있어서 계약을 계속 전하기 때문만은 아니다. 성서의 본질적인 다양성 때문에, 곧 어느 한 입장을 하나님의 주권 아래 사는 유일한 방식이라고 절대화하는 것을 태생적으로 거부하기 때문이다. 그 어느 입장이나 교리도 하나님의 심판에서 예외가 아니다. 그 어느 신조도 하나님보다 더 하나님일 수 없다. 하나님은 불변하신다기보다는 항상 움직이신다. 성서 기록은 하나님을 길들이거나 하나의 '성서 신학'으로 요약하려는 인간의 시도에 맞서서 하나님의 자유를 보여준다. 하나님은 필연적이실 뿐만 아니라 길들일 수도 없다. 성서처럼 이렇게 다양한 책 속에서 하나님은 하나님일 뿐이다. 현대사회는 단순한 진리로 목을 조르지 말라며 자유를 원하고 대화와 논증의 가치를 예리하게 인식하지만, 그 자유라는 것이 신들이 시끄럽게 구는 혼돈이거나, 아니면 폭정에 저항하는 모든 사람들에게 주는 최상의 선물인 진정한 자유이거나 둘 중의 하나라는 것을 조만간 인정해야 한다. 그것이 진정한 자유라면, 인간 정신이 다 품을 수 없거나 온전히 이해할 수 없는 실재의 통전성(Integrity of Reality) 속으로 인간의 모험을 계속하게 한다.

후기

우리가 말하고자 하는 것은 유대교 성서나 기독교 성서가 정확한 내용이나 순서가 어떻든지 간에, 성서는 성서를 다시 읽으면서 자신의 정체성을 찾고 또한 자신의 생활방식을 성서에 입각하여 성서가 고대에 시작한 순례와 일관성 있게 따르고자 하는 사람들을 위한 정경이라는 것이다. 성서 본문들이 형성된 역사는 정경과정에 대한 풍부한 증거를 보여주는데, 옛 전승들과 이야기들이 약 천 년에 걸쳐 형성되는 동안 항상 변하는 상황에 맞추어 다시 읽혀지고 개작되고 그 의미를 다시 찾아냈다. '정경' 개념에는 형태와 기능이 포함된다. 그러나 정경의 형태는 그 정경 속에서 정체성과 생활양식을 찾은 공동체에 달려 있다. 반면에 모든 정경은 각 신앙공동체 내에서 같은 방식으로 권위 있게 기능한다. 모든 유대인은 상당히 안정된 타낙(Tanak)을 기록된 토라로 신봉하는 반면, 모든 기독교인을 위한 '정경'이란 없다.

여기에는 세 가지 이유가 있다. 정경을 가진 여러 공동체들이 인류를 위해서 반드시 서로 대화해야 하지만, 계속적인 정경과정 또는 유일신화 과정을 위해서도 하나의 제한된 '정경'에 초점을 맞추어서는 대화가 촉진되지 않는다. 그러나 이 대화는 그 어느 정경의 형성에 대해서든 정직하고 비평적인 연구를 함으로써 독려할 수 있다. 그렇게 할 수 있는 것은 계몽주의의 결과이며, 이것은 적시에 내려주신 하나님의 은혜이다. 계몽주의는 대부분의 서구세계가 18세기에 수용했고, 많은 유대인들이 19세기 중반에 수용했으며, 로마가톨릭은 1943년에 정식으로 수용했고, 동방교회 내의 많은 학생들이 점차 수용하고 있고, 심지어 오늘날에는 이슬람도 수용한다. 성서에 (근본주의나 묵시주의와 같은) 자신의 특이한 이해 또는 해석을 적용해야 한다고 주장하는 사람들만이 이 비평방법에 반대한다.

두 번째 이유는 권위의 문제이다. 성서의 권위에 관한 과거의 논의는 오늘날 우리에게는 상관이 없는 듯하다. 간단한 이유로, 오늘날은 모든 권위에 심각하게 도전하기 때문이다. 우리는 성서의 본질과 권위, 특히 정경이라는 성서의 기능 문제를 직면할 의무가 있다. 그렇지 않으면 그렇게 하지 않는 것에 대한 대답을 해야 하기 때문이다. 개신교 내의 대중 종교는 성서를 계몽주의 방법으로 연구하는 것에 대한 반응으로써 개신교 정경을 우상으로 만들고 그것을 뒷받침하는 주장들을 만들어 냈지만, 이런 태도는 정직한 해석과 탐구를 견디어 내지 못한다.

세 번째 이유는 역사적이다. 사해 두루마리, 나그 함마디(Nag Hammadi) 문서, 그리고 고고학 자료를 포함하는 최근의 발견물들은 우리가 예상하지 못했던 방식으로 '정경' 문제를 다시 활짝 열었다. 쿰란의 정경은 우리가 생각했던 것보다 더 크고 더 신축성이 있었다. 쿰란에 살았던 신자들은 우리에게는 자유분방한 것처럼 보이는 방식으로 (신약성서와 랍비문학이 첫째 정경 또는 타낙을 인용하는 방식에 비해서) 자신들의 '성서'를 인용한다. 비교 미드라쉬라고 하는 새

연구 분야(초기 유대교와 기독교 문학에 인용되고 반영된 성서의 지속된 생애를 연구하는 분야) 또한 정경의 내용과 순서에 대한 연구를 어렵게 만들고, 동시에 정경의 기능을 새롭고 주의 깊게 연구할 것을 요청한다.

우리의 주장은 토라의 의미와 형성과 그 이유, 내용과 형태, 이전 모습과 양태에 대한 역사비평적 평가(우리가 현재 가진 지식 상태에서)가 정경으로서 성서의 권위와 의미에 대한 논쟁의 타당한 출발점이라는 것이다. 성서의 범위와 형태가 어떻든지 간에 말이다. 현재 우리가 가진 토라는 고대 이스라엘이 어려움을 겪고 초기 유대교로 변화한 결과로 생겨났다. 이것은 성서가 모두 포로기나 그 이후에 씌어졌다는 이론들을 반박한다. 신아시리아와 신바빌로니아 제국의 공격으로 이스라엘의 주변국들이 두루 파괴되었는데, 왜 모든 주변국 중에서도 유독 이 백성만 생존하였는가에 대한 대답은 고대 이스라엘과 유다의 포로기 이전의 옛 전승들이 재형성되었고, 그것은 바로 전멸의 위기를 경험한 데서 나왔다는 것이다. 아무도 그 늦은 순간에 권위를 가질 만큼 충분히 영리한 대답을 만들어낼 수 없었다. 그러나 역사가가 직면하는 것은, 곧 모든 성서 역사에서 우리가 깨달은 가장 중요한 것은 많은 유대인 포로 공동체들 속에서 사람들이 새로운 정체성을 가지고 생존했다는 점이다. 이 사실은 설명을 요한다.

새로 생겨난 정체성은 새로운 역사 경험에서 물을 수밖에 없었던 새로운 질문들에 대해, 어려움 속에서 실용적이고 생명을 주는 옛 전승들을 재형성하고 새로 개작함으로써 그 대답들을 찾을 정도로 바뀌었다. 대화에는 두 가지 초점이 있었는데, 하나는 포로들이 피할 수 없는 질문이었고, 또 하나는 그들이 가졌다고 생각한 선물들을 빼앗긴 후 그 속임수에서 벗어난 눈과 귀로 옛 전승들을 검토하면서 찾은 대답이었다. 그들이 그런 대답들을 이해한 방식이 토라와 예언서라는 기본 모습으로 전통을 형성하게 되었다. 그들은 초기 유대교의 이후의 삶 속에서 그런 대답들과 더불어 살다가 지혜문학과 성문서와 대화를 하게 되었다. 이런 빛에서 볼 때 정경은 초기 유대교의 후예들, 그리고 오늘날 교회와 회당이 당시 직면한 종류의 경험에 가장 정확하게 상관이 있다고 말할 수 있다. 특히 죄근에 성서를 세대주의적(dispensationalist)이며 시온주의적이고 도덕주의적으로 해석하는 것이 부흥하는 상황에서는 더욱 그러하다.

위기를 경험하는 신앙공동체는 유대교가 태동하던 때 곧 유대교 정경이 처음 생겨나기 시작하던 때에 옛 전통에 대해 물었던 것과 같은 질문을 할 수밖에 없을 때, 정경의 가장 기본적인 권위를 인식하고 권위를 행사하게 된다. 아브라함의 정체성은 고향 메소포타미아에 있었던 것이 아니라 거기서부터 나온 후의 여정 속에 있었다(창 12장). 아브라함이 부름을 받은 후 다음 세대인 이삭은 그가 겪은 위험 전체를 의문시하면서 어쩌면 오늘 다시 제단 위에 놓여 있을지도 모른다(창 22장). 어쩌면 우리 세대 역시 성서를 내버림으로써, 아니면 '휴거' 신봉자들처럼 성서를 '성서의 예언'으로 축소시켜 우상이나 마술로 만들어버림으로써, 손에 칼을 들고 있는지도 모른다. 그리고 교회와 회당의 미래에 대한 위협은 그 초월적 질문, 즉 과거에 포로기 동안에 전승들이 재형성되어 유대인들에게 대답해주었던 그런 초월적 질문일지 모른다. 즉 하나님이 우리의 적인 느부갓네살을 '하나님의 종'(렘 17:6, 25:9, 43:10)이라고 부르셨다는 말은 무슨 뜻인가? 우리의 정체성을 형성해주었다고 굳게 믿어왔던 상징들의 대문을 부수는 세력을 위해 기도하라는 말(렘 29:7)을 도대체 어떻게 우리에게 할 수 있을까? 하나님은 자신들이 부유하게 되기를 바라신다고 주장하는 탐욕스런 사람들, (자기 비움과 죽음을 겪지 않고 낙원에 이르려 한다는 점에서 그 탐욕의 극치를 보이는 - 옮긴이) '휴거' 신봉자들처럼 위험스럽게 성서를 읽는 사람들에 반대하는 사람들은 모두 '뒤에 남겨두고'(left behind) 혼자서만 하늘로 들려 올라가기를 바라는 사람들과 더불어, 종의 공동체(servant community)는 함께 땅 속에 묻히고 있는가(사 53:9)?

    심판과 구원, 십자가와 부활이 성서의 유일한 주제는 아니다. 성서는 매우 다양하며, 제도의 경험과 역경의 경험에서 나오고, 평상시에 살면서 생활양식이라는 어려운 문제에 직면할 때나 위기에 직면해서 정체성에 관한 실존적인 질문에서도 나온다. 그러나 그 속의 기본 모양(gestalt)은 정경의 본질과 기능으로 인해, 비극의 위협이나 오늘날처럼 매우 뒤늦게 봉착할 수 있는 역사적인 사건을 초월한다. 결국 어떻게 읽을 것인가의 문제, 곧 해석학이란 우리가 누구이고 무엇을 해야 하는지에 관해 대답을 줄 만큼 충분히 심오한 질문을 하는 예술이다. 정경비평은 정경에 기본 모습을 부여한 세대들의 해석학을 분별하려고 노력한다.

    경전(testaments)이라는 기본 정경은 절망의 불구덩이와 절멸의 위협 속에서 만들어졌다. 정경은 족장들이나 과두정치의 독재자들이 권력을 추구하거나 정치적인 이득을 취하기 위해 만든 것이 아니다. 정경은 움켜쥘 힘이 없고, 오직 잃어버릴 것이라고는 목숨밖에 없을 때 에스겔이 겪은 고백과 질문에서 (그리고 그와 같은 많은 것에서) 나왔다. 즉 "온갖 허물과 우리의 모든 죄악이 우리를 짓눌러서, 우리가 그 속에서 기진하여 죽어 가고 있는데, 어떻게 우리가 살 수 있겠는가?"(겔 33:10). 에스겔은 하나님의 심판이라는 말로 대답을 했다. 곧, 하나님이 아브라함과 사라에게 주신 약속을 땅과 자손이라는 선물을 통해 이루셨지만, 인간이 그 선물을 너무 사랑하는 죄를 지어서 선물을 주신 분을 아예 잊어버렸기 때문에 도로 가져가셨다는 것이다.

백성들은 이렇게 채움(plerosis)과 비움(kenosis), 약속의 성취와 도로 가져가심을 경험하면서 하나님이 '그들의 신' 곧 한 민족의 신이 아니라, 산헤립과 느부갓네살이 그의 종이며 또한 고레스 왕이 그가 기름부은 자라는 것을 배우게 되었다. 역경 속에서 그들이 가슴에 새겨야만 했던 것(신 30:1-14)은 하나님이 한 분 하나님이라는 점이었다. 하나님은 실상 그들 앞에 "생명과 선, 죽음과 악"을 두셨다(신 30:15). 백성들은 하나님이 달래고 조종할 수 있는 그들의 신이 아니라는 것을 마음에 새겨야 했다. 그들은 자신의 십자가와 부활을 목격하면서 살고 움직이고 존재하는 종의 백성(a servant people)이라는 것을 배워야 했다.

초기 유대교와 기독교 미드라쉬 분야를 연구해보면 오경, 예언서, 시편(눅 24:44)이 초기 유대교인들과 초대 기독교인들의 삶의 모든 면에서 기본적으로 널리 퍼져 작용한 것에 대해 놀라게 된다. 이 기본 정경은 권위를 가졌고 그들이 겪은 모든 중요한 경험을 어떤 식으로든 반영하였다. 왜 그랬을까? 역사가는 정경이 다양성과 다원론 속에서 매우 적응력이 높기 때문이라는 것을 안다. 그러나 역사가는 또한 초기 유대교가 포로기에 처음 태동할 때부터 그 안에 역사적 기억이 있었다는 것을 안다. 유대교의 탄생과 존재와 생명은 이 옛 전승들에게 빚을 졌는데, 옛 전승들은 새로운 방식으로 어려움을 이겨냈고, 정체성을 지닌 채 생존할 수 있는 도구가 되었으며, 이것은 실제로 그 변혁의 도구가 된 것이다. 정경의 권위는 위협적인 상황 와중에도 생명을 주는 자원 속에 들어 있다. 그리고 그것이 신학적 교의 이전에 존재하는 역사적 관찰이다.

그렇다면 1세기에 로마의 잔혹한 치하에 있던 유대교와 기독교 모두에게 벌어진 일은 이런 권위를 확증했을 뿐이다. 우리 자신이 누구이며 무엇을 해야 하는지를 정말로 알 필요가 있을 때, 모든 거짓이 휩쓸려가고 주변적인 것이나 그 어느 껍데기들도 이 질문을 왜곡하지 못할 때, 희망은 공동체의 역사적 기억 속에 들어 있으며, 공동체의 역사적 기억은 정체성의 자리이다. 그리고 그 역사적 기억은 공동체가 정경에게 물어야 하는 날카로운 질문들과 그 대화를 통해 등장하는 대답들 속에 작용한다. 정경은 공동체가 초월적인 실재를 직면할 때 또는 멸절 가능성을 직면할 때 묻게 되는 공동체의 궁극적인 질문들에 답한다. 정경의 권위는 공동체를 지탱시키며 생명을 주는 대화 속에 있으며, 그 대화는 정경의 안정성과 적응성 사이에서 벌어진다. 이 지구의 속절없는 희망은 안타깝게도 줄어들고 있지만, 지구에 사는 모든 공동체들 간의 생명을 주는 대화 속에 여전히 희망이 있다.

유대교에서 토라는 살아있는 탈무드가 되었다. 기독교에서 토라는 살아있는 그리스도가 되었다(롬 10:4). 그러나 토라는 유대교나 기독교의 방식으로 절대로 없어지거나 흡수되지 않는다. 초대 기독교에서 그리스도가 또 다른 어떤 모습을 가졌든지 간에 그는 성육화된 토라였다(렘 31:31-34; 롬 10:4). 이런 의미에서 기독교인에게 그리스도는 유대교가 탄생할 때 점차 개인에게 지우게 된 책임 개념으로서의 이스라엘의 의미를 완성하였다. 그리고 기원전 6세기 유대교를 탄생하게 한 도구는 최종적 관점에서 볼 때 1세기에 그리스도의 부활(교회의 탄생 – 하나님의 우주적인 주권의 확인 – 유일신교적 다원주의의 확증)의 도구였으며 동시에 1세기 유대교의 연속성의 도구였다. 토라는 그런 기본적인 의미에서 정경(그 범위가 어떠하든)을 읽고 현대화하는 모든 곳에서 재확인된다. 그리고 토라는 그런 기본 의미에서 하나님의 한 이스라엘 속의 두 교단인 교회와 회당 모두의 단일

기반이다(갈 6:15).

    정경과정은 기원 후 첫 몇 세기 동안에 유대교와 기독교 공동체가 정경의 성장과 편집을 마감한 후에도 계속되었다. 그리고 그 과정은 그 기원에 걸맞게 유일신화 과정, 곧 언제 어디서 위협이 오든지 간에 하나님에 관한 편협한 관점에서 벗어나 움직이는 지속적인 노력이 되어야 했다. 그 과정은 아직 완결되지 않았다. 어느 정경이든지 간에 성서의 기본 중심에는 토라가 있는데, 토라는 어떻게 하나님이 한 분이시며 온전하신지(integrity)를 확인하고, 항상 도전적인 상황 속에서 인류 전체와 하나님을 하나로 보며, 하나님은 기독교인이 아니시며 유대교인도 아니시고, 어렵긴 하지만 하나님이 무슬림도 아니시라는 것을 배우기 위한 패러다임이 된다. 하나님은 하나님이시다.

참고 문헌

Ackroyd, Peter R. "Original Text and Canonical Text." *Union Seminary Quarterly Review* 32 (1977) 166-73.

Aletti, J.-N., and C. Theobald, editors. *Le Canon des Écritures: Études historique, exégétiques et systématiques*. Lecto divina 140. Paris: Cerf, 1990.

Assmann, Jan. "Fünf Stufen auf dem Wege sum Kanon: Tradition und Schriftkulture im alten Israel und frühen Judentum." In *Religion und kulturelles Gedächtniss: Zehn Studien*, edited by Jan Assmann, 81-100. Munich: Beck, 2000.

Barthélemy, Dominique. "La Critique canonique." *Revue de l'Institut Catholique de Paris* 36 (1991) 191-220.

Barton, John. *The Spirit and the Letter: Studies in the Biblical Canon*. London: SPCK, 1997.

Beckwith, Roger. *The Old Testament Canon of the New Testament Church*. Grand Rapids: Eerdmans, 1985.

Betz, Otto. "Das Problem des 'Kanons' in den Texten von Qumran." In *Der Kanon der Bibel*, edited by Gerhard Maier, 70-82. Monographien und Studienbücher 354. Giessen: Brunnen, 1990.

Blenkinsopp, Jeseph. *Prophecy and Canon: A Contribution to the Study of Jewish Origin*. Notre Dame: University of Notre Dame Press, 1977.

Bloch, Renée. "Midrash." In *Approaches to Ancient Judaism*, edited by William S. Green, 29-50. Brown Judaic Studies 1. Missoula, Mont.: Scholars, 1978.

Bossman, David M. "Canon and Culture: Realistic Possibilities for the Biblical Canon." *Biblical Theology Bulletin* 23 (1993) 4-13.

Brenneman, James E. *Canons in Conflict: Negotiating Texts in True and False Prophecy*. New York: oxford University Press, 1997.

Bruce, F. F. "Tradition and the Canon of Scripture." In *The Authoritative Word: Essays on the Nature of Scripture*, edited by Donald K. McKim, 59-84. Grand Rapids: Eerdmans, 1993.

Carr, David M. "Canonization in the Context of Community: An Outline of the Formation of the Tanakh and the Christian Bible." In *A Gift of God in Due Season: Essays on Scripture and Community in Honor of James A. Sanders*, edited by Richard D. Weis and David M. Carr, 22-64. Journal for the Study of the Old Testament Supplement Series 225. Sheffield: Sheffield Academic, 1996.

──────. *Writing on the Tablet of the Heart: Origins of Scripture and Literature*. Oxford: Oxford University Press, 2005.

Carson, D. A., and John D. Woodbridge, editors. *Hermeneutics, Authority, and Canon*. Grand Rapids: Academie, 1986.

Chapman, S. B. *The Law and the Prophets: A Study in Old Testament*

Canon Formation. Forschunen zum Alten Testament 27. Tübingen: Mohr/Sibeck, 2000.

Childs, Brevard S. *Biblical Theology of the Old and New Testaments: Theological Reflection on the Christian Bible.* Minneapolis: Fortress, 1993.

Christensen, Duane L. "The Center of the First Testament within the Canonical Process." *Biblical Theology Bulletin* 23 (1993) 48-53.

Coats, George W., and Burke O. Long, editors. *Canon and Authority: Essays in Old Testament Religion and Theology.* Philadelphia: Fortress, 1977.

Collins, John J. "Before the Canon: Scriptures in Second Temple Judaism." In *Old Testament Interpretation: Past, Present and Future*, edited by James Luther Mays et al., 225-41. Nashville: Abingdon, 1995.

Cross, Frank Moore. *From Epic to Canon: History and Literature in Ancient Israel.* Baltimore: Johns Hopkins University Press, 1998.

Dohmen, Christoph, and Manfred Oeming. *Biblischer Kanon, warum und wozu? Eine Kanontheologie.* Quaestiones disputatae 137. Freburg: Herder, 1992.

Dunn, James D. G. *The Living Word.* Philadelphia: Fortress, 1988.

Ellis, E. Earle. *The Old Testament in Early Christianity: Canon and Interpretation in the Light of Modern Research.* Grand Rapids: Baker, 1992.

Evans, Craig A. *Noncanonical Writings and New Testament Interpretation.* Peabody, Mass.: Hendrickson, 1992.

Farmer, William R. "The Role of Isaiah in the Development of the Christian Canon." In *Uncovering Ancient Stones: Essays in Memory of H. Neil Richardson*. Winona Lake, Ind.: Eisenbrauns, 1994.

Fishbane, Michael. *Biblical Interpretation in Ancient Israel*. Oxford: Clarendon, 1985.

_____. *The Garments of Torah: Essays in Biblical Hermeneutics*. Indiana Studies in Biblical Literature. Bloomington: Indiana University Press, 1989.

Flint, Peter W. *The Dead Sea Psalms Scrolls and the Book of Psalms*. Studies on the Texts of the Desert of Judah 17. Leiden: Brill, 1997.

Folkert, Kendall W. "The 'Canons' of Scripture." In *Rethinking Scripture: Essays from a Comparative Perspective*, edited by Miriam Levering, 170-79. Albany: State University of New York Press, 1989.

Fox, Michael V. "The Social Location of the Book of Proverbs." In *Texts, Temples and Traditions: A Tribute to Menahem Haran*, edited by Michael V. Fox et al., 227-39. Winona Lake, Ind.: Eisenbrauns, 1996.

Frerichs, Ernest S. "The Torah Canon of Judaism and the Interpretation of Hebrew Scriptures." *Horizons in Biblical Theology* 9 (1987) 13-25.

Gorak, Jan. *The Making of the Modern Canon: Genesis and Crisis of a Literary Idea*. London: Athlone, 1991.

Goshen-Gottstein, Alon. "Ben Sira's Praise of the Fathers: A Conon-Conscious Reading." In *Ben Sira's God: Proceedings of the*

International Ben Sira Conference (Durham, 2001), edited by Renate Egger-Wenzel, 235-67. Beihefte zur Zeitschrift für die alttestamentliche Wissenschaft 321. Berlin: de Gruyter, 2001.

Hallo, William W. "The Concept of Canonicity in Cuneiform and Biblical Literature: A Comparative Appraisal." In *The Biblical Canon in Comparative Perspective*, edited by K. Lawson Younger et al., 1-19. Ancient Near Eastern Texts and Studies 11. Lewiston, N.Y.: Mellon, 1991.

Haran, Menahem. "Archives, Libraries, and the Order of the Biblical Books." Journal of the Ancient Near Eastern Society 22 (1993) 51-61.

Harrington, Daniel J. "Introduction to the Canon." In *New Interpreter's Bible*, 1:7-21. Nashville: Abingdon, 1994.

Hoffman, Thomas A. "Inspiration, Normativeness, Canonicity, and the Unique Sacred Character of the Bible." *Catholic Biblical Quarterly* 44 (1982) 447-69.

Hurowitz, Victor. "Canon and Canonization in Mesopotamia." In *Proceedings of the Twelfth World Congress of Jewish Studies: Division A—The Bible and Its World*, edited by Ron Margolin, 1-12. Jerusalem: World Union of Jewish Studies, 1997.

Hübner, Hans. "Vetus Testamentum und Vetus Testamentum in Novo receptum: Die Frage nach dem Kanon des Alten Testaments aus neutestamentlicher Sicht." *Jahrbuch für biblische Theologie* 3 (1988) 147-62.

Kaestlie, Jean-Daniel, and Otto Wermelinger, editors. *Le Canon de l'Ancien Testament: Sa Formation et son histoire*. Le Monde de la Bible. Geneva: Labor et Fides, 1984.

Keck, Leander E. "Scripture and Canon." *Quarterly Review* 3 (1983) 8–26.

Kermode, Frank. "The Argument about Canons." In *The Bible and the Narrative Tradition*, edited by Frank McConnell, 78–96. Oxford: Oxford University Press, 1986.

Kooij, Arie van der. "The Canonization of Ancient Books Kept in the Temple of Jerusalem." In *Canonization and Decanonization*, edited by Arie van der Kooij and Karel van der Toorn, 17–40. Studies in the History of Religions 82. Leiden: Brill, 1998.

Lange, Armin. "From Literature to Scripture: The Unity and Plurality of the Hebrew Scriptures in Light of the Qumran Library." In *One Scripture or Many? Canon from Biblical, Theological, and Philosophical Perspectives*, edited by Christine Helmer and Christoph Lanmesser. Oxford: Oxford University Press, 2004.

Leiman, Sid Z. *The Canonization of Hebrew Scripture: The Talmudic and Midrashic Evidence*. 2d ed. New Haven: Connecticut Academy of Arts and Sciences, 1991.

Lewis, Jack P. "What Do We Mean by Jabneh?" *Journal of Bible and Religion* 32 (1964) 125–32.

Liven, Anatol. *America Right or Wrong: An Anatomy of American Nationalism*. New York: Oxford University Press, 2004.

Lightstone, Jack. *Society, the Sacred, and Scripture in Ancient Judaism: A Sociology of Knowledge*. Studies in Christianity and

Judaism 3. Waterloo: Wilfred Laurier University Press, 1988.

Maier, Gerhard, editor. *Der Kanon der Bibel.* Monographien und Studienbücher 354. Giessen: Brunnen, 1990.

Maier, J. "Zur Frage des biblischen Kanons im Frühjudentum im Licht der Qumranfunde." *Jahrbuch für biblische Theologie* 3 (1988) 135–46.

McDonald, Lee M. *The Formation of the Christian Biblical Canon.* 2d ed. Peabody, Mass.: Hendrickson, 1995.

Metzger, Bruce M. *The Canon of the New Testament: Its Origin, Development, and Significance.* Oxford: Clarendon, 1987.

Miller, John W. *The Origins of the Bible: Rethinking Canon History.* Theological Inquiries. New York: Paulist, 1994.

Neusner, Jacob. *Judaism and Christianity in the Age of Constantine: History, Messiah, Israel, and the Initial Confrontation.* Chicago: University of Chicago Press, 1987.

Niditch, Susan. *Oral Word and Written Word.* Library of Ancient Israel. Louisville: Westminster John Knox, 1996.

Perkins, Pheme. "Spirit and Letter: Poking Holes in the Canon." *Journal of Religion* 76 (1996) 307–27.

Rendtorff, Rolf. *Canon and Theology: Overtures to an Old Testament Theology.* Translated by Margaret Kohl. Overture to Biblical Theology. Minneapolis: Fortress, 1993.

Rossing, Barbara. *The Rapture Exposed: The Message of Hope in the Book of Revelation.* Boulder, Col.: Westview, 2004.

SaebØ, Magne. *On the Way to Canon: Creative Tradition History in the Old Testament.* Journal for the Study of Old Testament Supplement Series 191. Sheffield: Sheffield Academic, 1998.

Sand, Alexander. "Canon." In *Exegetical Dictionary of the New Testament,* edited by Horst Balz and Gerhard Schneider, vol. 2. Grand Rapids: Eerdmans, 1990-93.

Sanders, James A. *The Psalms Scroll of Qumran Cave 22* (11QPsa). Discoveries in the Judaean Desert 4. Oxford: Clarendon, 1965.

_____. *The Dead Sea Psalms Scroll.* Ithaca, N.Y.: Cornell University Press, 1967.

_____. "Cave 11 Surprises and the Question of Canon." *McCormick Quarterly Review* 21 (1968) 284-98. Reprinted in *New Directions in Biblical Archaeology,* ed. by David Noel Freedman and Janas C. Greenfield, 101-16. New York: Doubleday, 1969, 1971. Reprinted again in *The Canon and Masorah of the Hebrew Bible,* edited by Sid Z. Leiman, 37-51. New York: Ktav, 1974.

_____. "Torah and Christ." *Interpretation* 29 (1975) 372-90.

_____. "Adaptable for Life: The Nature and Function of Canon." In *Magnalia Dei: The Mighty Acts of God, Essays on the Bible and Archaeology in Memory of G. Ernest Wright,* edited by Frank M. Cross et al., 531-60. New York: Doubleday, 1976.

_____. "Hermeneutics of Tru and False Prophecy." In *Canon and Authority: Essays in Old Testament Religion and Theology,* edited by George W. Coats and Burke O. Long, 21-41. Philadelphia: Fortress, 1977. (이에 대한 예리한 비평으로, 1997년도 출판된 Brenneman을 보라.

_____. "Text and Canon: Concepts and Method." *Journal of Biblical Literature* 98 (1979) 5-29.

_____. "Text and Canon: Old Testament and New." In *Mélanges Dominique Barthélemy: étude bibliques offertes à l'occasion de son 60e anniversaire*, edited by Pierre Casetti et al., 373–94. Orbis Biblicus et Orientalis 38. Fribourg: Editions universitaires, 1981.

_____. *Canon and Community: A Guide to Canonical Criticism*. Guides to Biblical Scholarship. Philadelphia: Fortress, 1984. Reprinted, Eugene, Ore.: Wipf & Stock, 2001.

_____. *From Sacred Story to Sacred Text: Canon as Paradigm*. Philadelphia: Fortress, 1987, 1992. Reprinted, Eugene, Ore.: Wipf & Stock, 2001.

_____. "The Dead Sea Scrolls and Biblical Studies." In *Sha'arei Talmon: Studies in the Bible, Qumran, and the Ancient Near East Presented to Shemaryahu Talmon*, edited by Michael Fishbane et al., 323–36. Winona Lake, Ind.: Eisenbrauns, 1992.

_____. "Canon." In *The Anchor Bible Dictionary*, edited by David Noel Freedman, 1:837–52. New York: Doubleday, 1992.

_____, and Craig Evans. *Luke and Scripture: The Function of Sacred Tradition in Luke-Acts*. Minneapolis: Fortress, 1993.

_____. "The Exile and Canon Formation." In *Exile: Old Testament, Jewish, and Christian Conceptions*, edited by James M. Scott, 37–61. Journal for the Study of Judaism Supplements 56. Leiden: Brill, 1997.

_____. "Intertextuality and Canon." In *On the Way to Neneveh: Studies in Honor of George M. Landes*, edited by Stephen L. Cook and S. C. Winter, 317–34. ASOR Books 4. Atlanta:

Scholars, 1999.

_____. "The Scrolls and the Canonical Process." In *The Dead Sea Scrolls After Fifty Years: A Comprehensive Assessment*, edited by Peter W. Flint and James C. VanderKam, 2:1-23. Leiden: Brill, 1999.

_____. "Scripture as Canon in the Church." In *L'Interpretazionc dclla Bibbia nella Chiesa: Atti del Simposio promosso dalla Congregazione per la Dottrina della Fede*, Roma, Settembre 1999, 121-43. Atti e documenti 11. Vatican: Vatican Library Press, 2001.

_____. "The Issue of Closure in the Canon Debate." In *The Canon Debate: On the Origins and Formation of the Bible*, edited by Lee M. McDonald and James A. Sanders, 252-63. Peabody, Mass.: Hendrickson, 2002.

_____. "The Modern History of the Qumran Psalms Scroll and Canonical Criticism." In *Emanuel: Studies in Hebrew Bible, Septuagint, and Dead Sea Scrolls in Honor of Emanuel Tov*, edited by Shalom Paul et al., 393-411. Vetus Testamentum Supplements 94. Leiden: Brill, 2003.

_____. "The Stabilization of the Tanak." In *A History of Biblical Interpretation, Vol. 1: The Ancient Period*, edited by Alan J. Hauser and Duane F. Watson, 225-52. Grand Rapids: Eerdmans, 2003.

_____. "The Canonical Process." In *The Cambridge History of Judaism*, Vol. 4, edited by Steve Katz. Cambridge: Cambridge University Press, 근간).

_____. "Le Processus canonique." In *Nouvelles interpretations de la*

Bible, edited by André Lacocque. Paris: Bayard, 근간.

Schniederwind, William M. *How the Bible Became a Book: The Textualization of Ancient Israel*. Cambridge: Cambridge University Press, 2004.

Shupak, Nili. "Canon, and 'Canonization' in Ancient Egypt." *Bibliotheca orientalis* 58 (2001) 535-47.

Sizer, Stephen. *Christian Zionism: Road to Armageddon?* Nottingham, U.K.: InterVarsity, 2004.

Schnabel, Eckhard. "History, Theology, and the Biblical Canon: An Introduction to Basic Issues." *Themelios* 20:2 (1995) 16-24.

Sheppard, Gerald T. "Canonical Criticism." In *Anchor Bible Dictionary*, ed. by David Noel Freedman, 1:861-66. New York: Doubleday, 1992.

Smend, Rudolf. "Questions about the Importance of Canon in the Old Testament Introduction." *Journal for the Study of the Old Testament* 16 (1980) 45-51.

Spina, Frank A. "Canonical Criticism: Childs versus Sanders." In *Interpreting God's Word for Today: An Inquiry into Hermeneutics from a Biblical Theological Perspective*, edited by Wayne McCown and James Earl Massey, 165-94. Anderson, Ind.: Warner, 1982.

Steck, Odil Hannes. *Der Abscluss der Prophetie im Alten Testament: Ein Versuch zur Frage der Vorgeschichte des Kanons*. Biblische-theologische Studien 17. Neukirchen-Vluyn: Neukirchener, 1991.

Sunberg, Albert C. *The Old Testament of the Early Church*. Cambridge: Harvard University Press, 1964.

Talmon, Shemaryahu. "Heiliges Schrifttum und kanonische Bücher aus jüdischer Sicht: Überlegungen zur Austbildung des Grösse 'Die Schrift' im Judentum." In *Mitte der Schrft? Ein jüdische-christliche Gespräch: Texte des Berner Symposions vom 6.-12.* Januar 1985, edited by Martin klopfenstein et al., 45-79. Judaica et Christiana 11. Bern: Lang, 1987.

Ulrich, Eugene. "The Canonical Process, Textual Criticism and Latter Stages in the Composition of the Bible." In *Sha'arei Talmon: Studies in the Bible, Qumran, and the Ancient Near East Presented to Shemaryahu Talmon*, edited by Michael Fishbane and Emanuel Tov, 267-91. Winona Lake, Ind.: Eisenbrauns, 1992.

_____. "The Community of Israel and the Composition of Scriptures." In T*he Quest for Context and Meaning: Studies in Biblical Intertextuality in Honor of James A. Sanders*, edited by Craig A. Evans and Shemaryahu Talmon, 327-42. Biblical Interpretation Series 28. Leiden: Brill, 1997.

_____. *The Dead Sea Scrolls and the Origins of the Bible*. Grand Rapids: Eerdmans, 1999.

_____. "Qumran and the Canon of the Old Testament." In *The Biblical Canons*, edited by J.-M. Auwers and H. J. De Jonge, 57-80. Leuven: Leuven University Press, 2003.

VanderKam, James C. "Authoritative Literature in the Dead Sea Scrolls." *Dead Sea Discoveries* 5 (1998) 382-402.

Wall, Robert W. "Reading the New Testament in Canonical Context." In *Hearing the New Testament: Strategies for Interpretation*, edited by Joel B. Green, 370-93. Grand Rapids: Eerdmans,

1995.

_____, and Eugene Lemicio. *The New Testament as Canon: A Reader in Canonical Criticism*. Journal for the Study of the New Testament Supplement Series 76. Sheffield: JSOT Press, 1992.

Wright, Addison. *The Literary Genre Midrash*. Staten Island, N.Y.: Alba, 1967.

Zenger, Erich, editor. *Die Tora als Kanon für Jüden und Christen*. Herders biblische Studien 10. Freiburg: Herder, 1996.

고대자료 색인

첫째 언약

창세기

1-11	96, 196
1	141
1:26	125
2	75
2:8	151
3-11	140
3:22	125
12	96
12:6	70
14	63
17-18	151, 165
20:7	119
22	151
22:12	151
38	201
50:20	124, 177
50:29	64

출애굽기

1:5	70
7:1	119
10:2-17	85
15	71, 72, 73, 75
15:11	126, 163
15:17	73
15:20	119
18	85
19:6	215
20-23	90
20:7	162
20:22-23:33	86
20:22-23:19	78
21:28	88
24:7	86
25	88, 101
33	182
34	85, 86, 88, 184
34:6-7	206

245

34:7	183	29−32	103, 145, 167
34:11-27	85	30	151, 180
		30:1-14	228
레위기		30:8	167
17−26	101	30:15	228
		32	97, 100
민수기		33−34	91
9	8	34	77
11:29	121, 188		
		여호수아	
신명기		3−4	68
5:6-21	85	22−24	69, 76, 89, 94
5:11	162	24	71, 75, 77
7:7-8	95	24:14	71
8:5	95		
10:16	167	**사사기**	
12−26	89, 90	4:4	119
12−25	69,89	5:11	68
13	95		
17	95	**룻기**	216, 217, 218
18:18	119		
20	160	**사무엘상**	
20:1-9	146	2:5-8	155
26	64, 75, 7	8−10	75
26:5-9	64,69,71	12:7	68
26:5	70, 184	12:8	68, 69, 71, 75, 77
27−28	64, 103, 209	16:13-14	121

19:20	120	3:16-28	197
19:24	120	3:29-34	197
21:15	122	4:32	197
		6-8	97

사무엘하

4	97	10	179
7	97	11	120
7:8-16	74	11:1-10	197
9	192	14	120
9:1-8	215	17	120
12:1-7	197	17:20-23	124
13:1-14	198	18:4	120
14	129	18:27	130, 183
14:7	198	22:6	120
14:11	199	22:17	123
14:17	197	22:19-23	124
16	120		

열왕기하

16:23	128	2:7	120
17:23	129	5	158
20	199	9	120
22	73	9:11	122
23:1-7	73	13	120
24:1	127	17	62, 158
		18	133

열왕기상

2	192	19	63
3:10-12	197	21	63, 92, 93
		22-23	64

22	17, 89, 129	1:6-12	125
22:14-20	91, 119	1:21	150
25:27-30	96, 215	2:10	150, 209
		3-31	208, 212
역대상		3:11-19	195
21:1	127	7:17	210
		9:15-19	134
역대하		9:32-33	134
29	133	13:8	212
33	186	13:13-23	134
33:12-13	93, 186	13:16-28	210
36:22-23	215	13:24	210
36:23	65	13:25	210
		13:26	209
에스라		16:19	134
1:8	104	20:1	210
5:14	104	28:12	201
		28:28	201
느헤미야		29	208
8	106, 108, 179	29:4	210
12	104	29:1-3	127
		31:35	210
에스더	54, 104, 216	33:23	134
		38-41	211, 212
욥기		38:6-7	43
1-2	126	42:1-6	213
1	134, 208	42:7	213

시편

2	190
2:7	74
18	73
20−21	73
45	73, 189
72	73
78	72, 73, 75
82	125, 126
89	73
105	72
106	72
110	73
118	189
118:25	198
119	25
121:4	130
132	73
135	72
136	72
137	181
137:4	181
151	50, 190

잠언

8	199
9	199
14	199
31	200

전도서

5:5	134
7:15−16	201
7:17	202

아가

	216, 217, 218, 219

이사야

1−39	73
1:5−6	149
1:21−27	138, 155
1:24−25	148
1:27	165
2:12−22	145
2:12−16	147
5:1−7	138
5:1−2	155
6	116
6:1−8	125
8:5−8	82
8:7−8	148
8:16−18	44
22:1−2	82
28:14−15	133

28:15-19	148	54:9-10	138
28:16-19	63	55:1-5	150, 167
28:16-17	155	61	158
28:16	59	61:1	121
28:21	130, 148		
29:1이하	155	**예레미야**	
29:8	82	1:4-2:3	125
29:10	121	1	139
37:30-38:22	122	1:10	131
40-55	106, 109, 114, 116, 212	2:2-8	138
		2:2-4	143
		4:4	166
40:1이하	125	7	139
42:1-4	167	7:12	154
42:1	121	7:21-26	138
42:9	131	8:13-9:1	129
43:1-2	138	11-12	139
44	140	12:1	209
45:1	66	15	139
46	181	15:18	209
46:12	182	15:19	125
51:7	180	17:6	226
51:9	130	18	183, 215
52:11-12	138	18:1-12	151
53	152	18:1-11	131
53:5	149	20	139
53:9	227	20:14-18	209

23:18	125		**예레미야애가**	
23:22	210		4:2	151
23:23	162			
24:7	152		**에스겔**	
25:9	226		14	206
26	139, 203		14:14	206
28	129		18	183, 208
28:2-4	181		20	138
28:8-9	155		33:10	109, 182, 227
28:12	209		33:17	181
29:4-9	181		33:21	181
29:7	162, 226		33:24	184
29:18	210		36-37	165
29:24-28	122, 158, 181		36:26-27	167
29:26	122		36:26	152
30:17	149		37:15-28	150
31:1-2	150			
31:2-3	138		**다니엘**	57, 118, 192, 222
31:31-34	167, 229			
31:33	152		**호세아**	
33	203		2:8	144
36	90		2:14-15	138, 143
42:7	209		2:14	149
43:10	226		2:15	145, 151
44	200		4:6	144
			6:1	149
			9:7	122

9:10	138, 143	3:8	121
9:15	143	6:4-5	138
11:1-4	138	6:8	143
11:12	143		
12:9-13	138	**나훔**	118
12:13	119		
13:1-2	143	**하박국**	
13:4-6	143	1:11-12	167
13:4-5	138	1:12	207
		1:13	209

요엘
4:9-10 [3:9-10] 146

학개 67, 104, 109, 118, 129, 215

아모스
1-2	140
1:3-3:2	141
2:9-11	138
3:1-2	138
5:19	146
6:13-14	147

스가랴
6 104

말라기

****

경외서(經外書, Apocrypha)
  7, 18, 45

오바댜 118

요나 118, 129

집회서(Sirach, Ecclesiasticus)
44-50 68
48:22-49:12 184

미가
1:9 149

****

둘째 언약

마태복음
7:6　　　43

누가복음
1:50-53　　155
4　　　203
4:16-30　　158
4:28-29　　162
22-23　　203
24:44　　44, 228

요한복음
10:34　　44
12:34　　44
15:25　　44

사도행전
2:22-36　　53
13:16-41　　53
13:33　　83

로마서
3:19　　44
6:1　　178

8:38　　203
13:1　　203

고린도전서
14:21　　44
14:34　　44

갈라디아서
4:21　　44
6:15　　229

****

바빌론 탈무드　187

바바 바트라
14b　　26, 189